Axel Schildt

DIE REPUBLIK VON WEIMAR

Deutschland
zwischen Kaiserreich und „Drittem Reich"
(1918-1933)

Landeszentrale für politische Bildung Thüringen

Bergstraße 4, 99092 Erfurt

Satz und Druck: Offsetdruck, Herrmann, Herr & Partner, 99869 Goldbach
1997

ISBN 3-931426-15-7

Einleitung

Die erste deutsche Demokratie dauerte nur 14 Jahre und genießt in der öffentlichen Meinung bis heute keine sehr hohe Wertschätzung. Denn am Ende dieses historisch kurzen Zeitraums stand der Beginn der „deutschen Katastrophe" (Friedrich Meinecke), das ‚Dritte Reich', der von diesem herbeigeführte Weltkrieg und Massenmord. Im Schatten dieses zentralen Ereignisses der deutschen Geschichte des 20. Jahrhunderts interessierte die Weimarer Republik lange Zeit ausschließlich als Vorgeschichte des NS-Regimes und zur Beantwortung der Frage, wie es dazu hatte kommen können.

Von den Nationalsozialisten wurde die Weimarer Republik als nationale Schmach der ‚Systemzeit' charakterisiert, also noch nicht einmal als staatliches Gebilde anerkannt. Ihre führenden Repräsentanten galten als ‚jüdisch-demokratische Novemberverbrecher'.

Aus der Perspektive der alten Bundesrepublik hingegen stellte der Staat von Weimar lange Zeit lediglich einen kläglich mißlungenen ersten Anlauf zur Demokratie dar. „Bonn ist nicht Weimar" (Fritz René Allemann) lautete eine Formel aus der Mitte der 50er Jahre, mit der erleichtert zum Ausdruck gebracht wurde, daß sich demgegenüber die zweite Republik als parlamentarisch stabil erwiesen hatte. Die ‚Fehler von Weimar' zu vermeiden, bildete das Leitmotiv der ersten Bonner Politikergeneration, die schon einmal „verspielte Freiheit" (Hans Mommsen) ihr Trauma. In der Erinnerung der Bevölkerung verband sich die Erfahrung der Jahre nach dem Ersten Weltkrieg allerdings weniger mit verpaßten Möglichkeiten, sondern hauptsächlich mit wirtschaftlicher Krise, sozialer Not und politischem Radikalismus.

Für die Historiker der DDR wiederum war die Weimarer Republik lediglich ein besserer Kampfboden für die revolutionäre Arbeiterbewegung gewesen als das vorherige Kaiserreich. Der kommunistischen Interpretation der 20er Jahre folgend, wurden für diesen bürgerlich-kapitalistischen Staat nur zwei Entwicklungsmöglichkeiten zugelassen: entweder seine Überführung in eine Räteherrschaft, eine Diktatur des Proletariats, oder sein Versinken in faschistischer Barbarei. Schon mit der Entscheidung für eine parlamentarische Demokratie und gegen ein Räteregime (diese Alternative spielte real keine Rolle) sei der Keim ihres Untergangs gesät worden. Inwiefern die darin ausgedrückte Geringschätzung der demokratischen Verfassung nicht selbst ein verhängnisvoller

Beitrag eben zum Untergang der Weimarer Republik gewesen ist, durfte in der DDR nicht thematisiert werden.

Die pointierte Kennzeichnung der ersten deutschen Demokratie als ‚Republik ohne Republikaner' bzw. ‚Demokratie ohne Demokraten' ist zwar nicht völlig unberechtigt, wie ihr Ende ja demonstriert. Aber die Weimarer Republik sollte nicht allein zur chancenlosen Vorgeschichte der NS-Diktatur herabgewürdigt werden. Der revolutionäre Aufbruch der Novemberrevolution, die Wahl zur Nationalversammlung 1919 und die Verabschiedung der Reichsverfassung zeigen, daß es am Anfang durchaus beträchtliche demokratische Potentiale gab, und bei den Wahlen in der Mitte der 20er Jahre konnte zumindest ein kräftemäßiges Gleichgewicht mit den Feinden der Republik hergestellt werden. Wichtige sozialpolitische Leistungen verbinden sich mit dem Weimarer Staat - von der Regelung der Arbeitslosenversicherung (1927) bis zum Massenwohnungsbau. Neuansätze im Bildungswesen und eine blühende moderne Kultur gehörten - wenn auch leider nicht prägend - ebenso zu dieser Zeit wie dumpfer völkischer Antisemitismus und deutschnationale Reaktion an den Stammtischen und in den Hochschulen. Die Weimarer Republik stellt also „eine Epoche eigener Art" (Detlev Peukert) mit zahlreichen Widersprüchen dar, deren historische Betrachtung lohnt.

In der folgenden Skizze der Geschichte der Weimarer Republik sollen die demokratischen Potentiale in Deutschland nach dem Ersten Weltkrieg ebenso Beachtung finden wie die schwierigen Rahmenbedingungen und Belastungsfaktoren, die zu ihrem Scheitern beitrugen:

- Deutschland und Europa waren durch den Ersten Weltkrieg verarmt und volkswirtschaftlich angeschlagen. Die Weimarer Republik hatte die durch den Krieg angehäuften Schulden des Kaiserreichs und die im Versailler Vertrag auferlegten Lasten zu übernehmen, wurde aber in der Propaganda ihrer Gegner häufig für deren Zustandekommen verantwortlich gemacht. Die politische Demokratie hatte kaum Chancen, mit einer prosperierenden Wirtschaft in Zusammenhang gebracht zu werden - auch nicht in der häufig überschätzten kurzen konjunkturellen Scheinblüte Mitte der 20er Jahre.

- Die alten Funktionseliten des Kaiserreichs, in ihrer Mehrheit bestenfalls ‚vernunftrepublikanisch' gesinnt, also nicht offen gegen die neue Ordnung auftretend, beherrschten weiterhin die meisten gesellschaftlichen Kommandohöhen - in vielen Bereichen dominierten autoritäre und antidemokratische Auffassungen, im Militär, in der Justiz, an den Universitäten, in den Kirchen usw. In diesem Sinne war der Weimarer Staat eine „konservative Republik" (Heinrich August Winkler).

- Die politische Kultur war durch den Ersten Weltkrieg militarisiert und verroht worden. Weltanschauliche Lager standen sich unversöhnlich gegenüber, zum Teil sogar uniformiert als paramilitärische Wehrverbände. Eine Mentalität des Freund-Feind-Denkens und des Führerkults prägte nicht nur die extremen Parteien des politischen Spektrums, sondern weithin die gesamte politische Kultur.

Schwere Schatten lagen also von Anfang an und während der gesamten kurzen Weimarer Zeit über dem demokratischen Aufbruch. Dies relativiert die in der Literatur meist zugrunde gelegte Einteilung der Weimarer Republik in drei Phasen, die auch in dieser Skizze vor allem der besseren Übersicht wegen vorgenommen wird. Danach folgte der Durchsetzung der parlamentarischen Demokratie in den revolutionären Nachkriegswirren (1918-1923) eine Phase der relativen Stabilisierung und trügerischen Ruhe (1924-1929), bevor die Auflösung und Zerstörung der Demokratie (1930-1933) begann. Diese Einteilung ist zu verbinden mit den genannten Faktoren, die auf die gesamte Zeit der Weimarer Republik kontinuierlich einwirkten. Dann wird deutlich, daß es sich auch bei der mittleren Phase nur um eine „scheinstabile" und „ungeliebte Republik" (Gottfried Niedhart) handelte und daß an der Zerstörung der Weimarer Demokratie nicht nur zu Beginn und am Ende gearbeitet wurde. Die aus dem verlorenen Weltkrieg hervorgegangene erste deutsche Republik war ein großer Versuch zur Errichtung einer Demokratie unter sehr ungünstigen Umständen.

I. Die Durchsetzung der parlamentarischen Demokratie in den revolutionären Nachkriegswirren (1918-1923)

1. Der Zusammenbruch des Kaiserreiches

In der Anfangsphase des Ersten Weltkrieges durch die weit verbreitete und propagandistisch geförderte patriotische Hochstimmung überdeckt, brachen 1918 alle Widersprüche des Kaiserreichs und seiner politischen Ziele auf einmal auf: Militärisch, politisch und gesellschaftlich war die alte Ordnung am Ende.

Bis zum Herbst 1918 war die Bevölkerung im Glauben an die Unbesiegbarkeit der deutschen Waffen gelassen worden. Die öffentlichen und internen Diskussionen kreisten lediglich um die Frage, in welchem Ausmaß den alldeutschen Vorstellungen eines expansionistischen ‚Siegfriedens' gefolgt oder nach einem ‚Verständigungsfrieden' gesucht werden sollte. An eine Niederlage mochte niemand denken; noch im März 1918 hatte Deutschland der neuen bolschewistischen Regierung Rußlands den Friedensvertrag von Brest-Litowsk aufzwingen können, der die politische und wirtschaftliche Beherrschung weiter Gebiete des ehemaligen zaristischen Reiches, Polens, der Ukraine und des Baltikums, ermöglichen sollte.

Die Westfront stand seit fast vier Jahren tief in Frankreich. Daß diese Front aufgrund der drückenden Materialüberlegenheit der alliierten Gegner - vor allem durch Lieferungen der seit 1917 im Krieg befindlichen USA - sich nicht mehr lange würde halten lassen, war der Obersten Heeresleitung (OHL) nach letzten deutschen Offensivanstrengungen im Frühjahr und Frühsommer 1918 deutlich geworden. Im Gegenangriff durchbrachen die Tanks der Alliierten am 8. August bei Amiens die deutschen Linien auf breiter Front. Aber erst, als dann auch noch die bulgarische Front zusammenbrach und der engste Verbündete, Österreich-Ungarn - ebenso wie die Türkei -, sich um einen Sonderfrieden mit den Alliierten bemühte, forderten Generalfeldmarschall *Paul von Hindenburg** und sein Quartiermeister *Erich Ludendorff* die Reichsregierung am 28. September völlig überraschend auf, sich unverzüglich um einen Waffenstillstand zu bemühen. Vor Offizieren der OHL erklärte Ludendorff am 1. Oktober 1918: „Die Oberste Heeresleitung und das deutsche Heer sind

---

*) Eine kurze Biographie zu den kursiv gesetzten Namen finden Sie auf Seite 171.

am Ende. Der Krieg ist nicht mehr zu gewinnen, vielmehr steht die endgültige Niederlage unmittelbar bevor. Ich stehe nunmehr auf dem Standpunkt, daß schnellstens Schluß gemacht werden muß...“[1] Ersichtlich ging es den Spitzenmilitärs darum, die Verantwortung für die bevorstehende Niederlage auf die zivile Reichsleitung abzuwälzen.

Ein deutsches Waffenstillstandsgesuch an den amerikanischen Präsidenten Woodrow Wilson wurde von dem seit dem 3. Oktober amtierenden neuen Reichskanzler Prinz Max von Baden noch in der folgenden Nacht abgesandt. Es wurde allgemein als Eingeständnis der Niederlage aufgefaßt und bewirkte einen tiefen Schock in der deutschen Öffentlichkeit. Als im Laufe eines mehrwöchigen Notenwechsels, vor allem durch die dritte Wilson-Note vom 23. Oktober 1918, deutlich wurde, daß die Alliierten auf einer vollständigen Kapitulation und wohl auch auf einer Abdankung des Monarchen bestehen würden, schwenkte die OHL noch einmal um und forderte die radikale Fortführung des Krieges. Dieser Verzweiflungskurs ließ sich der nun gänzlich desillusionierten Bevölkerung nicht mehr vermitteln. Der Wechsel zu einer von der politischen Klasse des Kaiserreichs über Jahrzehnte arrogant abgelehnten Demokratisierung und Parlamentarisierung des Reiches und Preußens kam nun, im Angesicht der Niederlage, zu spät.

Prinz Max von Baden hatte erstmals Vertreter der gemäßigten Mehrheitssozialdemokratie (MSPD) als Juniorpartner in sein Kabinett aufgenommen. Die Sozialdemokraten hatten sich zuvor (1917) endgültig in einen staatsloyalen Mehrheitsflügel, der den ‚Burgfrieden‘ mit der Reichsspitze getreulich einhielt, und einen Minderheitsflügel gespalten, der sich am 6. April 1917 als Unabhängige Sozialdemokratische Partei (USPD) verselbständigte. In sich politisch sehr unterschiedlich, prägten vor allem pazifistische und radikale sozialistische Strömungen den Charakter der neuen Partei, deren Hochburgen vor allem in den industriellen Zentren des Reiches lagen - in Berlin, Mitteldeutschland, im Ruhrgebiet und in den norddeutschen Großstädten; etwa 100.000 Mitglieder zählte die USPD im Oktober 1918. Der weit überwiegende Teil der fast eine Million Sozialdemokraten und der hauptamtlichen Funktionäre sowie der Parteipresse blieben bei der Mehrheit.

---

1 Bezeugt u. a. von Albrecht von Thaer, Generalstabsdienst an der Front und in der OHL. Aus Briefen und Tagebuchaufzeichnungen 1915-1919. Hg. von Siegfried A. Kaehler, Göttingen 1958. S. 235.

Die MSPD meinte, sich in der Stunde der Not nicht verweigern zu können, forderte aber als Bedingung für ihren Eintritt in die Regierung die restlose Parlamentarisierung im Reich und in den Bundesstaaten. Am 28. Oktober traten dann verfassungsändernde Bestimmungen in Kraft, die den Forderungen der Linksliberalen und Sozialdemokraten weitgehend entsprachen; der Reichskanzler bedurfte für seine Politik von nun an des Vertrauens der Abgeordneten des Reichstages. Parallel dazu wurde die Abschaffung des Dreiklassenwahlrechts in Preußen beschlossen. Aber diese Parlamentarisierung des Reiches per Dekret ‚von oben‘ war nicht mehr in der Lage, das rasant um sich greifende Mißtrauen der Bevölkerung zu besänftigen. Nur eine gleichzeitige Abdankung des Kaisers hätte dies vielleicht bewirken können, aber Wilhelm II. entzog sich schon einen Tag später dem zunehmenden Druck und reiste - gegen den ausdrücklichen Willen der Regierung - nach Spa (Belgien) ins Große Hauptquartier, um in letzter Stunde das Bündnis von Thron und militärischer Führung wieder zu befestigen. Fernab des Geschehens reifte hier der völlig irreale und dann auch nicht verwirklichte Plan, an der Spitze kaisertreuer Feldtruppen nach Berlin zurückzukehren und ‚Ordnung‘ zu schaffen.

Der dritte Faktor neben der allgemeinen Kriegsmüdigkeit und der politischen Verworrenheit angesichts der sich abzeichnenden Niederlage, der die Situation im Herbst 1918 kennzeichnete, war die immer drückendere soziale Lage. Diese wurde vor allem von der äußerst angespannten Ernährungssituation infolge der alliierten Seeblockade geprägt. Nach den berüchtigten ‚Steckrübenwintern‘ 1916/17 und 1917/18 hatte sich die Unzufriedenheit in allen Teilen der Gesellschaft, weit über die Arbeiterschaft hinausgehend, gesteigert. Auch der sozial deklassierte Mittelstand und die über zu niedrige Erzeugerpreise klagenden Bauern waren nicht mehr unbedingt als Stützen des alten Regimes anzusehen.

Obwohl der Sinn einer Fortführung des Krieges, der Deutschland 1,8 Millionen Tote und 4,2 Millionen Verwundete gekostet hatte, von großen Teilen der Bevölkerung nicht mehr eingesehen wurde, hielt die Regierung an dieser Fiktion fest, um eine bessere Ausgangsposition für die Waffenstillstands- und späteren Friedensverhandlungen herzustellen. Noch am 27. Oktober rief das zentrale sozialdemokratische Parteiorgan, der ‚Vorwärts‘, zur Zeichnung der neunten Kriegsanleihe auf. Eine Woche später begann die Revolution.

2. Von der Meuterei zur Republik

In der verworrenen Machtsituation der letzten Oktobertage, auch der Notenwechsel mit dem amerikanischen Präsidenten war noch nicht abgeschlossen, unternahm die Seekriegsleitung unter Admiral Scheer eigenmächtig den Versuch, die Hochseeflotte am 29. Oktober zu einem letzten ,ehrenvollen' Gefecht gegen die überlegenen britischen Verbände auslaufen zu lassen. Dies war der unmittelbare Anlaß für eine lokale Meuterei, die sich zum Aufstand und dann zur Revolution ausweiten sollte. Die Marinesoldaten einiger Schiffe, die auf Reede vor Wilhelmshaven lagen, widersetzten sich dem menschenverachtenden Ehrenkodex der Offiziere. Daraufhin gab die Marineführung ihr Vorhaben auf, ließ aber etwa 1000 meuternde Matrosen verhaften und das III. Geschwader, darunter die Linienschiffe ,Helgoland' und ,Thüringen', nach Kiel auslaufen, wo weitere Festnahmen erfolgten. Auf Massenkundgebungen forderten dort Werftarbeiter und Matrosen die Freilassung ihrer Kameraden. Ein spontan gewählter Soldatenrat nannte weitere Punkte, für die man eintreten wollte: vollständige Rede- und Pressefreiheit, sachgemäße Behandlung der Mannschaften durch ihre Vorgesetzten und Verzicht auf das Auslaufen der Flotte gegen den Feind. Von Republik, parlamentarischer Demokratie oder gar sozialistischer Revolution war nicht die Rede. Bei einem Versuch, die Gefangenen zu befreien, eröffneten Wachmannschaften zunächst das Feuer - das Signal für den allgemeinen Aufstand. Am Abend des 4. November war Kiel in der Hand der Aufständischen. Der sozialdemokratische Abgeordnete *Gustav Noske,* von der Reichsregierung am 3. November vergeblich nach Kiel zur Vermittlung entsandt, meldete: „Das treibende Moment, das sich mit elementarer Gewalt durchsetzte, war das: die Sache ist zu Ende, und in dem Augenblick sterben wir nicht mehr, sondern gehen zu Frau und Kindern heim."[2] Es handelte sich also zunächst eher um einen Militärstreik kriegsmüder Soldaten als um eine zielbewußte Revolution. Von Kiel aus griff die Aufstandsbewegung mit der Geschwindigkeit eines Steppenbrandes in den nächsten Tagen auf andere norddeutsche Städte über, zuerst auf Lübeck, Hamburg, Bremen und Wilhelmshaven.

Als die Heeresleitung von Hannover aus Ersatztruppenteile gegen die Meuternden aufbieten wollte, entwaffneten Matrosen die gesamte Gar-

---

2 Zit. nach F. A. Krummacher, Die Auslösung der Monarchie, in: Walter Tormin (Hg.) Die Weimarer Republik, Hannover ^{12} 1978, S. 15-80 (Zitat: S. 72).

nison, bevor sie noch in Marsch gesetzt werden konnte. Am 7. November entschloß sich die OHL schließlich, den Aufstand durch reguläre Fronttruppen niederwerfen zu lassen. Aber nun mußte sie diese bereits gegen Köln richten, das inzwischen zu den Aufständischen übergegangen war, und die vermeintlich zuverlässige Division ließ sich von revolutionären Soldaten auflösen. So verbreiterte sich der Aufstand immer rascher zu einer Revolution. Dabei handelte es sich um ein jeweils sehr ähnliches Muster. Den von Kiel, dann auch von anderen Küstenstädten ausschwärmenden Matrosen schlossen sich überall die Soldaten der örtlichen Garnisonen und die Arbeiter der Fabriken an.

In der Regel wurden Arbeiter- und Soldatenräte als Organe der neuen Ordnung gewählt, in Betriebsversammlungen oder auf großen Volksversammlungen; dabei spielten häufig die örtlichen Funktionäre der Gewerkschaften und Mitglieder beider Richtungen der Sozialdemokratie eine tragende Rolle. Sie handelten in diesen Tagen oft ohne zentrale Direktiven ihrer Organisationen. Arbeiter- und Soldatenräte schlossen sich in den meisten Orten zusammen und fungierten als oberste Exekutiv- und Kontrollinstanz gegenüber den im Amt belassenen Vertretern der kommunalen Verwaltung des untergegangenen Regimes. Bei der Demobilisierung, Nahrungsversorgung, Wohnungsbewirtschaftung usw. bewährten sich die überwiegend von Mehrheitssozialdemokraten beherrschten Arbeiter- und Soldatenräte als verläßlicher Ordnungsfaktor. Die Rätebewegung war vor allem eine Sache der großen Städte; viele kleinere Orte und agrarische Gebiete - etwa Ostelbiens - blieben zunächst unberührt. Am 7. November war München an der Reihe, wo *Kurt Eisner,* ein Mitbegründer der oppositionellen Unabhängigen Sozialdemokraten, den ,Freistaat' Bayern ausrief. Hier wie überall dankten die dynastischen Herrscher ab, ohne daß es zu nennenswerter Gegenwehr gekommen wäre.

Für den 9. November hatten die ,Revolutionären Obleute', eine vor allem in den Betrieben der Metallindustrie fest verankerte Gruppe (meist Mitglieder des linken Flügels der USPD), in Berlin Massendemonstrationen angekündigt, und schon am Vormittag dieses Tages waren Hunderttausende auf der Straße. Die Revolution hatte die Hauptstadt des Reiches erreicht. Damit gerieten die Reichsregierung und die Mehrheitssozialdemokratie unter Druck. Deren Vorsitzender, *Friedrich Ebert,* hatte sich bemüht, die Monarchie zu retten, aber dies wäre nur durch eine rechtzeitige Abdankung des Kaisers vielleicht gelungen. Dies war auch die wichtigste Forderung, die die Partei seit dem 7. November auf Flugblättern ultimativ vertreten hatte. Aber Wilhelm II. hatte schon aus Spa vernehmen lassen, er denke nicht daran, „wegen der paar 100 Juden und der 1000 Arbeiter den Thron zu verlassen."[3] Als der Kaiser bis zum Mittag des 9. November dem steten Drängen des Reichskanzlers Max von Baden, durch seinen Rücktritt die Monarchie zu retten, nicht nachkam (lediglich einer teilweisen Abdankung als deutscher Kaiser, aber nicht als preußischer König wollte er zuletzt zustimmen), übergab dieser, gegen 12 Uhr, eigenmächtig dem amtlichen Wolffschen Telegraphenbüro eine Erklärung, daß Wilhelm II. abgedankt habe. Unmittelbar darauf übertrug er die Reichskanzlerschaft dem Sozialdemokraten Friedrich Ebert. Für den Vertreter der alten Ordnung war dies an sich ein verfassungswidriger Akt, stand doch die Ernennung des Kanzlers allein dem Kaiser zu; für die linken Sozialdemokraten wiederum grenzte es an Verrat, dieses Amt aus den Händen des kaiserlichen Kanzlers entgegenzunehmen. Ebert erklärte sich zur Übernahme der Regierung bereit. Ihm und den führenden Vertretern der Mehrheitssozialdemokratie ging es darum, die revolutionäre Bewegung durch ein Übergangskabinett einzudämmen, dem neben der MSPD, dem katholischen Zentrum und den linken Liberalen auch die Unabhängigen Sozialdemokraten angehören sollten. Diese Regierung sollte die Staatsautorität im Lande aufrechterhalten und bis zur baldigen Wahl einer Nationalversammlung amtieren.

In den folgenden Stunden überstürzten sich die Ereignisse. Gegen 14 Uhr, Ebert verhandelte noch mit Vertretern der USPD über deren Beteiligung an der Regierung, rief sein Parteifreund *Philipp Scheidemann* den versammelten Massen von einem Fenster des Reichstagsgebäudes aus zu: „Arbeiter und Soldaten! Das deutsche Volk hat auf der ganzen Linie gesiegt. Das alte Morsche ist zusammengebrochen; der Militarismus ist erledigt. Die Hohenzollern haben abgedankt! Es lebe die Republik!"[4] Ebert war empört, als er kurz darauf von dieser nicht abgesprochenen Ausrufung der Republik erfuhr.

---

3 Koloportiert von Eugen Schiffer, Ein Leben für den Liberalismus, Berlin 1951, S. 136.

4 Zit. nach Manfred Jessen-Klingenberg, Die Ausrufung der Republik durch Philipp Scheidemann am 9. November 1918, in: Geschichte in Wissenschaft und Unterricht, Jg. 19, 1968, S. 649-656 (Zitat: S. 653).

14

Nur wenig entfernt von diesem Ort, im Lustgarten vor dem Berliner Schloß, proklamierte *Karl Liebknecht,* einer der Führer des revolutionären Spartakusbundes (der noch Teil der USPD war), etwa zwei Stunden später vor seinen Anhängern die „freie sozialistische Republik Deutschland" und rief zur „Vollendung der Weltrevolution" auf[5]. Am Abend dieses Tages ging der Kaiser, beleidigt über den „Verrat" des Prinzen Max von Baden, nach Holland ins Exil. Ludendorff flüchtete nach Schweden.

Das Projekt eines bürgerlich-sozialdemokratischen Kabinetts ließ sich aufgrund der anwachsenden revolutionären Stimmung in Berlin nicht durchführen. Aus den Verhandlungen zwischen den Vertretern der MSPD und der USPD ging stattdessen eine paritätisch besetzte Regierung hervor, die sich ,Rat der Volksbeauftragten' nannte. Den Vorsitz führte Friedrich Ebert; außerdem gehörten Philipp Scheidemann und Otto Landsberg von der MSPD sowie Emil Barth, Wilhelm Dittmann und *Hugo Haase* von der USPD zu diesem Gremium. Diese neue Regierung wahrte insofern Kontinuität, als sie weitgehend mit der im Amt belassenen Ministerialbürokratie kooperierte, bis hin zu den Staatssekretären der letzten kaiserlichen Regierung. Die alten Experten wiederum stellten ihr Wissen privilegiert der MSPD-Richtung im Rat der Volksbeauftragten gegen die Vertreter der USPD zur Verfügung.

Inzwischen waren auch in Berlin überall Arbeiter- und Soldatenräte gewählt worden, die sich am 10. November im Zirkus Busch trafen. Die 3000 Delegierten nahmen die Mitteilung von der Einigung zwischen den beiden Richtungen der Sozialdemokratie mit großem Beifall auf und bestätigten den Rat der Volksbeauftragten als provisorische Regierung, wählten aber zugleich einen ,Vollzugsrat'. Dieses unter der Leitung von Richard Müller (USPD) stehende Gremium beanspruchte die Kontrolle über die Regierung, stellvertretend für einen noch auf Reichsebene zu wählenden Vollzugsrat. Die revolutionären Obleute hatten damit eine Art Doppelherrschaft nach dem Beispiel der russischen Revolution installieren wollen. Aber die Mehrheitssozialdemokraten und die meist auf ihrer Seite stehenden Soldatenräte erreichten es in turbulenten

---

5 Vossische Zeitung, 10.11.1918, zit. nach Ursachen und Folgen. Vom deutschen Zusammenbruch 1918 und 1945 bis zur staatlichen Neuordnung Deutschlands in der Gegenwart. Eine Urkunden- und Dokumentensammlung zur Zeitgeschichte. Hg. von Herbert Michaelis/Ernst Schraepler, Berlin 1958/62, Bd. 2, S. 574.

Diskussionen, daß der Vollzugsrat nicht allein von Anhängern des Spartakusbundes und der USPD, sondern paritätisch mit Vertretern auch der Mehrheitssozialdemokratie besetzt wurde. Die unklare Abgrenzung der Macht zwischen dem Rat der Volksbeauftragten und dem Berliner Vollzugsrat führte zwar in den folgenden Wochen zu einigen Rivalitäten und Konflikten, aber einer Doppelherrschaft und damit dem möglichen Übergang zu einer sozialistischen Revolution war durch die paritätische Besetzung des Vollzugsrates schon am 10. November der Boden endgültig entzogen worden.

Auch in den deutschen Bundesstaaten wurden in diesen Tagen Regierungen gebildet, die ebenfalls paritätisch aus Vertretern der MSPD und der USPD zusammengesetzt waren (Preußen, Sachsen) oder auf Koalitionen beruhten, die meist von der Mehrheitssozialdemokratie dominiert wurden.

Vor der Regierung, dem Rat der Volksbeauftragten, standen schwierige und unaufschiebbare Probleme, die Demobilisierung der Truppen, die Organisation der Lebensmittelverteilung, des Verkehrssystems und die Umstellung der Wirtschaft auf den Frieden. Bei all diesen Aufgaben schien die Mitwirkung der staatlichen Behörden und Verwaltungsfachleute unerläßlich zu sein. In einem Telefongespräch über eine direkte Leitung mit *Wilhelm Groener* im Großen Hauptquartier, dem Nachfolger Ludendorffs als Generalquartiermeister, versicherte sich Ebert der Unterstützung der OHL. Die als Ebert-Groener-Pakt in die Geschichte eingegangene Abmachung sah vor, daß die militärische Führung sich der Regierung zur Verfügung stellte. Hindenburg blieb dafür im Amt, um die geordnete Rückführung der Truppen zu leiten. Im Gegenzug sagte Ebert zu, daß die Befehlsgewalt über die Soldaten weiterhin bei ihren Offizieren liegen solle. Das gemeinsame Interesse von Regierung und OHL galt der Wiederherstellung und Aufrechterhaltung von Ruhe und Ordnung, gegen die „Ausbreitung des terroristischen Bolschewismus in Deutschland"[6] , wie Hindenburg noch am gleichen Tag in einem Telegramm an alle Heeresgruppen verbreitete. Der Pakt mit der OHL bedeutete, daß ein geordneter Rückzug erleichtert und die Gefahr eines Bürgerkriegs gebannt wurde. Aber gleichzeitig hatte sich die neue Regierung damit in die Abhängigkeit einer Macht begeben, die sich zwar an

---

6 Zit. nach Otto-Ernst Schüddekopf, Das Heer und die Republik. Quellen zur Politik der Reichswehrführung 1918-1933, Hannover/Frankfurt/M. 1955, S. 20.

der Aufrechterhaltung der Staatsautorität interessiert zeigte, aber keineswegs als republikfreundlich angesehen werden durfte. Das spätere strukturelle Problem der Weimarer Republik, daß die Armee beanspruchte, als ‚Staat im Staate' ihre Angelegenheiten ohne parlamentarische Kontrolle zu regeln, war damit vorgezeichnet.

Die unvermeidliche Unterzeichnung des Waffenstillstandes wiederum überließ das Militär gern den Vertretern der neuen Ordnung, die später von der extremen Rechten des ‚Dolchstoßes' in den Rücken der Truppe bezichtigt wurden. Am 11. November setzte *Matthias Erzberger* als Vertreter der Regierung in einem Salonwagen im Wald von Compiègne bei Paris seine Unterschrift unter ein Dokument, das nur als Kapitulation gewertet werden konnte. Innerhalb von 15 Tagen waren demnach alle besetzten Gebiete im Westen und Elsaß-Lothringen zu räumen; innerhalb von 25 Tagen sollten das linksrheinische Gebiet und drei Brückenköpfe bei Köln, Mainz und Koblenz von alliierten Truppen besetzt werden. Ein großer Teil des Kriegsmaterials und die gesamte Flotte waren auszuliefern, ebenso die alliierten Kriegsgefangenen - ohne Verpflichtung auf Gegenseitigkeit. Auch die durch den Vertrag von Brest-Litowsk im Osten angeeigneten Gebiete sollten geräumt werden, allerdings zunächst ohne Terminangabe.

Auf der Ebene des Wirtschaftslebens ergänzte am 15. November ein Vertrag zwischen Unternehmerverbänden und Gewerkschaften, das sogenannte *Stinnes-Legien-Abkommen,* die Bemühungen zur inneren Stabilisierung der Lage. Hierin erkannten die Unternehmer die Gewerkschaften als „berufene Interessenvertretung" der Arbeitnehmer und als Tarifpartner an und gaben der seit langem erhobenen Forderung nach einem maximal achtstündigen Arbeitstag (bei sechs Arbeitstagen in der Woche) - mit vollem Lohnausgleich - nach. In allen Betrieben mit mehr als 50 Beschäftigten sollte es einen ‚Arbeiterausschuß' (später Betriebsrat) geben. Im Gegenzug verzichteten die Gewerkschaften auf die sofortige Durchsetzung der Sozialisierung. Mit dem Arrangement zwischen neuer Regierung und Militär sowie Gewerkschaften und Unternehmerverbänden war der weitere Verlauf der Geschehnisse vorgezeichnet.

3. Entscheidung für die Nationalversammlung und Radikalisierung der Linken

Die Rätebewegung, die in den Revolutionstagen im ganzen Reich entstanden war, beschränkte sich nicht nur auf Arbeiter und Soldaten. Es gab auch Bauernräte, Räte im Handwerk, unter Angestellten und Beamten oder den linksintellektuellen ‚Rat geistiger Arbeiter‘. Und in vielen Orten gründeten sich bald sogenannte Bürgerräte, die allerdings liberal oder konservativ und teilweise gegenrevolutionär eingestellt waren. Dies drückte den Einfluß der in der Revolution spontan entstandenen Organisationsform aus. Aber obwohl überall die Frage der Räte diskutiert wurde, war es nur eine kleine Minderheit, fast ausschließlich in den Arbeiterräten, die diese zum Zentrum des künftigen Staatswesens machen wollte.

Vom 16. bis 21. Dezember 1918 tagte in Berlin der Reichsrätekongreß, zu dem 489 Delegierte von Arbeiter- und Soldatenräten aus ganz Deutschland zusammenkamen. Gewählt worden waren sie nicht in den Betrieben, sondern in Wohngebieten, und mehr als zwei Drittel waren Angestellte, meist Funktionäre der Gewerkschaften und der Sozialdemokratie. 289 bezeichneten sich laut Protokoll als Anhänger der MSPD, 90 gehörten zur USPD; 10 davon vertraten den Spartakusbund, der zwei Wochen später mit anderen linksradikalen Gruppierungen die kommunistische Partei gründete. Die führenden Köpfe des Spartakusbundes, *Rosa Luxemburg* und Karl Liebknecht, hatten sich vergeblich um ein Mandat bemüht.

Diese Verteilung der politischen Gewichte entschied auch die zentrale Frage des Rätekongresses, die Wahl einer Nationalversammlung. Die Mehrheitssozialdemokratie hatte nie einen Zweifel daran gelassen, daß sie die Durchsetzung der parlamentarischen Demokratie als Endziel der von ihr nicht gewollten Revolution ansehen würde. Nur die Nationalversammlung, so begründete ihr Abgeordneter Max Cohen-Reuß den Antrag auf baldige Wahl eines Parlaments, könne den Willen des gesamten Volkes zum Ausdruck bringen; andernfalls drohten ‚russische Zustände‘. Zudem, so argumentierten Vertreter der MSPD, werde sich bei der gleichen und geheimen Wahl der Nationalversammlung die sozialistische Mehrheit des deutschen Volkes eindeutig erweisen. Die Gegenposition zur baldigen Wahl eines Parlaments durch die gesamte Bevölkerung lautete allerdings nicht: „Alle Macht den Räten!" Dies war lediglich die Parole der wenigen Anhänger des Spartakusbundes, anderer linksradikaler Gruppen und eines kleinen Teils der Unabhängigen Sozialdemokraten. Vielmehr plädierten die meisten Vertreter der Minderheit für einen Aufschub der Wahlen bis zur Verankerung demokratischer Elemente der Rätebewegung in einer zukünftigen Verfassung. Die überwältigende Mehrheit des Reichsrätekongresses ging - mit etwa 400 gegen 50 Stimmen - darüber hinweg und bestimmte den 19. Januar 1919 zum Wahltag für die Nationalversammlung.

Aber der Reichsrätekongreß verabschiedete auf zwei Gebieten Beschlüsse, die zeigten, daß auch die Mehrheit der sozialdemokratischen Arbeiter und Soldaten tiefgreifende und zügige Reformen verlangte. Die Regierung wurde beauftragt, mit der Sozialisierung der dafür „reifen Industrien", insbesondere des Bergbaus, sofort zu beginnen. Und es wurde gefordert, „alle Maßnahmen zur Entwaffnung der Konterrevolution" sowie der „Zertrümmerung des Militarismus und der Abschaffung des Kadavergehorsams" zu treffen[7] ; dazu zählten die Entfernung aller Rangabzeichen und das Verbot des außerdienstlichen Waffentragens, die Wahl der Offiziere durch die Mannschaften und die Einrichtung einer Volkswehr. Diese Forderungen nach einer Demokratisierung von Militär und Wirtschaftsleben widersprachen allerdings erkennbar den Arrangements der Führung von MSPD und Gewerkschaften mit den alten Gewalten.

In den folgenden Wochen verschärften sich die politischen Auseinandersetzungen zwischen der Mehrheitssozialdemokratie und revolutionär gestimmten Arbeitern. Die radikale Linke war zwar auf dem Reichsrätekongreß deutlich in der Minderheit geblieben, konnte aber gerade in Berlin große Massen mobilisieren. Am 23. Dezember 1918 belagerte die in den Tagen der Revolution von Cuxhaven nach Berlin gekommene ‚Volksmarinedivision' wegen ausbleibender Besoldung die Reichskanzlei, kappte die Telefonleitungen und blockierte die Ein- und Ausgänge. Ebert entschied sich für eine gewaltsame Lösung und forderte über den geheimen Draht bei der OHL Truppen an. Am nächsten Tag traf die Gardekavallerie-Schützendivision ein und beschoß die Quartiere der Meuterer im Berliner Schloß und Marstall, mußte aber unverrichteter Dinge und unter eigenen schweren Verlusten wieder abziehen, weil in ihrem Rücken Tausende von rasch mobilisierten Arbeitern Partei für die Volksmarinedivision ergriffen.

---

7   Zit. nach Eberhard Kolb, Die Weimarer Republik, München [2] 1988, S. 15.

Aufgrund der großen politischen Erregung über diese öffentliche Demonstration des Bündnisses von Mehrheitssozialdemokratie und kaiserlichem Militär brach die Koalition von MSPD und USPD endgültig auseinander. Die Vertreter der USPD verließen am 28. Dezember den Rat der Volksbeauftragten (am 3. Januar 1919 auch die gemeinsame preußische Regierung). Sie wurden durch Gustav Noske und Rudolf Wissell von der Mehrheitsrichtung ersetzt. Ihre inhaltliche Arbeit sah die Regierung mit dem Beschluß des Rätekongresses für die Wahl zur Nationalversammlung ohnehin als erledigt an, reformerische Initiativen ergriff sie nicht mehr.

Fast gleichzeitig vollzog sich auch der endgültige Bruch zwischen der Mehrheit der USPD und ihrem linksradikalen Flügel, der mit militantem Aktionismus die Revolution in russischer Richtung vorantreiben wollte. Zur Jahreswende 1918/19 wurde die Kommunistische Partei Deutschlands (KPD/Spartakusbund) gegründet. Für diesen Schritt hatte vor allem Karl Radek, ein bolschewistischer Kader aus der Umgebung Lenins, der sich heimlich in Deutschland aufhielt, geworben. Zudem drängten außerhalb des Spartakusbundes stehende linksradikale Gruppen, etwa die ‚Internationalen Kommunisten Deutschland' (Bremer Linksradikale) oder die Berliner ‚Lichtstrahlen'-Gruppe, auf eine Vereinigung aller kompromißlosen Anhänger des Rätesystems. Auf dem Gründungsparteitag blieben die Realisten, darunter Rosa Luxemburg und Leo Jogiches, die sich mit einer langfristigen Revolutionsstrategie auf den Boden der Tatsachen stellen und sich an der Wahl zur Nationalversammlung beteiligen wollten, in der Minderheit. Die Mehrheit folgte syndikalistisch-anarchistischen Gedankengängen, in denen für parlamentarische Arbeit prinzipiell kein Platz war. Mit putschistischem Aktivismus sollten stattdessen die Massen sofort zur Revolution aktiviert werden. Zum Anwalt dieser radikalen Position machte sich teilweise der unter Arbeitern populäre Karl Liebknecht.

Die erste Gelegenheit ihrer Erprobung ergab sich bald. Provoziert durch die Absetzung des Polizeipräsidenten Emil Eichhorn (USPD), entfesselten die Revolutionären Obleute und Anhänger der KPD in Berlin den sogenannten ‚Spartakusaufstand'. Vom 5. bis 12. Januar 1919 besetzten revolutionäre Arbeiter Zeitungsredaktionen, u.a. das Gebäude des sozialdemokratischen ‚Vorwärts', und erklärten die Reichsregierung für abgesetzt. Dabei handelte es sich allerdings nicht um eine strategisch geplante Aktion, sondern um einen spontanen Putschversuch, der von der Zentrale der KPD abgelehnt wurde. Lediglich Karl Liebknecht gehörte dem ‚Revolutionsausschuß' an, der mit der Regierung ergebnislos verhandelte. Schließlich wurde Gustav Noske vom Rat der Volksbeauftragten zur Niederwerfung des Aufstandes ermächtigt. Überliefert ist sein Ausspruch: „Einer muß der Bluthund werden; ich scheue die Verantwortung nicht!"[8] Noske ließ reguläre Truppen und Freikorps (Freiwilligenverbände zuverlässig antirevolutionärer Soldaten unter Führung aktiver Offiziere) in Berlin einrücken. Sehr wählerisch war er bei der Sammlung dieser Truppen allerdings nicht. Offen konterrevolutionäre und monarchistische Freikorps wie das ‚Freiwillige Jägerkorps' unter General Maercker erhielten Gelegenheit zu einem blutigen Feldzug gegen die Anhänger der Revolution. Nach der raschen Beendigung des dilettantischen Aufstandsversuchs verbargen sich die führenden Funktionäre der revolutionären Linken. Am 15. Januar wurden Karl Liebknecht und Rosa Luxemburg von Angehörigen der Garde-Kavallerie-Schützen-Division verhaftet, später mißhandelt und heimtückisch ermordet. Diese Tat erregte Abscheu und Empörung weit über die revolutionäre Linke hinaus. Auch Ebert soll, nachdem er in den folgenden Tagen Einzelheiten erfuhr, ehrlich erschüttert gewesen sein. Von der KPD wurde der Mord seither als Symbol des blutigen Verrats der Sozialdemokratie an der Revolution propagandistisch ausgenutzt. Die Januarereignisse sind von *Rudolf Hilferdig,* seinerzeit Funktionär der USPD, als die „Marneschlacht der deutschen Revolution" bezeichnet worden[9]. Die unkoordinierten revolutionären Unruhen im ganzen Reich - in Bremen (Januar/Februar 1919), Braunschweig (April) und München (April/Mai) wurden sogar kurzlebige Räterepubliken ausgerufen - endeten jeweils in einem Blutbad regulärer Truppen und von Freikorps, die das Standrecht als Freibrief zum Mord auch an zahlreichen unbeteiligten Personen verstanden. In der Hauptstadt wurden Anfang März 1919 etwa 1200 Menschen getötet (‚Berliner Blutwoche'), in München bei der Niederschlagung der Räterepublik allein außerhalb der Kampfhandlungen etwa 460.

---

8   Gustav Noske, Von Kiel bis Kapp, Berlin 1920, S. 68.

9   Zit. nach Heinrich August Winkler, Von der Revolution zur Stabilisierung. Arbeiter und Arbeiterbewegung in der Weimarer Republik 1918-1924, Berlin/Bonn 1984, S. 57.

4. Die Parteien der Nationalversammlung

Für die Wahl zur Nationalversammlung am 19. Januar galt das reine Verhältniswahlrecht für alle Deutschen ab dem 20. Lebensjahr, und erstmals waren auch Frauen wahlberechtigt. Das Ergebnis enttäuschte die hochgespannten Hoffnungen der Mehrheitssozialdemokratie auf eine sozialistische Mehrheit. Die MSPD erhielt 37,9%, die USPD 7,6% der Stimmen. Demgegenüber besaßen die bürgerlichen Parteien eine Mehrheit. Das katholische Zentrum war auf 19,7% gekommen, die liberale Deutsche Demokratische Partei (DDP) auf 18,5%, die nationalliberale Deutsche Volkspartei (DVP) auf 4,4% und die Deutschnationale Volkspartei (DNVP) auf 10,3%. Diese Parteien waren nicht erst zur Wahl aufgetreten, sondern hatten sich bereits in der ersten Phase der Revolution zusammengefunden. Die Reorganisation der bürgerlichen Parteien fand allerdings in den Geschehnissen der Revolution, als revolutionäre Volksmassen die Straßen beherrschten, wenig Beachtung.

Die DDP entstand aus der ehemaligen Fortschrittlichen Volkspartei und einem Teil der Nationalliberalen - vor allem in Süddeutschland. Unter den Gründungsvätern befand sich auch Friedrich Naumann, als Vordenker eines sozialen Liberalismus um die Jahrhundertwende bekannt geworden, der allerdings bereits im Herbst 1919 starb. Ihr Gründungsaufruf, abgefaßt von einem Kreis um den Chefredakteur des Berliner Tageblatts, *Theodor Wolff,* und den Soziologen Alfred Weber, datiert vom 16. November 1918. Darin bekannten sich die Liberalen zur Republik und wandten sich gegen „jeden bolschewistischen, reaktionären oder sonstigen Terror"[10]; für monopolistische Strukturen der Wirtschaft sollten Möglichkeiten der Sozialisierung erwogen und der Großgrundbesitz sollte eingeschränkt werden. Vor allem demokratisch eingestellte besitz- und bildungsbürgerliche Schichten, Angestellte und Beamte zählten zu ihrer Anhängerschaft. Auch die jüdische Bevölkerung wählte überproportional diese Partei, in der der Antisemitismus keinen Platz hatte.

Der Fraktionsvorsitzende der Nationalliberalen im Reichstag bis 1918, *Gustav Stresemann,* wurde von der neuen liberalen Partei als Belastung empfunden, hatte er doch während des Krieges zu den prominentesten Anhängern eines expansionistischen Siegfriedens gezählt. Seine großen-

---

10 Zit. nach Lothar Albertin, Liberalismus und Demokratie am Anfang der Weimarer Republik, Düsseldorf 1972, S. 57.

teils städtisch-mittelständischen und bürgerlichen Anhänger sammelten sich seit Mitte Dezember 1918 in der DVP, die über eine sehr lockere föderative Struktur mit politisch unterschiedlich ausgerichteten Landesverbänden verfügte. Keine andere Partei wurde in gleichem Maße von großindustrieller Seite subventioniert. Im Wahlaufruf zur Nationalversammlung beschwor die DVP den Schutz des Privateigentums und die Förderung des Mittelstandes, während man Festlegungen hinsichtlich der Staatsform vermied. Allerdings galten ihre Sympathien einem „durch freien Entschluß des Volkes auf gesetzmäßigem Wege aufzurichtenden Kaisertum, dem Sinnbild deutscher Eigenheit" (‚Grundsätze' der Partei vom Oktober 1919)[11].

Der Gründungsaufruf der DNVP erschien am 24. November 1918 in der Neuen Preußischen Zeitung (Kreuzzeitung). Ehemalige Angehörige der Deutschkonservativen und Freikonservativen des Kaiserreiches sowie verschiedener völkisch-antisemitischer und christlich-sozialer Splittergruppen hatten ihn unterzeichnet. Im Bemühen, die Partei als neu erscheinen zu lassen, traten die führenden Köpfe der Konservativen aus dem Kaiserreich allerdings nicht in den Vordergrund. Vorsitzender wurde der frühere parteilose preußische Finanzminister *Oskar Hergt*. Programmatisch unterschied sich die DNVP, die sich zum einen auf die alten agrarischen Hochburgen Ostelbiens, zum anderen in starkem Maße auf städtische mittelständische Schichten stützte, kaum von der DVP. Im Wahlprogramm zur Nationalversammlung forderten die Deutschnationalen den Schutz des Privateigentums, die Förderung des Mittelstandes und eine „monarchische Spitze" innerhalb einer demokratischen Verfassung. Im Vordergrund der Propaganda stand die Bewahrung der „Seele unseres Volkes" vor der „Zerstörung der christlichen, sittlichen und nationalen Kräfte in Gesellschaft, Schule und Familie" sowie seines Leibes vor „Erkrankung durch Kommunismus oder Vernichtung durch Bolschewismus!" Die DNVP erklärte ausdrücklich, daß sie „in jeder durch die Nationalversammlung geschaffenen Staatsform für das Wohl des Vaterlandes mitarbeiten" werde und verzichtete zu diesem Zeitpunkt noch auf die besondere agrarische Interessenvertretung und auf

---

11 Zit. nach Wolfgang Ruge, Deutsche Volkspartei (DVP), in: Dieter Fricke u. a. (Hg.), Die bürgerlichen Parteien in Deutschland. Handbuch der Geschichte der bürgerlichen Parteien und anderer bürgerlichen Interessenorganisationen vom Vormärz bis zum Jahre 1945, Bd. I, Berlin 1968, S. 645-672 (Zitat: S. 654).

antisemitische Töne, wie sie die Deutschkonservativen seit 1890 gepflegt hatten[12]. In den 20er Jahren wurde die DNVP in Ansätzen zu einer bürgerlichen Integrationspartei. Die Zahl ihrer Mitglieder stieg von etwa 300.000 (1919) auf 700.000 (1922) und 950.000 (1923), die in etwa 10.000 Ortsvereinen organisiert waren.

Bei allen Parteien handelte es sich jeweils um den Zusammenschluß von politischen Kräften, die über längere Traditionen im Kaiserreich verfügten. Das Zentrum war sogar bereits 1870 gegründet worden. Nach dem ‚Kulturkampf‘ der Bismarck-Zeit hatte die katholische Partei zunehmend treu zum Reich gestanden und dessen Politik immer stärker mitbestimmt. Andererseits war die Position des politischen Katholizismus durch das Zerbrechen des wilhelminischen Bündnisses von Hohenzollern-Thron und protestantischem Altar günstiger geworden. Für das Zentrum ging es 1918 vor allem darum, sich in den neuen Staat hineinzubegeben und ihn nicht den Linksparteien zu überlassen. Vor allem die als gottlos bezeichneten Tendenzen in der anfänglich von einem USPD-Minister geleiteten Kultur- und Bildungspolitik Preußens, der für eine strikte Trennung von Staat und Kirche eintrat, wurden zum bevorzugten Angriffspunkt. Der gemeinsame Kampfbegriff ‚Bolschewismus‘ für diesbezügliche Gefahren überdeckte allerdings schwere innerparteiliche Konflikte. Im Rheinland gab es 1918/19 eine einflußreiche separatistische Strömung, die nur durch Formelkompromisse gedämpft werden konnte. Und auf wirtschafts- und sozialpolitischem Gebiet existierten ernste Differenzen zwischen christlich-sozialen und bürgerlich-mittelständischen Strömungen. Die Zusammenarbeit mit den Sozialdemokraten entsprang für einen Teil des Zentrums aus inhaltlicher Übereinstimmung vor allem in Fragen der Sozialpolitik, für andere war es eine bittere Notwendigkeit angesichts der Mehrheitsverhältnisse. Der insgesamt positive Bezug auf die Weimarer Republik war einer der Gründe für die Abspaltung des bayerischem Zentrums im November 1918, das als extrem föderalistische, z.T. separatistische und monarchistische Bayerische Volkspartei (BVP) bis Anfang 1920 alle organisatorischen Verbindungen zum Zentrum kappte.

Bis 1932 war das Zentrum, meist an führender Stelle, an sämtlichen Regierungen des Reiches und Preußens in unterschiedlichen Konstella-

---

12 Zit. nach Werner Liebe, Die Deutschnationale Volkspartei 1918-1924, Düsseldorf 1956, S. 109-112.

tionen beteiligt. Damit hatte das Zentrum, trotz stagnierender und allmählich zurückgehender Stimmenanteile, eine strategisch vorteilhafte Scharnierfunktion in der Innenpolitik.

Vergleicht man die Zusammensetzung der Nationalversammlung mit derjenigen des zuletzt 1912 gewählten Reichstags, so fällt die Ähnlichkeit in der Stärke der politischen Fraktionen auf - mit einer leichten Linksverschiebung der neuen Nationalversammlung. Allerdings wurde diese schon in der Wahl zum Reichstag Mitte 1920 wieder korrigiert. Die beiden untereinander verfeindeten Arbeiterparteien SPD und USPD bzw. dann KPD zusammen erhielten bei sämtlichen Wahlen zum Reichstag während der Jahre der Weimarer Republik nicht mehr als einen Stimmenanteil von 40%, und auch die linksliberale DDP konnte ihr Ergebnis bei der Wahl zur Nationalversammlung danach nicht annähernd mehr erreichen.

Die Nationalversammlung trat am 6. Februar 1919 in Weimar zusammen. Wegen der revolutionären Unsicherheit und zu befürchtenden Massendemonstrationen in Berlin hatte man nach einem ruhigeren Ort gesucht und sich schließlich für diese kleine Stadt entschieden, die einzige in Thüringen, die keine sozialistische Mehrheit besaß. Das Parlament stand vor zwei zentralen Aufgaben. Zum einen sollte möglichst zügig eine demokratische Verfassung verabschiedet werden, zum anderen war die Unterschrift unter den Friedensvertrag von Versailles zu beraten.

Aufgrund des Wahlergebnisses - ein Zusammengehen der beiden ehemals in einer Partei vereinten sozialdemokratischen Richtungen war weder politisch gewollt noch rechnerisch möglich - kam nur eine Koalition der Mehrheitssozialdemokratie mit dem katholischen Zentrum und den Demokraten in Frage. Die ‚Weimarer Koalition', sie verfügte über eine bequeme Dreiviertelmehrheit, stellte letztlich die durch die Novemberrevolution nur unterbrochene Zusammenarbeit dieser politischen Kräfte im Ersten Weltkrieg (die Linksliberalen seinerzeit in der Fortschrittspartei) für einen ‚Verständigungsfrieden' dar. Am 11. Februar wählten die Parlamentarier der genannten drei Parteien Friedrich Ebert zum ersten Reichspräsidenten, zwei Tage später Philipp Scheidemann (ebenfalls SPD) zum ersten Reichskanzler.

5. Die Beratung der Weimarer Verfassung

Die Verfassungsberatungen, durch Verhandlungen der Ebert-Regierung mit den Vertretern der Einzelstaaten gut vorbereitet, begannen umgehend nach der Konstituierung der Nationalversammlung. Am 8. Februar wurde der Entwurf eines „Gesetzes über die vorläufige Reichsgewalt" eingebracht und bereits zwei Tage später verabschiedet. Darin wurde die Nationalversammlung befugt, außer der Verfassung auch „sonstige dringende Reichsgesetze" zu beschließen. Ein ‚Staatenausschuß', Vorläufer des späteren ‚Reichsrates', hatte sich bereits am 25. Januar 1919 konstituiert und vertrat die Interessen der Einzelstaaten.

Den Verfassungentwurf brachte wenige Tage nach dem Antritt der neuen Regierung deren Innenminister Hugo Preuß (DDP) ein. Der Berliner Ordinarius für öffentliches Recht war bereits am 15. November 1918 vom Rat der Volksbeauftragten mit einem Entwurf beauftragt worden, den er Ende Dezember vorgelegt hatte. In Vorverhandlungen mit den Einzelstaaten war der stark ‚unitaristische' (reichseinheitliche) und zentralistische Charaker dieses ersten Entwurfs - Preußen sollte demnach aufgeteilt werden - zugunsten einzelstaatlicher Rechte abgeschwächt worden. Vor allem sollte die territoriale Neuordnung des Reiches nicht ohne Einwilligung der Einzelstaaten vorgenommen werden dürfen. Nach intensiven Diskussionen im Plenum und in einem 28köpfigen Ausschuß wurde die Verfassung bereits am 31. Juli von der Nationalversammlung verabschiedet. Am 11. August wurde sie vom Reichspräsidenten unterzeichnet und trat drei Tage später in Kraft.

Im ersten Teil der Weimarer Verfassung wurden „Aufbau und Aufgaben des Reichs" abgehandelt. In Artikel 1 hieß es lapidar: „Das Deutsche Reich ist eine Republik. Die Staatsgewalt geht vom Volke aus." Als zentrales Organ der Reichsgewalt fungierte der nach allgemeinem, gleichem und geheimem Wahlrecht bestimmte Reichstag, der für die Reichsgesetzgebung und die Kontrolle der Exekutive zuständig sein sollte. Der Wunsch, historische Kontinuität zu wahren, kam allerdings in Artikel 3 zum Ausdruck. Danach sollten zwar die neuen Reichsfarben Schwarz-Rot-Gold sein, aber für die Handelsflagge wurden die kaiserlichen Farben Schwarz-Weiß-Rot beibehalten, „mit den Reichsfarben in der oberen linken Ecke". In den Beratungen wurden die bundesstaatlichen Elemente des eingebrachten Entwurfs wieder abgeschwächt. Die Einzelstaaten wurden in Reichsländer umgewandelt, die sich jeweils eine demokratische Verfassung zu geben hatten. Einzelstaatliche Hoheitsrechte aus dem Kaiserreich - etwa Bayerns und Württembergs - wurden aufgehoben. Der neu geschaffene Reichsrat, die Länderkammer, hatte, anders als im Kaiserreich oder später in der Bundesrepublik, im wesentlichen beratende Funktion.

Als Strukturproblem der Verfassung erwies sich die Ausstattung des Reichspräsidentenamtes mit weitreichenden Befugnissen. Der für sieben Jahre (mit uneingeschränkter Möglichkeit der Wiederwahl) vom Volk direkt zu wählende Präsident erhielt das Recht, den Reichstag aufzulösen und durch Anordnung eines Volksentscheids in das Gesetzgebungsverfahren einzugreifen. Im Falle eines staatlichen Ausnahmezustandes erhielt er die sogenannte „Diktaturgewalt" (Artikel 48). Das Nähere sollte ein Reichsgesetz regeln, das allerdings nie erlassen wurde. Mit der Schaffung eines ‚starken' Reichspräsidenten sollte ein Gegengewicht gegen die vollständige Parlamentsherrschaft geschaffen werden. Dieser eingebaute Dualismus resultierte aus obrigkeitlichem Mißtrauen gegenüber der Parteiendemokratie, und man hat zurecht vom Reichspräsidenten als einer Art ‚Ersatzkaiser' gesprochen. Vereinzelt wurde in den Beratungen von sozialdemokratischer und USPD-Seite davor gewarnt. Deren Abgeordneter Cohn fragte, was passieren würde, „wenn ein Trabant der Hohenzollern, vielleicht ein General"[13], einmal an der Spitze des Reiches stehen würde.

Verankert wurde ferner die Möglichkeit, Gesetze direkt durch das Volk (Volksbegehren, Volksentscheid) beschließen zu lassen, auch dies als Gegengewicht zur Parteiendemokratie. Allerdings hat von den nur sieben Gesetzentwürfen, die auf diesem Weg zur Diskussion gestellt wurden, keiner die erforderliche Mehrheit erhalten. In der politischen Kultur der späten 20er Jahre dienten sie allerdings einige Male als Basis hemmungsloser Demagogie gegen die Demokratie. In das Grundgesetz der Bundesrepublik wurden auch deshalb später keine plebiszitären Elemente aufgenommen.

Erst der zweite, ausführlich diskutierte Hauptteil der Verfassung - „Grundrechte und Grundpflichten der Deutschen" - beinhaltete im Kern einen Katalog klassischer bürgerlicher Grund- und Freiheitsrechte: Rechtsgleichheit, Freizügigkeit, Freiheit der Person, Recht der freien Meinungs-

---

13   Zit. nach Kolb, S. 19.

äußerung, Glaubens- und Gewissensfreiheit, Recht der freien Religions-ausübung, Petitionsrecht, Vereins- und Versammlungsfreiheit, Unver-letzlichkeit der Wohnung und des Briefgeheimnisses. Dieser Katalog wurde auf Initiative der Parteien, die hier einen Raum für die Unterbrin-gung ihrer jeweiligen Anliegen sahen, stark erweitert. Dies führte dazu, daß etliche Artikel unverbindliche Absichtserklärungen darstellten (etwa der Artikel 161 zur Sozialversicherung). Die Forderung nach einer Er-gänzung der klassischen Freiheitsrechte durch weitere „Grundrechte und Grundpflichten" wurde zuerst von Friedrich Naumann erhoben. Die Zen-trumspartei setzte weitgehende Garantien für konfessionelle Sonderrechte durch (Artikel 137 und 138), während die Sozialdemokratie in der Ver-fassung vorsehen ließ, daß das Reich „für die Vergesellschaftung geeig-nete private wirtschaftliche Unternehmungen in Gemeineigentum über-führen" (Artikel 156) könne. Die Arbeiter und Angestellten sollten zur Wahrnehmung ihrer sozialen und wirtschaftlichen Interessen Betriebs-räte bilden dürfen, und die Gewerkschaften erhielten ihre Bestätigung als gleichberechtigte Tarifpartner (Artikel 165). Auf der anderen Seite wurde den Unternehmern die Wirtschafts- und Eigentumsfreiheit ga-rantiert (Artikel 152 und 153); auch die Beamten erhielten die Garantie ihrer wohlerworbenen Rechte (Artikel 129), dem Mittelstand versprach man Förderung (Artikel 164), ebenso den kinderreichen Familien und Kriegsteilnehmern (Artikel 155). Diese verschiedenen Kompromisse führten letztlich, so formulierte es der Verfassungsrechtler Otto Kirchheimer, zu einer positivistischen, einer „Verfassung ohne Entschei-dung"[14]. Zudem konnten auch die Grundrechte mit einer Mehrheit von zwei Dritteln der Abgeordneten des Reichstages wieder eingeschränkt oder aufgehoben werden (Artikel 76). Dennoch wird man nicht vorran-gig die strukturellen Mängel der demokratischen Verfassung für das Scheitern der Weimarer Republik verantwortlich machen dürfen, wie dies in politischer Absicht nach dem Zweiten Weltkrieg bisweilen be-hauptet wurde. Der Machtantritt des NS-Regimes wäre kaum durch eine bessere Verfassung zu verhindern gewesen; allerdings hätte der Anschein von Legalität gefehlt.

Mit der Annahme der Reichsverfassung am 31. Juli 1919 hatte die Na-tionalversammlung eine ihrer beiden Hauptaufgaben erledigt. Für die

---

14   Otto Kirchheimer, Weimar - und was dann? (1930), in: ders., Politik und Verfas-sung, Frankfurt/M. 1964, S. 52 (ff).

Verfassung stimmten die Parteien der ‚Weimarer Koalition', dagegen die DNVP, die DVP und die USPD, insgesamt waren es 262 gegen 75 Stimmen; allerdings blieb ein Teil der MSPD-Abgeordneten der Schlußabstimmung fern, vor allem wegen der ausgebliebenen Demokratisierung der Armee; die Soldaten der Reichswehr besaßen nicht einmal das Wahlrecht und waren kein Instrument des Staates, sondern lediglich ihrer militärischen Führung.

6. Die Auseinandersetzung um den Versailler Vertrag

Die Verfassungsberatungen wurden überschattet durch die Verhandlungen über einen Friedensvertrag in Versailles. Am 18. Januar 1919, dem Gedenktag der deutschen Kaiserproklamation von 1871 am gleichen Ort, traten die Vertreter der alliierten Mächte zusammen. Eine Schlüsselstellung besaßen darunter die ‚großen Drei': Woodrow Wilson, der Präsident der USA, Lloyd George, Premierminister von Großbritannien, und Georges Clemenceau, der französische Ministerpräsident. Die Konferenz sollte eine neue Weltordnung mit einem Völkerbund schaffen, so daß ein Weltkrieg wie der gerade zurückliegende sich nicht wiederholen könne. Der Völkerbund sollte eine Garantie für die politische Unabhängigkeit und territoriale Unversehrtheit aller Länder geben, Großmächten und kleinen Staaten gleichermaßen. Allerdings waren die westeuropäischen Alliierten skeptisch gegenüber einer raschen Einbeziehung des geschlagenen Deutschland in den Völkerbund und setzten sich damit durch. Erst nach einer Erfüllung der Deutschland in einem Friedensvertrag auferlegten Pflichten sollte es diesem Gremium beitreten dürfen.

Dabei standen sich im Lager der Alliierten verschiedene Interessen gegenüber. Frankreich strebte danach, Deutschland dauerhaft zu schwächen und vor allem die Kontrolle über das hochindustrialisierte Rhein- und Ruhrgebiet zu erlangen; die französische Politik war besonders an einer Zusammenarbeit mit den ost- und südosteuropäischen Staaten interessiert, die aus dem Zusammenbruch des Zarenreichs und der Habsburger Monarchie hervorgegangen waren. Vor allem förderte Frankreich ein starkes Polen als Bündnispartner gegen Deutschland und als Bollwerk gegen die Sowjetunion. England hingegen war durch die gelungene Ausschaltung Deutschlands als Welthandelskonkurrent und Kolonialmacht prinzipiell bereits befriedigt. Im Interesse eines kontinentalen

Gleichgewichts wandten sich die britischen Diplomaten gegen eine zu weitgehende Schwächung Deutschlands, ebenso wie die USA.

Im Ringen um die unterschiedlichen Interessen der Alliierten setzte sich der französische Sicherheitsstandpunkt schließlich weitgehend durch. Es wurden Friedensbedingungen ausgearbeitet, die für Deutschland sehr hart waren und den Keim künftiger Konflikte in sich trugen. Diese Bedingungen wurden der deutschen Delegation am 7. Mai 1919 überreicht. Einwände und Gegenvorschläge konnten nur auf schriftlichem Wege vorgebracht werden. Am 16. Juni wurde das endgültige Vertragswerk übergeben, verbunden mit einem Ultimatum zur Annahme innerhalb von einer Woche. Folgende zentrale Punkte enthielt der Versailler Vertrag:

- Deutschland verlor alle seine Kolonien (sie wurden vom Völkerbund als Mandatsgebiete an verschiedene alliierte Staaten vergeben) und 13% seiner Fläche mit etwa 10% seiner Bevölkerung. Dabei handelte es sich vor allem um nichtdeutsche Minderheiten des ehemaligen Reiches; z.t. konnten die Bewohner der jeweiligen Gebiete darüber abstimmen. Abgetreten wurden das erst 1871 einverleibte Elsaß-Lothringen an Frankreich (ohne Abstimmung), Nordschleswig an Dänemark (nach Abstimmung), Eupen und Malmedy an Belgien (nach Abstimmung), die Provinzen Posen und Westpreußen, Teile von Ostpreußen und Hinterpommern an Polen (ohne Abstimmung), ein Teil Oberschlesiens an Polen (nach Abstimmung), das Memelgebiet an die Alliierten (ohne Abstimmung; 1923 von Litauen annektiert). Das Saargebiet wurde für 15 Jahre dem Völkerbund unterstellt, danach entschied eine Volksabstimmung (für Deutschland). Danzig mit dem Mündungsgebiet der Weichsel wurde eine Freie Stadt unter der Aufsicht des Völkerbundes. In einigen Abstimmungsgebieten fiel die Abstimmung zugunsten Deutschlands aus, so daß diese Gebiete (Teile Ost- und Westpreußens sowie Oberschlesiens und Südschleswig) beim Deutschen Reich verblieben. Verboten wurde eine Vereinigung mit Deutsch-Österreich, dem nach dem Vertrag von St. Germain hervorgegangenen Kern des ehemaligen Habsburgischen Reiches.

- Deutschlands wirtschaftliche Kraft war durch die Gebietsabtretungen beträchtlich geschwächt worden. 75% der Eisenerz- und 26% der Steinkohleförderung, außerdem 44% der Roheisen- und 38% der Stahlproduktion stammten aus den abzutretenden Gebieten.

- Auch die militärische Macht wurde beträchtlich beschnitten. Erlaubt war nur noch eine Wehrmacht von 100.000 längerfristig dienenden Berufssoldaten ohne schwere Waffen, Flugzeuge, Panzer, größere Kriegsschiffe und U-Boote. Das linke Rheinufer und einige rechtsrheinische Brückenköpfe blieben für die Dauer von 15 Jahren besetzt. Westlich des Rheins wurde eine entmilitarisierte Zone von 50 Kilometer Tiefe geschaffen.

- Deutsche ‚Kriegsverbrecher‘, darunter auch der ehemalige Kaiser, sollten ausgeliefert und vor alliierte Gerichte gestellt werden.

- Die Höhe der Reparationen (Kriegsentschädigungen) wurde noch nicht festgelegt. Eine alliierte Kommission sollte bis 1921 zunächst die Schäden ermitteln und einen Plan für die deutschen Zahlungen ausarbeiten. Aber unabhängig davon waren bereits umfangreiche Sachleistungen mit einem Umfang von 20 Milliarden Goldmark zu erbringen.

Noch größere Empörung als diese harten Bedingungen, die allerdings das Deutsche Reich im Kern nicht antasteten, löste der Artikel 231, der sogenannte „Kriegsschuldartikel", aus, demzufolge Deutschland und seine Verbündeten „als Urheber (des Krieges; d. V.) für alle Verluste und Schäden verantwortlich" seien.Ursprünglich als juristische Basis der geforderten Reparationen formuliert, wurde er nach deutschen Protesten auch im Sinne einer politisch-moralischen deutschen Verantwortlichkeit interpretiert.

Die Ablehnung des Versailler Vertrags war in Deutschland über alle Parteigrenzen hinweg einmütig. Scheidemann rief in der Nationalversammlung am 12. Mai 1919 pathetisch aus: „Welche Hand müßte nicht verdorren, die sich und uns in solche Fesseln legt? Dieser Vertrag ist nach Auffassung der Reichsregierung unannehmbar."[15] Er trat zurück; Nachfolger wurde sein Parteifreund Gustav Bauer. Da die Demokraten über die Unterzeichnung nicht einmal diskutieren mochten, waren in der neuen Regierung zunächst nur die Sozialdemokraten und das Zentrum vertreten. Aber eine realistische Alternative zur Anerkennung des Vertrags bestand nicht. Am 19. Juni hatte Reichswehrminister Gustav Noske mit hohen Militärs die Lage erörtert, die sich bei Nichtunterzeichnung und einer darauf folgenden Wiederaufnahme der bewaffne-

---

15 Zit. nach Dokumente der deutschen Politik und Geschichte. Hg. von Johannes Hohlfeld, Bd. III, Berlin/München o. J. (1951), S. 30 f.

ten Auseinandersetzungen ergeben würde. Hindenburg teilte der Regierung am nächsten Tag mit, daß im Osten die Grenzen gehalten werden könnten, aber wohl kaum im Westen. Als Soldat müsse er allerdings „den ehrenvollen Untergang einem schmählichen Frieden vorziehen"[16].

Diese Stellungnahme zeigte erneut die hinter einem zweifelhaften Ehrbegriff verborgene feige Verantwortungslosigkeit der Spitzenmilitärs, die ja selbst die Aussichtslosigkeit einer Wiederaufnahme des Kampfes bestätigt hatten. Am 21. Juni ließ die Marineleitung die deutsche Hochseeflotte, die in der schottischen Bucht von Scapa Flow lag, versenken, damit sie nicht, wie vom Friedensvertrag vorgesehen, in die Hände der Alliierten fiele.

Die Regierung unternahm am 22. Juni einen letzten Versuch, zumindest den Kriegsschuldartikel sowie die Bestimmungen über die Auslieferung der Kriegsverbrecher streichen zu lassen, was von den Alliierten aber sofort zurückgewiesen wurde. In dieser Situation wurde von hohen Militärs erörtert, die Regierung im Falle der Vertragsunterzeichnung zu stürzen, den Sozialdemokraten Noske zum Diktator auszurufen und einen ‚Volkskrieg' gegen die dann einrückenden alliierten Truppen zu beginnen. Noske wäre allerdings auf diese abenteuerlichen Ideen kaum eingegangen.

Am 23. Juni lief die Frist für die Unterzeichnung des Vertrages ab. Ebert ließ sich noch einmal von General Groener von der OHL bestätigen, daß ein Kampf keine Erfolgsaussicht habe. Am gleichen Tag stimmte die Nationalversammlung über die Vertragsunterzeichnung ab. Sie wurde gegen die Fraktionen der Deutschnationalen, der DVP, des größten Teils der DDP und einiger Abgeordneter des Zentrums beschlossen, insgesamt mit 237 gegen 138 Stimmen. Alle Parteien gaben zu Protokoll, daß sie die „vaterländischen" Motive derer respektierten, die anders als sie selbst gestimmt hatten.

Dennoch wurde die Unterzeichnung des Versailler Vertrags - am 28. Juni, ratifiziert am 9. Juli - schon sehr bald und dauerhaft zu einem zentralen Thema rechtsradikaler Demagogen. Eine Schlüsselrolle spielte dabei die DNVP, die ihre Ehrenerklärung für die Befürworter der Vertragsunterzeichnung vergessen lassen wollte. Großen Einfluß gewann die ‚Dolchstoß'-Legende, derzufolge die Heimat der kämpfenden, vom

---

16 Zit. nach Noske, S. 151.

äußeren Feind unbesiegten Truppe in den Rücken gefallen sei. Gemeint waren damit jene linken und realistischen Politiker, die im Ersten Weltkrieg für einen Verständigungsfrieden und schließlich für sein Ende eingetreten waren. Dieser haltlosen Verdrehung der Tatsachen - die OHL hatte ja selbst die Niederlage eingestanden - verlieh der seinerzeit verantwortliche Hindenburg wider besseres Wissen Autorität, als er vor dem Untersuchungsausschuß der Nationalversammlung am 18. November 1919 in diesem Sinne aussagte. Verknüpft wurde die Dolchstoß- Legende mit einer weiteren Lüge, der Behauptung von der politischen Unschuld Deutschlands am Zustandekommen des Ersten Weltkriegs. Aufgestellt wurde sie zum Teil von den gleichen Kreisen, die an den expansionistischen Denkschriften des Krieges mitgewirkt hatten. Vor diesem Hintergrund konnten die verantwortlichen Politiker der Republik als Verbrecher erscheinen, die den Tod verdienten. Zielscheibe war in besonders starkem Maße der Zentrumspolitiker Matthias Erzberger, der immer wieder als ‚Reichsverderber' diffamiert wurde. Der Finanzminister der Weimarer Koalition hatte 1917 die Resolution der Reichstagsmehrheit (MSPD, Fortschrittspartei, Zentrum) für einen Verständigungsfrieden ohne Annexionen initiiert, war Leiter der Waffenstillstandsdelegation gewesen und galt als wichtigster Befürworter der Zusammenarbeit mit den Sozialdemokraten. Der DNVP-Führer Karl Helfferich, Vorstandsmitglied der Deutschen Bank, beschuldigte ihn in der Kreuzzeitung, seine politische Linie sei verknüpft mit eigenen finanziellen Interessen. Der daraufhin von Erzberger angestrengte Beleidigungsprozeß endete im März 1920 mit einem Urteil, das Helfferich in der Sache recht gab und ihm lediglich eine geringfügige Geldstrafe aus formalen Gründen auferlegte. Erzberger trat daraufhin von seinem Ministeramt zurück. Dies war eines der vielen Gerichtsurteile, das die politische Einäugigkeit der Justiz verdeutlichte. Die zu einem großen Teil gegenrevolutionär und monarchistisch gesinnten Richter, in der Weimarer Verfassung gerade für unabsetzbar erklärt, brachten immer wieder ihre Abneigung gegen die Republik und die Sympathie für deren Feinde von rechts zum Ausdruck.

Allerdings wäre es falsch, die nationalistische Welle ausschließlich mit der politischen Rechten zu verbinden. An der amtlichen Aktenedition zur Vorgeschichte des Krieges, in der aus falsch verstandener Staatsräson durch zahlreiche Fälschungen die deutsche Verantwortung verdunkelt wurde, arbeiteten auch Historiker mit, die keine Parteigänger der

DNVP waren. Eine öffentliche Diskussion war tabu, nachwirkend bis zum sogenannten ‚Fischer-Streit' (so genannt nach dem Historiker Fritz Fischer) in der westdeutschen Geschichtswissenschaft der 60er Jahre. Der Kampf gegen die ‚Kriegsschuldlüge' war eine zentrale Klammer der politischen Kultur der 20er Jahre. Und der Versailler Vertrag verfiel einmütig der Ablehnung aller politischen Richtungen - bis hin zu den Kommunisten (sie verstanden Deutschland als koloniales Objekt der Alliierten).

7. Kapp-Putsch und politische Radikalisierung

Seit der Unterzeichnung des Versailler Vertrags im Sommer 1919 mehrten sich die Anzeichen für konterrevolutionäre Putschvorbereitungen. Sie wurden von zwei Seiten betrieben, einmal von Teilen der Deutschnationalen und radikal-völkischen Gruppierungen, zum anderen vom Kommandierenden General des Berliner Gruppenkommandos, Walther Freiherr von Lüttwitz. Dabei handelte es sich nicht nur um zwei verschiedene Zentren, sondern tendenziell auch um verschiedene Vorstellungen des künftigen Regimes. Während Lüttwitz darauf spekulierte, zumindest einige Vertreter des rechten Randes der Mehrheitssozialdemokratie, darunter Reichswehrminister Noske, einzubeziehen, forderten andere Putschisten die rücksichtslose Diktatur auch gegen die gesamte Sozialdemokratie und gegen die Gewerkschaften. Solche unterschiedlichen Auffassungen konnten nicht geklärt werden, da die Zeit drängte, als am 1. Januar 1920 der Versailler Vertrag in Kraft trat. Denn innerhalb von drei Monaten sollte die Heeresstärke von 500.000 auf zunächst 200.000 Mann herabgesetzt und 20.000 Offiziere entlassen werden. Danach wäre ein Putsch nur sehr viel schwerer zu bewerkstelligen gewesen. Am 10. März 1920 erschien Lüttwitz beim Reichspräsidenten, auch Noske war zugegen, und forderte die Auflösung der Nationalversammlung, die Neuwahl zum Reichstag, eine Ablösung der Politiker in der Regierung durch ‚Fachminister' und den Stopp der Truppenverminderung. Nachdem diese Forderungen strikt zurückgewiesen und am nächsten Tag die Entlassung von Lüttwitz und einige Haftbefehle verfügt worden waren, entschlossen sich die Verschwörer zum sofortigen Losschlagen. Am 13. März marschierte die Marinebrigade Ehrhardt, eine Eliteformation von ehemaligen Baltikumkämpfern, die nahe Berlin stationiert war, in die Reichshauptstadt ein. Diese führten schwarz-weißrote Fahnen mit sich und trugen nicht selten ein Hakenkreuz am Stahlhelm. Der neue selbsternannte Reichskanzler Wolfgang Kapp, Generallandschaftsdirektor von Ostpreußen, traf nicht auf bewaffnete Gegenwehr. Die Reichswehrgeneralität ließ verlauten, daß Truppe nicht auf Truppe schießen werde. Aber ein von den Gewerkschaften ausgerufener und in ganz Deutschland nahezu einmütig befolgter Generalstreik ließ den Putsch nach nur vier Tagen kläglich zusammenbrechen. Auch die abwartende Haltung der staatlichen Bürokratie hatte dazu beigetragen, denn die gesetzlose Aktion widersprach der Haltung der meisten Beamten. Die nach Stuttgart ausgewichene Regierung kehrte zurück, die Marinebrigade verließ Berlin und die Verschwörer flüchteten, z.T. ins Ausland.

Für die extreme Rechte leitete der fehlgeschlagene Kapp-Putsch einen schmerzhaften Lernprozeß ein. Es hatte sich erwiesen, daß eine militärische Aktion gegen die Republik auf den entschlossenen Widerstand der Bevölkerungsmehrheit stoßen würde. Vor allem an der Spitze der DNVP kam es zu heftigen Auseinandersetzungen. Obwohl die Partei offiziell das dilettantische Unternehmen abgelehnt hatte, waren doch einige führende Mitglieder tief darin verstrickt gewesen, namentlich Kuno Graf Westarp, und die Landesverbände Ostpreußen und Schlesien hatten sich den Putschisten sofort unterstellt. Als es den Kritikern nicht gelang, diese Kräfte innerparteilich zu schwächen, traten etliche prominente Gründungsmitglieder aus der DNVP aus, so der Staatsrechtslehrer Johann Victor Bredt oder Siegfried von Kardorff; teilweise schlossen sie sich der DVP an. Durch die innerparteilichen Auseinandersetzungen radikalisierten sich die Deutschnationalen weiter nach rechts, was aber ihrer wachsenden Popularität keinen Abbruch tat.

Das Ende des Putsches wurde nicht zu einem energischen Vorgehen gegen die rechtsextremen Gegner der Verfassung, vor allem nicht gegen die Hintermänner des Unternehmens genutzt. Die Forderungen der Gewerkschaften und der Arbeiterparteien nach einer politischen Säuberung des zivilen und militärischen Staatsapparats von unzuverlässigen Elementen und der Bestrafung der am Putsch Beteiligten blieben unter dem neuen Reichskanzler *Hermann Müller* (SPD) uneingelöst. Nach einem Jahr waren von 705 amtlich bekannt gewordenen Verbrechensfällen im Zusammenhang mit dem Putsch die meisten durch eine großzügige Amnestie erledigt worden; nur ein einziger wurde geahndet - mit fünf

Jahren ehrenvoller Festungshaft. Zum Vergleich: Gegen 52 Mitglieder und Mitarbeiter der Münchner Räteregierung wurden verhängt: ein Todesurteil und 135 Jahre Freiheitsstrafen. Eine Forderung der Gewerkschaften wurde allerdings eingelöst: Der in der Arbeiterschaft und selbst unter den Anhängern der MSPD besonders verhaßte Reichswehrminister Noske erhielt seine Entlassung. Sein Nachfolger wurde Otto Geßler (DDP). Dieser sah - wie zuvor Noske - seine Aufgabe nicht in der Kontrolle der Armee, sondern im Bündnis mit deren Führung. Chef der Heeresleitung wurde gleichzeitig General *Hans von Seeckt,* dessen Programm die völlige Autonomie der Reichswehrführung innerhalb des Staates bildete. Auf die Frage nach der innenpolitischen Zuverlässigkeit seiner Truppe antwortete er einmal: „Ob sie zuverlässig ist, weiß ich nicht, aber sie gehorcht mir."[17]

Daß der fehlgeschlagene Putsch nicht zu einer ernsthaften Abrechnung mit der extremen Rechten genutzt wurde, hing auch damit zusammen, daß parallel mit dem Anwachsen der gegenrevolutionären Kräfte sich die Arbeiterschaft in vielen Regionen des Reiches radikalisierte. Die USPD zählte Ende 1919 etwa 750.000 Mitglieder, und die Anhänger einer Diktatur des Proletariats in der Partei stellten zwar noch eine Minderheit dar, hatten aber ihren Einfluß verstärken können. Die Mitgliederzahl der KPD, die über mehrere Monate illegal war, wird auf etwa 100.000 - in der Mitte jenes Jahres - geschätzt. Während des Kapp-Putsches hatten sich die Anhänger der USPD, KPD sowie syndikalistisch-revolutionärer Organisationen vielerorts nicht damit begnügt, dem Aufruf zum Generalstreik Folge zu leisten (die KPD-Zentrale hatte zunächst gar nicht darauf reagiert, weil sie ihren Todfeind MSPD nicht einmal gegen rechte Putschisten verteidigen wollte), sondern gingen in Selbstschutzeinheiten ihrerseits zum Angriff auf Freikorps und Reichswehrtruppen über. Zentren bewaffneter Arbeiteraktionen lagen in Mitteldeutschland, in Sachsen und Thüringen. Im Vogtland befehligte der Anarchist Max Hölz eine revolutionäre Truppe und rief die Räterepublik aus. Hauptsächlicher Kampfplatz wurde das Ruhrgebiet. Dort hatte sich eine ,Rote Ruhrarmee' von anfangs etwa 50.000 Arbeitern formiert, die zahlreiche Städte der Industrierevier besetzt hielt.

In dieser Situation setzte die Reichsregierung wiederum Truppen ein, die in den Tagen des Putsches mit unklarer Position abgewartet oder

---

17   Zit. nach Schüddekopf, S. 159.

offen mit dem Unternehmen sympathisiert hatten. Während sich die Reichswehr geweigert hatte, gegen die Putschisten vorzugehen, rückte sie jetzt gemeinsam mit schwarz-weiß-rot drapierten Freikorps ins Ruhrgebiet ein, wo die Kämpfe mit besonderer Härte geführt wurden. Zusätzlich kompliziert war die Situation dadurch, daß teilweise die entmilitarisierte Rheinzone verletzt wurde. Französische Truppen besetzten deshalb in diesen Wochen vorübergehend Frankfurt am Main und einige andere Städte als Antwort auf die Verletzung der entmilitarisierten Zone durch die deutsche Armee.

Die militärische Führung und das Reichskabinett hintertrieben ein am 23. März 1920 vom preußischen Innenminister Carl Severing mit dem aufständischen Zentralrat ausgehandeltes Abkommen, und auch Teile der ‚Roten Ruhrarmee‘ kämpften weiter. Dies war ein Hinweis darauf, daß die Zentralen der USPD und KPD die Kontrolle über die Arbeiter teilweise eingebüßt hatten. Anarchistische und syndikalistische Strömungen besaßen in dieser (kurzen) Phase einen sehr großen Einfluß. Anfang April tagte in Berlin der Gründungsparteitag der Kommunistischen Arbeiterpartei (KAPD), die sich von der KPD abgespalten hatte. Nach manchen Berichten soll sie zeitweise mehr Mitglieder als diese gehabt haben. Die KAPD lehnte jegliche Teilnahme am Parlamentarismus ab, weil dies von der Revolution ablenke. Die Partei zerfiel allerdings bald wieder.

Nach dem Einrücken von Reichswehr und Freikorps ins Ruhrgebiet am 2. April 1920 (die Kämpfe dauerten bis in den Mai) kam es wiederum zu Massenerschießungen revolutionärer Arbeiter, aber auch unbeteiligter Personen. Wieder mußte vor allem die Arbeiterschaft die Erfahrung machen, daß der ‚weiße‘ den ‚roten‘ Terror bei weitem übertraf.

Die Reichstagswahlen vom 6. Juni 1920 drückten zwei Entwicklungen aus. Während sich das Bürgertum nach rechts bzw. rechtsaußen wandte, gingen umgekehrt Teile der Arbeiterschaft von den Mehrheitssozialdemokraten zur radikalen Linken. Die SPD hatte nahezu die Hälfte ihrer Stimmen gegenüber der Wahl zur Nationalversammlung verloren und erreichte nur noch 21,7%. Die USPD hingegen verdoppelte ihren Anteil und kam auf 17,9%; die erstmals kandidierende KPD erhielt 2,1%. Die beiden großen Lager der Arbeiterbewegung lagen also nahezu gleichauf. In der bürgerlichen Mitte hatte es einen bedeutsamen Wechsel gegeben. Während bei der Wahl zur Nationalversammlung die DDP noch mit 18,5% gegenüber der DVP mit lediglich 4,4% klar geführt hatte, war nun das Verhältnis mit 8,3% gegenüber 13,9% umgekehrt ausgefallen. Zudem war die DNVP mit 15,1% (ein Zugewinn von 4,8%) die stärkste der bürgerlichen Parteien geworden. Lediglich das Zentrum, nun allerdings getrennt von der weiter rechts stehenden Bayerischen Volkspartei, hatte - wenn man die Ergebnisse beider Parteien addiert - sich in etwa behauptet (13,6% und 4,4%). Das Ergebnis bedeutete das Ende der Weimarer Koalition schon nach gut einem Jahr. Von 78% war ihr Stimmenanteil auf 44,6% gesunken.

In den nächsten vier Jahren sollten sich dann weitere sieben Kabinette ablösen. Reichskanzler wurde nun zunächst der Zentrumspolitiker Konstantin Fehrenbach, der einem bürgerlichen Minderheitskabinett vorstand, an dem neben seiner Partei nur die DDP und erstmals auch die nationalliberale DVP beteiligt waren. Diese Regierung wurde von der SPD toleriert. Das Parteiensystem, wie es sich seit 1920 zeigte, war durch ein hohes Maß an Zersplitterung charakterisiert. Es gab keine klassen- und milieuübergreifende Integrationspartei heutigen Zuschnitts. Das katholische Zentrum umspannte zwar verschiedene soziale Schichten in seiner Anhängerschaft, verblieb aber in den konfessionellen Grenzen. Die DNVP, allerdings stärker in protestantischen Regionen verankert, hatte ihre Hochburgen in den agrarischen Provinzen und gewann städtische Mittelschichten, vermochte aber kaum die Arbeiterschaft anzusprechen. Die Sozialdemokraten und noch ausgeprägter die USPD und die Kommunisten hatten wiederum nur geringe Erfolge außerhalb der Arbeiterschaft.

Im Herbst 1920 tobten in der USPD heftige Kämpfe um die Frage des Anschlusses an die Kommunistische Internationale, für den sich auf dem Parteitag vom 12. bis 17. Oktober eine deutliche Mehrheit fand (237 gegen 156 Stimmen). Damit war die USPD, die nach offiziellen Angaben zu diesem Zeitpunkt fast 900.000 Mitglieder zählte (die SPD hatte gleichzeitig nahezu 1,2 Millionen Mitglieder), gespalten. Ihr linker Flügel schloß sich auf einem Parteitag vom 4. bis 7. Dezember mit der kleinen KPD (nach eigenen Angaben etwa 80.000 Mitglieder im November 1920) zur Vereinigten Kommunistischen Partei (VKPD) zusammen. Erst dieser Zusammenschluß machte die KPD zur Massenpartei von etwa 300.000 Mitgliedern. In einigen Regionen, vor allem im mitteldeutschen Industrierevier, waren die Kommunisten nun stärker als die Sozialdemokratie. Diese Situation versuchte die Kommunistische Internationale auszunutzen. Nach ihrer Einschätzung konnte nur durch eine revolutionäre Aktion in Mitteleuropa, zuerst aber in Deutschland, die Weltrevolution und Sowjetrußland gerettet werden. Durch verschiedene Emissäre wurde deshalb versucht, diese entscheidende Aktion vorzubereiten. Ende März 1921 riefen die Kommunisten den Generalstreik aus und begannen im mitteldeutschen Industrierevier um Halle, Merseburg (Leuna) und Mansfeld einen bewaffneten Aufstand, der allerdings isoliert blieb und wiederum in einem Blutbad endete. Die verfehlte ‚Offensivstrategie‘ der KPD beraubte sie eines großen Teils der gerade errungenen Sympathien in der Arbeiterschaft.

Parallel zur Radikalisierung auf der Linken formierten sich auch die rechten Gegner der Weimarer Republik, teilweise in Parteien und Vaterländischen Verbänden, teilweise in einem halblegalen Geflecht von bewaffneten Freikorps und Geheimbünden, die sich als Vereine ehemaliger Soldaten, Gesangvereine oder Sportklubs tarnten. Besonders mordlustig war die Organisation Consul (O.C.), eine geheime Nachfolgeorganisation der Brigade Ehrhardt. Zahlreiche Attentate und Fememorde - in aller Regel ungesühnt bleibend - gingen auf ihr Konto. Im August 1921 fiel der seit langem besonders angefeindete ehemalige Finanzminister Erzberger den Kugeln rechtsextremer Attentäter zum Opfer, im Juni 1922 der Außenminister *Walther Rathenau* (DDP), der als Industrieller und jüdischer Intellektueller dem deutschnational-völkischen Milieu besonders verhaßt war. Gerade dieses Attentat erregte auch im Bürgertum weithin Abscheu und Empörung. Der damalige Reichskanzler Joseph Wirth vom Zentrum rief im Reichstag der DNVP-Fraktion als geistiger Urheberin der Mordhetze zu: „Da steht der Feind, wo Mephisto sein Gift in die Wunde eines Volkes träufelt, da steht der Feind, und darüber ist kein Zweifel: dieser Feind steht rechts!"[18] Unter dem Eindruck der Ermordung Rathenaus verabschiedete der Reichstag am 21. Juli 1922 gegen die Stimmen von DNVP, Bayerischer Volkspartei und KPD ein - auf fünf Jahre befristetes - Gesetz zum Schutz der Republik, mit dem Mordverschwörungen unter schwere Strafandrohungen gestellt wurden und extreme Organisationen verboten werden konnten. Allerdings weigerte sich Bayern, dieses Gesetz zu übernehmen. Dort steuerte die Regierung unter Gustav Ritter von Kahr selbst einen republik-

---

18 Verhandlungen des Deutschen Reichstags. Stenographische Berichte, Berlin 1922, Bd. 356, S. 8055.

feindlichen Kurs mit dem Anspruch, Bayern zur ‚Ordnungszelle Deutschlands' zu machen. Hier konnten rechtsextreme bewaffnete Einwohnerwehren völlig ungehindert ihr Unwesen treiben; hier stieg die NSDAP von lokaler Bedeutung zum nationalen politischen Faktor auf. Das folgende Jahr 1923 sollte den Höhepunkt der Radikalisierung und bürgerkriegsnahen Zustände bilden.

8. Reparationen und ‚Erfüllungspolitik'

Schon bald nach der Bildung des bürgerlichen Minderheitskabinetts Fehrenbach im Sommer 1920 entwickelte sich die Frage der Reparationen zum beherrschenden politischen Thema. Bei den Siegermächten ging man davon aus, daß Deutschland seinen durch den Versailler Vertrag auferlegten Verpflichtungen im vollen Umfang und ohne Rücksicht auf die eigene wirtschaftliche Situation nachzukommen habe. Besonders Frankreich nahm eine unnachgiebige Haltung ein. Die deutschen Zahlungen an die westeuropäischen Alliierten kamen im übrigen den dortigen Volkswirtschaften nur zu einem Teil zugute, denn England und Frankreich hatten sich in den USA hoch verschuldet, um im Rüstungswettlauf während des Weltkrieges mithalten zu können, und transferierten die eingegangenen Reparationen nun an ihren Gläubiger jenseits des Atlantik.

Deutschland war durch den Weltkrieg in eine desolate Wirtschafts- und Währungslage geraten, wobei die durch den Versailler Vertrag auferlegten Lasten nur den kleineren Teil der Probleme ausmachten. Der Krieg war vom Kaiserreich durch eine rücksichtslose Staatsverschuldung finanziert worden. Immer neue Kriegsanleihen und die Betätigung der Notenpresse hatten 1919 einen Schuldenstand von 144 Milliarden Mark (gegenüber 5 Milliarden Mark 1913) auflaufen lassen und gleichzeitig die Inflation angeheizt. Diese Finanzpolitik war nach dem Ende des Krieges fortgeführt worden, um die unmittelbaren Folgen des Krieges bewältigen zu können: soziale Leistungen für Erwerbslose, Kriegsopfer, Schuldentilgung für Kriegsanleihen, Entschädigungen an Wirtschaftsunternehmen in den abgetretenen Gebieten usw. Aber die Vermehrung des Papiergeldes (von 2 Milliarden Mark 1913 auf 45 Milliarden 1919) zerrüttete den Staatshaushalt nachhaltig.

In dieser Situation versuchte die Reichsregierung die Inflation als außenpolitisches Instrument einzusetzten. Denn solange die Inflation andauerte - die anfangs einigen Branchen bedeutende Exporterfolge bescherte -, konnte die deutsche Zahlungsfähigkeit für Reparationen nicht festgestellt werden. Deshalb drangen die Siegermächte wiederum auf die möglichst baldige Sanierung der deutschen Staatsfinanzen durch Haushaltseinsparungen und Steuererhöhungen. In einer Serie von Konferenzen befaßten sich die Alliierten seit 1920 mit den genauen Modalitäten der Reparationen. Zunächst wurde der Verteilungsschlüssel festgelegt, nach dem Frankreich insgesamt 52% der deutschen Zahlungen erhalten sollte, England 22%, Italien 10%, Belgien 8%. Im Januar 1921 wurde die deutsche Gesamtschuld auf 226 Milliarden Goldmark (bezogen auf den Goldpreis von 1914 - 0,358423 Gramm = 1 Mark), zahlbar in 42 ansteigenden Jahresraten, festgelegt. Als die Reichsregierung diesen Plan ablehnte, besetzten französische Truppen am 8. März 1921 die Rheinhäfen Düsseldorf, Duisburg und Ruhrort. Im April veränderten die Alliierten dann selbst die Bedingungen zugunsten Deutschlands. Der Gesamtbetrag der Reparationen wurde nun auf 132 Milliarden Goldmark festgesetzt, zahlbar in jährlichen Raten von etwa drei Milliarden Goldmark. Dieser ‚Londoner Zahlungsplan‘ wurde am 5. Mai 1921 zusammen mit einem auf sechs Tage befristeten Ultimatum übermittelt. Im Falle einer deutschen Weigerung drohte die alliierte Besetzung des gesamten Ruhrgebiets. Daraufhin trat das bürgerliche Minderheitskabinett Fehrenbach zurück und eine Koalition der Weimarer Parteien (SPD, DDP, Zentrum) unter dem ebenfalls aus dem Zentrum stammenden Joseph Wirth - wiederum ohne Mehrheit im Reichstag - trat seine Nachfolge an. Der Reichstag sprach sich mit einer klaren Mehrheit von 220 gegen 172 Stimmen für die Annahme des alliierten Ultimatums aus. Gegen die Annahme hatten die Deutschnationalen und die Kommunisten gestimmt, während viele USPD-Abgeordnete, die sich der Vereinigung mit der KPD widersetzt hatten, die Wirth-Regierung unterstützten.

Die Entscheidung fiel auch deshalb so deutlich aus, weil in diesen Wochen in Oberschlesien heftige Kämpfe tobten. Die im Versailler Vertrag festgelegte Abstimmung der Bevölkerung über den Verbleib beim Deutschen Reich oder den Anschluß an den neuen polnischen Staat hatte am 20. März 1921 mit einem günstigen Ergebnis stattgefunden. Fast 60% der Abstimmenden sprachen sich für ein deutsches Oberschlesien aus. Daraufhin begannen polnische Freischärler eine bewaffnete Auseinandersetzung, bei der sie von französischen Besatzungstruppen unterstützt wurden, während britische Offiziere die durch Freikorps organisierte deutsche Gegenwehr zuließen. Diese prodeutsche Haltung Englands, das Interesse an der Erhaltung eines einheitlichen Industr-reviers hatte, wäre durch eine Ablehnung des Londoner Ultimatums in der Reparations-frage unter Umständen gefährdet gewesen.

Trotz militärischer Erfolge - die Deutschen stürmten am 23. Mai den Annaberg - endeten die Auseinandersetzungen bald darauf mit einer bit-teren Enttäuschung. Nach einer Empfehlung des Völkerbundes wurde Oberschlesien nämlich zwischen Deutschland und Polen aufgeteilt. Da-bei fiel Ostoberschlesien, und damit der größte Teil des Industrie-reviers, an Polen. Der Haß gegenüber dem östlichen Nachbarn, gepaart mit ei-ner schon im Kaiserreich zu beobachtenden rassistischen Überheblich-keit, vergiftete seither noch stärker die politische Kultur in Deutschland.

Mit der Annahme des Londoner Ultimatums begann die sogenannte ‚Er-füllungspolitik‘, die für die rechtsextremen Gegner der Republik zum wichtigsten negativ besetzten Schlagwort wurde. In der Folge steigerte sich die Mordkampagne der antidemokratischen Rechten, der am 26. August der Zentrumspolitiker Matthias Erzberger zum Opfer fiel (s.o.). Der Regierung ging es tatsächlich nicht um eine Erfüllung der Bedin-gungen des Versailler Vertrags - dazu wäre die Sanierung der Währung der erste Schritt gewesen -, sondern um den Nachweis, daß diese Bedin-gungen nicht erfüllbar waren. Vor allem hoffte die deutsche Seite auf die Verschärfung latenter Widersprüche und auf die Isolierung Frank-reichs im Lager der Alliierten.

Auf der Suche nach neuen Freiräumen in der Außenpolitik knüpfte Deutschland seit 1920 Kontakte zur Sowjetunion; zunächst handelte es sich um eine geheime Kooperation zwischen Reichswehr und Roter Armee, dann, im Mai 1921, um einen Handelsvertrag. Am 16. April 1922 wurde schließlich zwischen beiden Ländern der Vertrag von Ra-pallo unterzeichnet, mit dem volle diplomatische Beziehungen aufge-nommen wurden; wechselseitig verzichtete man auf alle Ansprüche aus dem Ersten Weltkrieg, Deutschland auch auf Entschädigungen für ver-staatlichtes deutsches Eigentum in der Sowjetunion. Die Unterzeich-nung des Vertrags von Rapallo, der bei den Westmächten unwillig auf-genommen wurde und in Deutschland einige übertriebene Hoffnungen auf die Sprengung des gesamten Versailler Systems und die Einzwän-gung Polens zwischen Deutschland und der Sowjetunion weckte, fiel bereits nicht mehr in die Regierungszeit Wirths. Dessen Nachfolger im

Amt seit Januar 1922, Wilhelm Cuno, parteiloser Generaldirektor des Schiffahrtsunternehmens HAPAG, dem man gute Kontakte in die USA nachsagte, veränderte dann schrittweise die außenpolitische Linie. Die neue rechtsbürgerliche Regierung (unter Beteiligung der DVP, DDP und des Zentrums) ging nun von der ‚Erfüllungspolitik' schrittweise zu passivem Widerstand gegen die Lasten aus dem Versailler Vertrag über. Am 12. Juli 1922 beantragte Deutschland bei der Reparationskommission die Aussetzung der noch fälligen Restzahlungen und teilte gleichzeitig mit, man könne auch 1923 und 1924 seinen Verpflichtungen nicht nachkommen. Im November 1922 forderte die Berliner Regierung eine Befreiung von allen Reparationen für drei bis vier Jahre sowie zusätzlich einen internationalen Bankkredit. Das Verlangen nach einem solchen Moratorium (Zahlungspause) wurde von Frankreich mit der Formel „Keine Moratorien ohne Pfänder" beantwortet. Der französische Ministerpräsident Raymond Poincaré zielte darauf, seine Hand auf sogenannte ‚produktive Pfänder' zu legen. Und das bedeutete, Frankreich bereitete sich auf den Einmarsch in grenznahe Industriegebiete vor.

9. Ruhrkampf und Hyperinflation

Ende 1922 wurde ein deutscher Lieferrückstand für Kohle und Holz festgestellt. Gegen die Stimme des britischen Delegierten der Reparationskommission wurde dies als vorsätzlicher Bruch der Zahlungsbestimmungen gewertet. Am 9. Januar 1923 wurde mit dieser Begründung eine französische Ingenieur-Kommission mit dem Auftrag ins Ruhrgebiet entsandt, die Kontrolle über das Kohlesyndikat zu übernehmen und den Transfer der vertraglich festgelegten Lieferungen zu gewährleisten. Den Schutz dieser Ingenieure übernahmen französische und belgische Truppen, anfangs 60.000, im Laufe des Jahres sogar etwa 100.000 Mann, die das gesamte Ruhrgebiet besetzten.

Für Frankreich war dieser militärische Einsatz von Anfang an mehr als ein Unternehmen zur Sicherstellung der Reparationsleistungen. Es ging Frankreich um die dauerhafte Schwächung des nach wie vor potentiell bedrohlichen östlichen Nachbarn. Umgekehrt bewirkte die Ruhrbesetzung in Deutschland - von der extremen Rechten bis zur kommunistischen Linken - einhellige Wut und Empörung. Die nationale Einheit des August 1914, den Tagen des Weltkriegsbeginns, schien zurückgekehrt zu sein, selbst die sozialdemokratische und freigewerkschaftliche

Presse fiel zurück auf die antifranzösischen Schmähungen des Ersten Weltkriegs. Karl Radek, Funktionär der Kommunistischen Internationale, erklärte die Solidarität des Weltproletariats für den nationalen Freiheitskampf gegen das alliierte Monopolkapital. Die Reichsregierung unterbrach sofort alle Reparationsleistungen an Frankreich und Belgien und rief die Bevölkerung des Ruhrgebiets zum ‚passiven Widerstand' auf. Den dortigen deutschen Beamten wurde die Befolgung von alliierten Befehlen verboten. Frankreich antwortete mit der Ausweisung von Beamten, Beschlagnahmungen und der Isolierung des Ruhrgebiets vom Reich. Mit der Politik des ‚passiven Widerstands', den die französische und belgische Besatzungsarmee nicht zu brechen vermochte, sollte demonstriert werden, daß durch die militärische Intervention keine produktiven Pfänder gewonnen werden könnten. Tatsächlich kamen durch den Generalstreik der Arbeiter und Bahnbeamten nun die Koks- und Kohlelieferungen nahezu gänzlich zum Erliegen. Aber diese Politik ließ sich angesichts der ohnehin schwer angeschlagenen Wirtschaft und inflationär zerrütteten Währung nicht lange durchhalten. Denn das Reich mußte die Ruhrgebietsbevölkerung, die auf ihr Geheiß hin die Arbeit verweigerte, finanziell unterstützen, während gleichzeitig die Steuererträge aus dem besetzten Gebiet ausblieben, ebenso wie dringend benötigte Kohlelieferungen und andere Güter. Die schmalen Devisenreserven des Reiches mußten nun für Ersatzkäufe im Ausland aufgebracht worden. Der Schaden des Ruhrkampfes für die deutsche Volkswirtschaft wurde auf 3,5 bis 4 Milliarden Goldmark geschätzt. Das war weit mehr, als die ordnungsgemäße Bezahlung der Reparationen im gleichen Zeitraum ausgemacht hätte. Gedeckt wurde der rapide steigende Finanzbedarf durch die Betätigung der Notenpresse. Die schon vor dem Ruhrkampf sehr hohe Inflationsrate begann nun immer rascher zu steigen und ging in eine ‚Hyperinflation' über. Im Juli 1921 hatte man noch für 80 Mark einen Dollar erhalten, im November für 240 Mark, im Dezember 1922 für 8.000 Mark, im April 1923 für 20.000 Mark, im Juli 1923 für 350.000 Mark, Anfang August für 1 Million Mark und am 15. November - am Ende der Inflation - für 4,2 Billionen Mark. Im Herbst 1923 gab es de facto keine deutsche Währung mehr. Nur 19% der Haushaltsausgaben des Reiches konnten 1923 noch aus ordentlichen Einnahmen gedeckt werden.

Neben der endgültigen Zerrüttung der Währung war es die Diskreditierung des passiven Widerstandes durch terroristische Aktionen vor allem rechtsextremer Kreise, die Deutschlands moralischen Kredit vor der Weltöffentlichkeit aufzehrten. 132 Tote, elf Todesurteile (eines davon vollstreckt), fünf Verurteilungen zu lebenslänglichem Zuchthaus, zahllose Freiheits- und Geldstrafen sowie die Ausweisung von 150.000 Menschen lasteten schwer auf der Bevölkerung des Ruhrgebiets und des Reiches.

Auf der anderen Seite beförderte der Ruhrkampf separatistische und Autonomie-Bestrebungen in der Pfalz und im Rheinland. In den linksrheinischen Gebieten hatte sich die wirtschaftliche Lage 1923 dramatisch verschlechtert. Von Oktober bis November verdoppelte sich in der Pfalz die Arbeitslosenzahl nahezu auf 120.000, von der Hilfe des Reiches für die Bevölkerung war wenig zu spüren. Die traditionelle Preußenfeindlichkeit der Region verstärkte sich zusehends. Formen der Autonomie innerhalb des Reichsverbandes wurden diskutiert, und es gab separate Verhandlungen mit französischen Dienststellen. Mit französischer Unterstützung oder zumindest stillschweigender Duldung wurden in Aachen sogar eine Rheinische Republik und in Speyer eine Pfälzische Republik ausgerufen - eine solche offene Lostrennung vom Reich war allerdings in der breiten Mehrheit der Bevölkerung nicht populär. Sie griff zur bewaffneten Selbsthilfe und beseitigte - im Rheinland Mitte November 1923, in der Pfalz Anfang 1924 - die separatistischen Republiken.

Im August 1923 wurde die Regierung Cuno gestürzt und von einer Regierung der Großen Koalition abgelöst, deren Minister aus der nationalliberalen DVP, der DDP, dem Zentrum und der SPD kamen. Reichskanzler wurde Gustav Stresemann, der Vorsitzende der DVP. Am 26. September brach Deutschland den passiven Widerstand ab und nahm die Reparationszahlungen an Frankreich und Belgien wieder auf. Damit war der Weg frei für eine Rückkehr zu begrenzter Kooperation mit den alliierten Mächten, um auf diplomatischem Wege Verbesserungen der Versailler Vertragsbedingungen zu erreichen. Im Oktober 1923 beantragte die Stresemann-Regierung bei der Reparationskommission die Durchführung einer Untersuchung über die wirtschaftliche Lage. Im Ergebnis wurde im November durch einen harten Währungsschnitt die ‚Rentenmark‘ als eine Art Zwischenwährung geschaffen, Grundlage einer verläßlichen Währung und damit auch konstruktiver Verhandlungen über die Reparationsfrage.

Für die Rentenmark wurde der gesamte Grundbesitz, Handel und die Industrie mit einer Hypothek im Wert von 3.200 Millionen Rentenmark belastet. Dafür gab die Rentenbank 2.400 Millionen Rentenmarknoten aus, zur Hälfte an die Reichsregierung, zur Hälfte an die privaten Banken, die dieses Geld als Kredite an Wirtschaftsunternehmen weiterleiten konnten. Am 15. November 1923 wurde der Kurs der Papiermark auf dem Stand von 4,2 Billionen für einen Dollar zwangsweise fixiert. Eine Billion Papiermark war nun gleich einer Goldmark und gleich einer Rentenmark. Ein Jahr später wurde sie durch die Reichsmark (RM) abgelöst, die wieder durch Gold und wertbeständige Devisen gedeckt war. Der neue parteilose Finanzminister Hans Luther und der im Dezember 1923 zum Reichsbankpräsidenten ernannte Bankmanager *Hjalmar Schacht* steuerten einen harten Kurs der Deflation. Strikte Sparmaßnahmen im Haushalt, höhere Steuern, Gehaltskürzungen und Stellenabbau im Öffentlichen Dienst waren notwendig zur Stabilisierung der Währung; die Arbeitslosigkeit wuchs vorübergehend sprunghaft an.

Stresemann blieb, obwohl als Reichskanzler nach einem Mißtrauensvotum des Parlaments bereits am 23. November 1923 abgelöst, als Außenminister im Amt und wurde zum bevorzugten Haßobjekt der Rechtsextremen. Sie waren empört über seine ‚Kapitulation‘ und verfolgten ihn, obwohl oder weil er selbst aus dem Lager der Rechten kam, bis zu seinem Tod im Jahr 1929 mit wütenden Schmähungen.

10. Existenzielle Bedrohungen der Republik

Die Lasten der Inflation trugen die Rentner und die arbeitende Bevölkerung, da die Löhne den Preisen ständig hinterherhinkten und der Reallohn insgesamt schrumpfte. Die Arbeitslosigkeit war zwar durch die gute Exportkonjunktur infolge der billigen Mark bis ins Jahr 1923 hinein relativ gering gewesen und lag weit unter den Quoten vieler anderer Industrieländer (arbeitslose Gewerkschaftsmitglieder im Jahresdurchschnitt 1922 1,5%, 1923 dann 10,2% - gegenüber 17 bzw. 14% in Großbritannien), aber die Verarmung nahm sprunghaft zu. Im Oktober 1923 reichte der Wochenlohn eines qualifizierten Facharbeiters gerade noch für den Kauf von einem Zentner Kartoffeln. Ein Pfund Margarine hatte den Gegenwert von neun bis zehn Arbeitsstunden, ein Pfund Butter von zwei Tagen. Für ein paar Stiefel mußte man sechs Wochen arbeiten, für einen Anzug zwanzig Wochen. Der Mittelstand war durch die Inflation unterschiedlich stark betroffen. Da sämtliche in deutschem Geld angelegten Besitztümer wertlos wurden, verloren Sparer, Hypothekengläubiger und Inhaber öffentlicher Anleihen ihr Vermögen, während etwa Kleingewerbetreibende und Handwerker in der ersten Phase der Inflation gute Geschäfte machten.

Den Verlierern der Inflation stand als Gewinnerin vor allem die deutsche Industrie gegenüber. Sie machte dadurch, daß die Mark auf dem inneren Markt höher bewertet war als auf dem Weltmarkt, gute Geschäfte. Deutsche Waren, für die die Löhne mit Papiermark bezahlt wurden, konnten zu Dumping-Preisen exportiert werden. Der Index der Industrieproduktion (Ausgangspunkt 1913 = 100) hatte sich in den Jahren 1919 bis 1922 von 38 auf 72 nahezu verdoppelt. Erst 1923 erfolgte ein starker Rückgang auf 47.

Gewinner der Inflation waren außerdem alle Sachwertbesitzer, also wiederum Industrielle, aber auch Landwirte und Hausbesitzer, die ihre Schulden und Belastungen mit wertlosem Geld zurückzahlen und damit auch weitere Sachwerte erwerben konnten. Teile der Unternehmerschaft instrumentalisierten die Inflationskonjunktur bewußt für ihre strategischen Ziele und hatten deshalb keinerlei Interesse an einer Rückkehr zu außenpolitischer Verständigung. Der bekannteste aller Inflationsgewinnler war Hugo Stinnes, der innerhalb von Monaten ein gigantisches Industrieimperium zusammenkaufte. Der in den Vergnügungsvierteln der Großstädte zur Schau getragene Reichtum der ‚Schieber‘ und Spekulanten und die bittere soziale Not im ganzen Land verschärften die politische Situation, die durch den Ersten Weltkrieg und die Ereignisse seit der Novemberrevolution ohnehin angespannt war. Und die Propaganda der extremen Rechten, die Inflation allein mit den Reparationen zu verbinden, stieß auf große Resonanz.

Sowohl die kommunistische Linke wie auch die deutschnational-völkische Rechte schwächten im ersten Drittel der 1920er Jahre immer wieder durch bewaffnete Aktionen die Weimarer Demokratie. Die Kommunisten mit ihrer starken Stellung in Mittel- und Norddeutschland sowie im westdeutschen Industrierevier blieben auch nach der gescheiterten Märzaktion 1921 (s.o.) auf dem Kurs revolutionärer Aufstandsversuche, zuletzt im Herbst 1923. Von der Moskauer Zentrale der Kommunistischen Internationale ermutigt, bereitete die KPD in Sachsen und Thüringen, wo sie unter der Losung der ‚Einheitsfront‘ in die von linken

Sozialdemokraten getragenen Regierungen eingetreten war, eine Erhebung vor, die mit einem ‚deutschen Oktober' das Signal zur Revolution in Mitteleuropa und damit zur nächsten Etappe der Weltrevolution geben sollte. Für diese Aktion setzte die KPD auf die Bewaffnung sogenannter ‚Proletarischer Hundertschaften', Kampfeinheiten revolutionär gesinnter Arbeiter. Diese Vorbereitungen beantwortete die Reichsregierung mit der Entsendung von Truppen. Während in Thüringen die Kommunisten das Landeskabinett verließen und sich der Konflikt entschärfte, blieb die sächsische Regierung unter dem sozialdemokratischen Ministerpräsident Erich Zeigner unnachgiebig. Sie wurde ihres Amtes enthoben und durch den von Berlin eingesetzten Staatskommissar Heinze (DVP) ersetzt, der nicht nur die kommunistischen, sondern auch sozialdemokratische Zeitungen verbieten ließ.

Als die KPD-Führung in einer kommunistisch bestimmten Betriebsrätekonferenz mit Delegierten aus dem ganzen Reich versuchte, einen Generalstreik zu initiieren, aus dem ein allgemeiner Aufstand erwachsen sollte, merkte sie, daß für eine solche Aktion keine realistischen Erfolgsaussichten mehr bestanden und gab den Plan auf. Nur in Hamburg, wohin diese Nachricht aufgrund von Übermittlungsschwierigkeiten nicht rechtzeitig gelangte, kam es am 23. Oktober 1923 zu einem isoliert bleibenden Aufstandsversuch einiger Hundert Kommunisten, die in einem Überraschungscoup etliche Polizeiwachen überrannten und sich mit der Staatsmacht in einigen Arbeiterstadtteilen zwei Tage lang heftige Kämpfe lieferten. Die verfehlte Aktion führte zum monatelangen Verbot der KPD in ganz Deutschland. *Ernst Thälmann,* einer der führenden Funktionäre der Hamburger Kommunisten, wurde 1925 Vorsitzender der Partei im Reich. Bald verpflichetete Thälmann die Partei auf eine moskau- und stalintreue Linie. Und er stilisierte den ‚Hamburger Aufstand' in den folgenden Jahren wahrheitswidrig zur glorreichen revolutionären Aktion des Proletariats, die nur durch das Zögern seiner Vorgänger in der Leitung der KPD zum Mißerfolg geführt habe.

Erheblich gefährlicher war der Angriff auf die Grundlagen der Weimarer Demokratie von rechts. Der Angriff der völkisch-nationalistischen und deutschnationalen Gegner der Republik wurde insbesondere von Bayern aus vorbereitet. Seit der Niederwerfung der Räterepublik im Mai 1919 amtierten dort von der BVP und Deutschnationalen dominierte Regierungen, die den Rechtsradikalismus insgeheim unterstützten und seinen Anhängern ein ungefährdetes Hinterland boten. Selbst im gesamten Reichsgebiet steckbrieflich gesuchte Mörder fanden in der „Ordnungszelle" Bayern Zuflucht. Ein eng geknüpftes Geflecht sogenannter ‚Nationaler Verbände' unter der Schirmherrschaft Ludendorffs spannte sich über Bayern, bewaffnete rechtsextreme Einwohnerwehren, etwa die für zahlreiche Greueltaten berüchtigte Organisation Escherich, konnten ungehindert agieren. In dieser politischen Atmosphäre gedieh auch eine kleine Münchner Gründung, die den Feinden der Republik mit grobschlächtiger antisemitischer Agitation Arbeiter zuführen sollte, tatsächlich aber vor allem entwurzelte ehemalige Soldaten und verarmte Kleinbürger ansprach: die Deutsche Arbeiterpartei (DAP), die sich seit Anfang 1920 Nationalsozialistische Deutsche Arbeiterpartei (NSDAP) nannte. *Adolf Hitler,* der mit Genehmigung seiner Vorgesetzten in der Reichswehr in die Partei eingetreten war, erwies sich in den Münchner Bierkellern als Redner mit durchschlagender Wirkung. Mit seinem Auftritt als einfacher Mann aus dem Volk und Frontsoldat, der das politisch-parlamentarische Geschehen verabscheue und alles Unglück auf die jüdischen Wucherer und die jüdischen Bolschewisten schob, eroberte er sich in der rechtsextremistischen Szene bald großes Ansehen. Das knappe und in sich widersprüchliche Parteiprogramm, in dem nur die auch von anderen völkisch-deutschnationalen Gruppierungen bekannten Phrasen standen, war hingegen wenig bekannt. Seit Juli 1921 war Hitler der Vorsitzende der NSDAP mit unbeschränkten Befugnissen, der sich zudem auf die ihm treu ergebenen Sturmabteilungen (SA) stützen konnte. Diese paramilitärische Truppe wurde von Offizieren der Reichswehr und der Organisation Consul ausgebildet. Die NSDAP war im größten Teil Deutschlands verboten bzw. überhaupt nicht vertreten. In Bayern aber rekrutierte sie im Herbst 1923 etwa 150.000 Gefolgsleute, davon allein 35.000 in München.

Am 26. September 1923 verkündete die bayerische Regierung den Ausnahmezustand und ernannte Gustav von Kahr, den eigentlichen,starken Mann' Bayerns, zum Generalstaatskommissar mit diktatorischen Vollmachten. Von Kahr, einem Anhänger des bayerischen Königshauses der Wittelsbacher, wurde erwartet, er werde die Monarchie wieder einführen. Reichspräsident Ebert verkündete in dieser Situation seinerseits zwar den Ausnahmezustand im Reich und übertrug die vollziehende Gewalt an Reichswehrminister Geßler. Aber man wartete ab und schickte keine Truppen nach Bayern, wie man es angesichts der kommunistischen Herausforderung in Sachsen und Thüringen sofort getan hatte. Die Notwendigkeit des militärischen Eingreifens dort war von der Reichswehrführung sogar damit begründet worden, daß vor einer Intervention gegen Bayern die ansonsten drohende Gefahr im Rücken der Truppe beseitigt werden müsse. Kahr begann nach seinem Amtsantritt sofort mit dem Verbot linksgerichteter Zeitungen und Organisationen. Als aber Geßler am 19. Oktober den bayerischen Reichswehrkommandeur General von Lossow anwies, den Völkischen Beobachter, die Tageszeitung der NSDAP, wegen Beleidigung der Reichsregierung zu verbieten, verweigerte dieser den Befehl. Geßler setzte ihn ab, woraufhin Kahr ihn wieder einsetzte und den bayerischen Teil der Reichswehr seiner Gewalt unterstellte. Die Begründung dafür gab er in einer Offiziersversammlung am gleichen Tag: „Der vorliegende Streitfall ist kein militärischer, sondern ein rein politischer (...) Es handelt sich um den großen Kampf der zwei für das Schicksal des ganzen deutschen Volkes entscheidenden Weltanschauungen, der internationalen marxistisch-jüdischen und der nationalen deutschen Auffassung. Hie Deutsch, hie Nichtdeutsch, das ist die Frage (...) Bayern hat die Schicksalsbestimmung, in diesem Kampf für das große deutsche Ziel die Führung zu übernehmen."[19]

Selbst angesichts dieser Meuterei, offenem Hochverrat, warteten Geßler und Reichswehrchef Seeckt weiter ab. Die unterschiedliche Behandlung reichsfeindlicher Aktivitäten von links und rechts in den Ländern führte am 2. November 1923 zum Austritt der SPD-Minister aus dem Kabinett. Darüber soll der sozialdemokratische Reichspräsident Ebert ungehalten gewesen sein. Sein Parteifreund Friedrich Stampfer zitierte ihn in seinen Memoiren mit dem Satz: „Was Euch veranlaßt, den Kanzler zu stürzen, ist in sechs Wochen vergessen, aber die Folgen Eurer Dummheit werdet ihr noch zehn Jahre lang spüren"[20]. Stresemann blieb zwar als Außenminister des bürgerlichen Minderheitskabinetts unter dem Zentrumspolitiker Wilhelm Marx im Amt, aber die Große Koalition war zerbrochen. Danach verdichteten sich die Gerüchte um einen bevorstehenden Putsch und über eine Militärdiktatur unter dem Chef der Heeresleitung Seeckt. Eine ganze Reihe von Politikern der DNVP und DVP

---

19 Zit. nach Ernst Deuerlein, Der Hitlerputsch. Bayerische Dokumente zum 8./9. November 1923, Stuttgart 1962, S. 238.

20 Friedrich Stampfer, Die vierzehn Jahre der ersten deutschen Republik, Offenbach 1947, S. 385.

waren in hektische Planungen verstrickt, in denen u.a. der berufsständische Umbau der Verfassung, d.h. die Beschneidung der parlamentarischen Demokratie, und vor allem die Ausschaltung der linken Parteien und der Gewerkschaften sowie die Aufhebung der Tarifhoheit ins Auge gefaßt wurden.

In Bayern erörterte die extreme Rechte in diesen Wochen einen ‚Marsch auf Berlin'. Vor Augen stand dabei das erfolgreiche Vorbild des faschistischen Marsches auf Rom im Jahr zuvor. Was an Po und Tiber erfolgreich gewesen war, so der Gedankengang, habe auch an Isar, Elbe und Spree eine Chance. Allerdings gab es unter den Republikfeinden in Bayern sachliche und taktische Widersprüche. Zwischen weiß-blauen Separatisten und Monarchisten und schwarz-weiß-roten Nationalisten herrschten kaum gemeinsame Zielvorstellungen. Generalkommissar Kahr zögerte, während die von Weltkriegsgeneral Erich Ludendorff und Adolf Hitler dominierte ‚vaterländische' Szene in München immer energischer nach einer Aktion verlangte. Als Kahr am Abend des 8. November 1923 in einer Versammlung im Münchner Löwenbräu sprach, drang Hitler mit einer Gruppe bewaffneter Anhänger in den Saal ein, feuerte mit seiner Pistole an die Decke und proklamierte die nationale Revolution. Kahr und anwesende Regierungsvertreter, so jedenfalls deren eigene Darstellung, wurden in einem Nebenraum unter Waffengewalt gezwungen, sich dem Unternehmen anzuschließen. Veröffentlicht wurde eine „Proklamation an das deutsche Volk", in der „die Regierung der Novemberverbrecher in Berlin" für abgesetzt erklärt und „eine provisorische deutsche National-Regierung", bestehend aus Ludendorff, Hitler, General Lossow und Oberst von Seisser, dem Kommandeur der bayerischen Landespolizei, ausgerufen wurde[21]. Allerdings hatten Kahr, Lossow und Seisser, nachdem sie die Versammlung verlassen konnten, ihre Zustimmung sofort widerrufen und Reichswehr sowie Landespolizei alarmiert. Sie waren nicht gewillt, an einem überstürzt und dilettantisch inszenierten Unternehmen unter hohem Risiko teilzunehmen und darin auch nur eine untergeordnete Position einzunehmen. Reichswehrchef von Seeckt, der in der Nacht zum 9. November vom Reichspräsidenten die vollzie-

---

21 Das zugehörige Plakat ist des öfteren abgebildet worden, u.a. in: Walther L. Bernecker, Unruhen, Streiks, Fememorde. Die innenpolitische Entwicklung, in: Theo Stammen (Hg.), Die Weimarer Republik. Bd. 1: Das schwere Erbe 1918-1923, München ² 1992, S. 231-248 (hier S. 237).

hende Gewalt nach dem Notstandsartikel 48 erhielt, veröffentlichte umgehend einen Aufruf: „Eingriffe Unbefugter in die Ordnung des Reiches und der Länder wird die Reichswehr unter meiner Führung mit Nachdruck zurückweisen, von welcher Seite sie auch kommen mögen."[22] An diesem Morgen sahen die Putschisten ihre letzte Chance darin, durch eine Demonstration im Regierungsviertel Teile der Bevölkerung auf ihre Seite zu ziehen. Hitler, der diesem Vorgehen bereits skeptisch gegenüberstand, setzte allerdings durch, daß es sich um eine unbewaffnete Demonstration handeln solle. An der Spitze eines martialisch wirkenden Zuges marschierten Hitler, Ludendorff, Hermann Göring und andere rechtsextreme Führer durch München. Vor der Feldherrnhalle trat ihnen eine Abteilung der Landespolizei entgegen. Eine Gewehrsalve genügte, um die Demonstration aufzulösen. 13 Tote, im ‚Dritten Reich' später als ‚Blutzeugen der Bewegung' verehrt, blieben auf der Straße zurück. Hitler floh und wurde zwei Tage später im Kleiderschrank eines Landhauses von der Polizei entdeckt. Ludendorff marschierte unbehelligt auf die Polizei zu und ließ sich von ihr verhaften.

Trotz des kläglichen Ausgangs des Bierkeller-Putsches wurde der Tag im Rückblick von den Nationalsozialisten immer stärker verklärt. Tatsächlich wandelte Hitler die schwere Niederlage in einen moralischen Sieg seiner Bewegung um, als die Angelegenheit vor Gericht verhandelt wurde. Dabei kam ihm der Umstand zu Hilfe, daß die bayerische Regierung und Reichswehr alles daran setzten, ihre eigenen Aktivitäten bei den vielfältigen konterrevolutionären Vorbereitungen über Monate hinweg zu vertuschen und Hitler zum einzigen Verantwortlichen zu stempeln. Der nahm diese Rolle gern an, stellte sich im öffentlichen Prozeß als Volkstribun dar und untermauerte dadurch wirkungsvoll seinen Führungsanspruch über die extreme Rechte - zumindest in Bayern. Er gewann große Sympathien im Bürgertum, und nicht nur seine Richter, sondern auch die Staatsanwälte drückten ihren Respekt vor der ‚vaterländischen' Gesinnung des Angeklagten aus. Das Urteil - fünf Jahre Festungshaft - fiel sehr milde aus. In der Festung Landsberg genoß Hitler weitgehende Freiheiten, konnte jeden Tag ausführliche Konferenzen mit Kumpanen abhalten, die ihn besuchten, und er durfte seinem Privatsekretär Rudolf Heß ein umfangreiches Manuskript mit dem Titel „Mein Kampf"

---

22 Zit. nach Ernst Rudolf Huber (Hg.), Dokumente zur deutschen Verfassungsgeschichte. Bd. 3: 1918-1933, Stuttgart 1966, S. 330.

diktieren. Schon nach wenigen Monaten aus der Haft vorzeitig entlassen, war Hitler bereits Ende 1924 wieder in München.

Mit dem erneuten Scheitern eines Putsches, der allerdings im Unterschied zum rein militärischen Unternehmen Kapps als Initialzündung für einen von der gesamten extremen Rechten getragenen ‚Marsch auf Berlin' dienen sollte, war das Überleben der Republik für einige Jahre gesichert. Ihre Feinde hatten aus diesem Unternehmen gelernt, daß nicht ein offenes Anrennen zum Erfolg führen würde, sondern nur breite Propaganda und die Organisation einer politischen Massenbewegung. Auch die Reichswehrführung setzte nun für mehrere Jahre auf eine Politik des Abwartens (‚Attentismus'). Seeckt gab seine ihm in der Nacht vom 8. auf den 9. November vom Reichspräsidenten übertragenen Vollmachten im Februar 1924 wieder zurück. Damit begann die kurze Phase der relativen Stabilisierung der Demokratie und einer wirtschaftlichen Erholung, die allerdings auf trügerischer Basis erfolgte.

II. Wirtschaftliche Scheinblüte und trügerische Ruhe (1924-1928/29)

Es kann gar nicht deutlich genug betont werden, daß die Jahre der relativen Stabilisierung der Weimarer Republik nur im Vergleich zu den vorherigen revolutionären Nachkriegswirren und der nachfolgenden Entwicklung in der Weltwirtschaftskrise als normale und ruhige Zeit erscheinen. Zum einen war diese Phase sehr kurz, zum zweiten waren die Faktoren der Destabilisierung nur zurückgedrängt worden. Die mittleren Jahre der Weimarer Republik können insofern auch als Zwischenspiel, als Phase der Organisation und Sammlung ihrer Feinde verstanden werden. Allerdings bleibt es staunenswert, in welchem Umfang sich in der Gesellschaft und Kultur Ansätze zu Reformen zeigten.

1. Die ,Ära Stresemann'

Der Ausgang des Ruhrkampfes hatte die außenpolitische Konstellation beträchtlich verändert. Frankreichs harte Linie in der Reparationsfrage war ebenso wie der deutsche passive Widerstand gescheitert. Die folgenden Jahre waren bestimmt von einer Rückkehr der US-Diplomatie und -Wirtschaft auf die europäische Bühne und von einer neuen Konzeption auf deutscher Seite, die sich mit dem Namen des Außenministers Gustav Stresemann verbindet.

Vor allem auf amerikanischer Seite bestand ein großes Interesse daran, die Weltmarktbedingungen zu stabilisieren und Deutschland wirtschaftlich und politisch in das internationale Nachkriegssystem einzubinden. Für ihre nicht zuletzt durch den Krieg stark angewachsenen Produktionskapazitäten benötigten sie die europäischen Märkte zum Export von Waren und Kapital. Deutschland wurde zum einen als geradezu ideales Einfallstor für diese wirtschaftliche Expansion angesehen. Zum anderen sollte die europäische Zentralmacht als Bollwerk gegen die Ausbreitung der bolschewistischen Revolution gestärkt werden. Anders als bei der Abfassung des Versailler Vertrags erhielten die USA für diese Politik die Unterstützung Italiens und Englands, wo erstmals die Labour Party unter Ramsey MacDonald (gemeinsam mit den Liberalen) regierte. Frankreich, durch den Ruhrkampf geschwächt, blieb in dieser Situation keine andere Wahl, als widerstrebend auf die Linie der Kooperation einzuschwenken.

Stresemann wiederum sah die deutsche Verständigung mit den alliierten Siegermächten als Voraussetzung für die langfristig angestrebte Wiedergewinnung einer deutschen Großmachtstellung an. Es handelte sich für ihn um eine Strategie der behutsamen Revision des Versailler Vertrags, die nicht auf dem Weg der Konfrontation, sondern zunehmender internationaler Verflechtung erreicht werden sollte. Letztlich vertraute Stresemann auf die ökonomische Stärke Deutschlands, die sich später in außenpolitische Erfolge ummünzen ließe - und bei allen Friedensbeteuerungen nach Westen achtete die deutsche Seite strikt darauf, daß die Frage der Grenzziehung im Osten offen gehalten wurde.

2. Dawes-Plan und wirtschaftlicher Aufschwung

Der außenpolitische Kurs der Kooperation mit den Alliierten war die unabdingbare Voraussetzung für die nach der Währungssanierung dringend benötigte Finanzhilfe von außen. Nach der Wiederaufnahme der Reparationsleistungen am 28. September 1923 beschloß die alliierte Reparationskommission am 30. November die Einberufung von zwei unabhängigen Sachverständigen-Ausschüssen zur Untersuchung der deutschen Zahlungsfähigkeit. Vorsitzender eines dieser Gremien war der amerikanische Weltkriegsgeneral (Leiter des Nachschubwesens der US-Armee) und Finanzfachmann Charles G. Dawes. Aus der Arbeit seines Ausschusses ging der sogenannte Dawes-Plan zur voräufigen Regelung der Reparationen hervor. Er wurde am 9. April 1924 veröffentlicht. Sein Grundgedanke war es, die Reparationen zu ‚kommerzialisieren‘, die Zahlungen also nach der wirtschaftlichen Leistungsfähigkeit Deutschlands zu bemessen und nicht mehr wie bisher allein nach politischen Vorgaben einzutreiben. Mit der Sanierung der deutschen Währung wiederum war die Grundlage dafür geschaffen worden, Deutschlands ökonomische Daten zu diesem Zweck realistisch zu kalkulieren und Vertrauen in die deutsche Wirtschaft zu schaffen. Der Plan setzte zwar immer noch keine endgültige Summe und kein Enddatum für die Zahlungen fest, sah aber niedrigere Raten und damit für Deutschland bedeutende Erleichterungen in den ersten Jahren vor. Bis zum 31. August 1925 mußte das Deutsche Reich diesem Plan zufolge aus eigenen Mitteln lediglich 200 Millionen Mark aufbringen, die restlichen 800 Millionen sollten durch eine internationale Anleihe, vor allem mit amerikanischen Geldern, zur Verfügung gestellt werden. Nach allmählicher Steigerung der Jahresraten wurde laut Dawes-Plan erst 1928/29 die Aufnahme der von der Londoner Konferenz 1921 vorgegebenen Jahresraten in Höhe von 2,5 Milliarden Mark fällig. Zur Sicherung der Zahlungen sollte Deutschland die internationale Kontrolle über die Reichsbank und die in eine Aktiengesellschaft verwandelte Reichsbahn hinnehmen. Diesem Verlust an Souveränität stand allerdings der Vorteil eines Transferschutzes gegenüber. Es wurde genau festgelegt, aus welchen Quellen (Zolleinnahmen, Steuern, Schuldverschreibungen) welche Anteile der Reparationsleistungen fließen sollten, und ein in Berlin amtierender ‚Reparationsagent' - der amerikanische Finanzexperte Parker Gilbert - erhielt die Aufgabe, beim Transfer auf die Stabilität der deutschen Währung zu achten.

Die Reichsregierung beschloß am 14. April 1924, sich auf der Grundlage des Dawes-Plans mit den Alliierten zu verständigen. Die Verhandlungen auf der Londoner Konferenz im Sommer 1924, zu der nach einigen Tagen auch deutsche Vertreter hinzugezogen wurden, verliefen erfolgreich. Deutschland hatte die Zustimmung zum Reparationsabkommen - in der Tagesordnung ursprünglich nicht vorgesehen - zudem von erfolgreichen Verhandlungen über die Räumung des Ruhrgebiets abhängig gemacht. Nach einem Gespräch zwischen Stresemann und Herriot, dem gerade ernannten Nachfolger Poicarés als französischer Ministerpräsident, erhielt Deutschland die Zusicherung der restlosen Räumung des Ruhrgebiets innerhalb eines Jahres. Dies wurde von Frankreich eingehalten, obwohl das französische Einlenken erst durch amerikanischen Druck zustande kam, denn für den Erfolg des Dawes-Plans war die wirtschaftliche Einheit Deutschlands unter Einbeziehung des Ruhrgebiets eine wichtige Voraussetzung.

Allerdings schien es zunächst durchaus fraglich, ob der Dawes-Plan die Zustimmung des Reichstags erhalten würde, denn die Umwandlung der Reichsbahn in eine Aktiengesellschaft bedurfte der verfassungsändernden Zweidrittelmehrheit, und die ließ sich nur mit Stimmen der deutschnationalen Parlamentarier herstellen. Die DNVP aber hatte den Dawes-Plan, vor allem wegen der Souveränitätsbeschränkungen, von Anfang an als nationale Demütigung charakterisiert und damit erfolgreich den Reichstagswahlkampf im Frühjahr 1924 bestritten. Das Resultat der Wahl am 4. Mai 1924 ergab beträchtliche Verluste der Mittelparteien (DVP und DDP hatten 4,7% bzw. 2,6% der Stimmen eingebüßt) und eine Stärkung der Kommunisten und der rechten Gegner der Republik. Die DNVP war mit 19,5% (ein Zuwachs von 4,4%) zur zweitstärksten Partei hinter der SPD mit 20,5% (- 1,2%) geworden. Die völkische Abspaltung der Deutschnationalen hatte zudem gemeinsam mit der NSDAP als „Nationalsozialistische Freiheitsbewegung" immerhin 6,5% der Stimmen erhalten, und auf der Linken war die KPD mit 12,6% erstmals als starke Fraktion im Reichstag vertreten.

Vor diesem Hintergrund bedeutete es eine große Überraschung, als bei der Abstimmung über den Dawes-Plan fast die Hälfte der deutschnationalen Abgeordneten für dessen Annahme stimmte. Der Druck großagrarischer und großindustrieller Lobbyisten sowie deutschnationaler Gewerkschaftsführer, die an den wirtschaftlichen Vorteilen des Dawes-Planes teilhaben wollten, hatte zu diesem Abstimmungsverhalten geführt, das zudem als Eintrittskarte für eine künftige Regierungsbeteiligung galt. Allerdings führte die Entscheidung der DNVP-Parlamentarier zu heftigen Auseinandersetzungen innerhalb der Partei.

Mit der Annahme des Dawes-Plans, er trat am 1. September 1924 in Kraft, war nicht nur die Reparationsfrage vorerst gelöst worden, wobei Stresemann davon ausging, daß es zu der Wiederaufnahme der Zahlungen in voller Höhe 1928/29 aufgrund verbesserter außenpolitischer Konstellationen gar nicht mehr kommen würde. Gleichzeitig war der Weg für private Investitionen in die deutsche Wirtschaft geebnet worden. Bis 1929 flossen über 20 Milliarden Mark an ausländischen Krediten, vor allem aus den USA, nach Deutschland, das damit zum bevorzugten Platz für Geldanlagen wurde, was der Wirtschaft eine kräftige Konjunktur bescherte. In jenen Jahren sicherten sich amerikanische Finanzgruppen auch einen beträchtlichen Einfluß auf deutsche Unternehmen durch Kredite sowie Aktienbeteiligungen, z.B. beim schwerindustriellen Thyssen-Konzern und bei der AEG oder durch den Kauf der Autofirma Opel. Das hauptsächliche Motiv der amerikanischen Kapitalexporte nach Deutschland bestand darin, hinter die deutschen Zollmauern zu kommen, auf dem deutschen Markt ‚deutsche Ware' anbieten zu können, Transportkosten zu sparen und höhere Gewinne durch niedrige Löhne und insgesamt billigere Produktionsmöglichkeiten zu realisieren.

Hinsichtlich der Reparationen ergab sich nun ein Kreislauf. Die deutschen Zahlungen an Frankreich und England wanderten nämlich von dort weiter an die USA, bei denen beide Länder seit dem Kriege hoch verschuldet waren. Aus den USA strömte das Geld in Form privater

Anlagen zurück nach Deutschland. Allerdings lag dem Funktionieren des Kreislaufs ein äußerst labiles Gleichgewicht zugrunde. Denn die privaten Anlagen konnten kurzfristig ausbleiben oder zurückgezogen werden. 1929 sollte diese Form der Kapitalanlage Deutschland rasch in den Strudel der Weltwirtschaftskrise reißen. Die deutsche Industrie hatte nämlich in der Hoffnung auf neue Absatzmärkte die Kredite langfristig für Erweiterungen der Produktion und in geringerem Umfang zur Rationalisierung und Modernisierung der Anlagen oder auch für Investitionen in die kommunale Infrastruktur genutzt.

Zunächst aber machte sich ein erfreulich rascher Wirtschaftsaufschwung bemerkbar. Die Industrieproduktion, die 1923 nur die Hälfte des Standes von 1913 erreicht hatte (bezogen auf den jeweiligen Gebietsstand), erzielte schon 1924 einen Zuwachs von 50%, und 1927 konnte der Vorkriegsstand erstmals wieder erreicht werden. Allerdings flachte die Wachstumskurve der Industrieproduktion seither ab, und bis 1929 konnte der wieder erreichte Stand lediglich gehalten werden. Die gleiche Entwicklung beschrieben auch das Sozialprodukt insgesamt und die Reallöhne der Arbeiter, die am Ende der 20er Jahre wieder denjenigen am Vorabend des Ersten Weltkrieges entsprachen. Insofern verbreitete sich in der Bevölkerung vorsichtiger Optimismus, daß die ‚schlechten Zeiten' nun vorüber seien. Auch die Arbeitslosigkeit, die im Winter 1923/24 mehr als ein Viertel und im Winter 1925/26 noch einmal über 20% der Beschäftigten betroffen hatte, war seither zurückgegangen. In den Sommermonaten der Jahre 1927 und 1928 lag sie auf dem niedrigsten Stand von etwa 5 bis 7%. Exakte amtliche Statistiken gibt es erst für die Zeit seit 1928. Wenn man die Ausgabenstruktur der privaten Haushalte in dieser Phase mit der Zeit vor dem Ersten Weltkrieg vergleicht, fällt vor allem auf, daß der Anteil für Mietaufwendungen gesunken war. Dies ist in erheblichem Maße auf die sogenannte ‚Hauszinssteuer' zurückzuführen, die 1924 eingeführt wurde, um die Inflationsgewinne der Immobilienbesitzer abzuschöpfen und zu einem großen Teil dem Wohnungsbau zuzuführen. Die Zahl der neugebauten Wohnungen stieg von 95.000 (1924) auf 164.000 (1925) und bei leichtem Rückgang 1927 weiter bis auf 312.000 (1929). Zum überwiegenden Teil waren diese Wohnungen mit öffentlichen Mitteln gebaut worden, und 1930 bewohnte immerhin etwa ein Siebtel der Bevölkerung eine Neubauwohnung. Mit dieser Bauleistung wurden seit der Mitte der 20er Jahre deutlich die späteren Ergebnisse des Wohnungsbaus im ‚Dritten Reich' übertroffen.

Zudem lag die durchschnittliche Quadratmeterzahl der in der Weimarer Republik erstellten Wohnungen höher, und die Ausstattung mit Bad und Heizung war besser als davor und danach. In vielen Städten entstanden gut durchsonnte und großzügig angelegte Neubausiedlungen. Allerdings waren es zunächst vor allem gut verdienende Facharbeiter, Angestellte und Beamte, die dort einziehen konnten. Im kommunistischen Jargon wurden sie deshalb mitunter als sozialdemokratische ‚Bonzenburgen‘ bezeichnet.

3. Der Locarno-Vertrag

Die Annahme des Dawes-Plans führte nicht nur zu wirtschaftlichem Aufschwung, sondern eröffnete Stresemann auch die Möglichkeit zu einer weitergehenden Verständigung mit Frankreich. Nachdem er bereits am 20. Januar 1925 einen entsprechenden Vorschlag in London hatte überreichen lassen, übermittelte der deutsche Botschafter in Paris am 9. Februar ein Memorandum über die internationale Sicherung der Nachkriegsordnung. Die entscheidenden Sätze lauteten: „Deutschland könnte sich z.B. mit einem Pakte einverstanden erklären, wodurch sich die am Rhein interessierten Mächte, vor allem England, Italien, Frankreich und Deutschland, feierlich für eine näher zu vereinbarende längere Periode zu treuen Händen der Regierung der Vereinigten Staaten von Amerika verpflichten, keinen Krieg gegeneinander zu führen. Mit einem solchen Pakte könnte ein weitgehender Schiedsvertrag zwischen Deutschland und Frankreich verbunden werden (...) Für Deutschland wäre außerdem ein Pakt annehmbar, der ausdrücklich den gegenwärtigen Besitzstand am Rhein garantiert."[1] Damit hatte Stresemann sehr deutlich die Sicherheitsinteressen Frankreichs als Basis einer Verständigung anerkannt.

Die französische Regierung zögerte zunächst mit einer Reaktion, erhoffte sie sich doch eine Fortführung der Politik kollektiver Sicherheit durch die Alliierten auf der Basis des status quo des Versailler Vertrags, die Verhandlungen mit Deutschland nicht erforderte. Erst auf amerikanischen und britischen Druck hin erhielt Deutschland am 16. Juni eine offizielle positive Antwort. Danach nahmen die Dinge einen ziemlich raschen Verlauf.

---

1 Zit. nach Gustav Stresemann Vermächtnis. Der Nachlaß (in Auswahl) in 3 Bänden. Hg. von Henry Bernhard, Berlin 1932/33, Bd. 2, S. 62 f.

Die entscheidende Konferenz begann am 5. Oktober 1925 in der kleinen Stadt Locarno am Lago Maggiore. Schon nach 11 Tagen, am 16. Oktober, konnten die versammelten führenden Staatsmänner Europas, vertreten waren Deutschland, Italien, Frankreich, England, Belgien, Polen und die Tschechoslowakei, das Schlußprotokoll der sogenannten Locarno-Verträge unterzeichnen. Darin wurden die bestehenden Westgrenzen und die Bestimmungen über die Entmilitarisierung des Rheinlandes garantiert, und Deutschland, Frankreich und Belgien verpflichteten sich gegenseitig, „in keinem Falle zu einem Angriff oder zu einem Einfall oder zum Kriege gegeneinander zu schreiten"[2]. Die Unverletzlichkeit der Grenzen im Westen, in Schiedsverträgen zwischen Deutschland und Frankreich und Deutschland und Belgien festgelegt, wurde durch England und Italien garantiert. Damit gab Deutschland endgültig Elsaß-Lothringen auf, mit dessen Wiedererwerb ohnehin nicht gerechnet werden konnte; außerdem wurde die Entmilitarisierung des Rheinlandes nochmals bestätigt. Frankreich verzichtete im Gegenzug auf alle Versuche, weitere Vorstöße ins Rheinland zu unternehmen. Das feierliche Versprechen, keine gewaltsame Veränderung der gültigen Grenzen anzustreben, ermöglichte auch die Beendigung des schon im Jahr zuvor zugesagten Rückzugs aller alliierten Besatzungstruppen aus dem Ruhrgebiet.

Während die Grenzen im Westen durch garantierte Schiedsverträge endgültig anerkannt worden waren, weigerte sich Stresemann beharrlich, ebenso die durch den Versailler Vertrag im Osten geschaffenen Grenzen zu bestätigen. Deutschland fand sich in Locarno lediglich zu Schiedsverträgen mit Polen und der Tschechoslowakei bereit, in denen der Verzicht auf eine gewaltsame Revision, nicht aber eine Anerkennung dieser Grenzen festgelegt wurde. Zudem wurden diese Bestimmungen nicht von den europäischen Großmächten garantiert und besaßen somit einen nur geringen Wert, auch wenn Frankreich gleichzeitig Verträge mit Polen und der Tschechoslowakei abschloß.

Deutschland hatte in Locarno zugesagt, dem Völkerbund beizutreten, allerdings unter dem Vorbehalt der Anerkennung seiner Interpretation des Artikels 16 der Völkerbundssatzung, der zufolge jedes Mitglied zu militärischen Aktionen im Falle von deren Verletzung verpflichtet werden konnte. In einem Anhang F zum Locarno-Vertrag formulierte Deutschland, dies sei „so zu verstehen, daß jeder der Mitgliedstaaten

---

2 Zit. nach Dokumente der deutschen Politik und Geschichte, Bd. 3, S. 148 (ff.)

des Bundes gehalten ist, loyal und wirksam mitzuarbeiten, um der Satzung Achtung zu verschaffen und jeder Angriffshandlung entgegenzutreten, in einem Maße, das mit seiner militärischen Lage verträglich ist und das seiner geographischen Lage Rechnung trägt."[3] Mit dieser Definition wollte Stresemann vermeiden, im Falle eines polnisch-sowjetischen Konflikts Polen beistehen zu müssen. Im ‚Berliner Vertrag‘ mit der Sowjetunion vom 24. April bekräftigte Deutschland kurze Zeit später seine bereits in Rapallo 1922 ausgesprochene Neutralität für den Fall eines polnisch-sowjetischen Konflikts. Mit dem Berliner Vertrag hatte Deutschland auch demonstriert, daß es sich nicht von den Westmächten als Bollwerk gegen das bolschewistische Rußland funktionalisieren lassen würde. Insgesamt kann man wohl Polen als Verlierer der Einigung von Locarno ansehen, denn seine Sicherheitslage hatte sich beträchtlich verschlechtert.

Wie schon die Abstimmung über den Dawes-Plan entfachte auch die Annahme des Locarno-Vertrags eine innenpolitische Krise in Deutschland. Der Reichstag war im Herbst 1924, nur wenige Monate nach seiner Wahl, wegen Beschlußunfähigkeit aufgelöst worden. Die Neuwahl am 7. Dezember 1924 hatte zwar einen erheblichen Zuwachs für die Sozialdemokraten zum Resultat gehabt, die 26% der Stimmen erhielten (+5,5%), vor allem auf Kosten der Kommunisten, die diesmal nur auf 9% kamen (-3,6%). Aber auch die DNVP hatte zugelegt und 20,5% der Stimmen erzielt (+1%); leichte Gewinne konnten ebenso alle anderen bürgerlichen Parteien registrieren, während das rechtsextreme Bündnis von NSDAP und Völkischen die Hälfte seiner Wähler vom Mai des Jahres wieder eingebüßt hatte. Die außenpolitischen Erfolge und die allmähliche Besserung der wirtschaftlichen Situation hatten insgesamt eine leichte Stärkung der Parteien der Mitte bewirkt.

Unter dem parteilosen konservativen Kanzler Dr. Hans Luther wurde daraufhin am 15. Januar 1925 eine ‚Bürgerblock‘-Regierung aus Zentrum, DVP, BVP und DNVP gebildet. Neben Außenminister Stresemann (DVP) hatten die Deutschnationalen als Minister des Inneren, der Finanzen und der Wirtschaft im Kabinett Platz genommen. Daß sie die Einleitung der Ausgleichspolitik mit Argwohn beobachteten, war nicht verwunderlich. Lediglich die Hinweise Stresemanns auf die Möglichkeiten einer endgültigen Beendigung der Besatzung im Westen hatte

---

3 Ebd., S. 153.

zunächst das Einverständnis der Deutschnationalen gesichert. Dem Locarno-Vertrag hatten ihre Minister am 22. Oktober zugestimmt. Als aber am gleichen Tag die DNVP-Mitglieder des Auswärtigen Ausschusses ihn ablehnten, weil er einen „Verzicht auf deutsches Land und Volk nicht ausschließt"[4], obwohl Stresemann betont hatte, daß die Korrektur der Ostgrenzen nach wie vor erreichbar sei und nun sogar unter günstigeren Bedingungen angestrebt werden könne, mußten die deutschnationalen Minister am 25.Oktober 1925 das Kabinett verlassen. Die DNVP-Abgeordneten stimmten am 27. November gegen das Vertragswerk, das nur mit den Stimmen der oppositionellen SPD den Reichstag passierte.

Am 5. Dezember, wenige Tage nach der Unterzeichnung des Locarno-Vertrages in London, trat die Reichsregierung zurück. Am 19. Januar bildete Luther erneut ein ‚Bürgerblock'-Kabinett ohne Beteiligung der Sozialdemokraten, diesmal allerdings auch ohne deutschnationale Minister.

4. Von Locarno zum Young-Plan

Der Locarno-Vertrag hatte zwar eine Wende zur außenpolitischen Verständigung eingeleitet, aber die gegensätzlichen Interessen Frankreichs und Deutschlands in Europa bestanden fort. Frankreich wollte den Locarno-Vertrag als endgültige Anerkennung des Versailler Vertrages verstanden wissen, Deutschland hingegen als Schritt auf dem Wege zur allmählichen Revision der Nachkriegsordnung. Die latenten Gegensätze zeigten sich, als die Reichsregierung am 10. Februar 1926 verabredungsgemäß den Antrag zur Aufnahme Deutschlands in den Völkerbund stellte und gleichzeitig, dies war zugesagt worden, einen ständigen Sitz im Völkerbundsrat beanspruchte. Nun erhoben nämlich auch andere Staaten, darunter Polen, Spanien und Brasilien, Anspruch auf eine Vertretung in diesem Gremium. Frankreich, das Polens Wunsch aus eigenem Interesse zum Ziel verhelfen wollte, hatte dafür die diplomatische Unterstützung Großbritanniens erhalten, ohne Deutschland davon zu informieren. Da keine Einigung erzielt werden konnte, ging die Völkerbundssitzung am 17. März ohne die vorgesehene Aufnahme Deutschlands zu Ende. Sie erfolgte schließlich im September 1926 -

---

4 Verhandlungen des Deutschen Reichstags. Stenographische Berichte, Bd. 388, S. 4503.

Deutschland erhielt seinen ständigen Ratssitz, und die Zahl der nicht-ständigen Ratsmitglieder wurde von sechs auf neun erhöht, um die Ansprüche der anderen Interessenten zu befriedigen. Stresemann hielt vor dem Forum des Völkerbunds eine große Rede, in der er die „dauernde, friedliche Zusammenarbeit" der Völker, die sich im Weltkrieg gegenübergestanden hatten, beschwor; großes Gewicht legte er auf eine ungestörte „weltwirtschaftliche Entwicklung", getreu seinem Grundgedanken, daß eben dies Deutschlands Wiederaufstieg sichern werde[5].

Unmittelbar nach der Völkerbundssitzung (am 17. September) traf er sich mit dem französischen Außenminister Aristide Briand in dem Juradorf Thoiry zu einem lange vorbereiteten Gespräch, das vor allem um das Angebot Stresemanns kreiste, Deutschland werde Reparationslasten vorfristig abtragen, unter anderem durch den Verkauf der infolge des Dawes-Plans bei der Reparationskommission hinterlegten Eisenbahn-Obligationen auf dem privaten Finanzmarkt. Damit wäre Frankreich in der Lage gewesen, drängende Auslandsschulden - in den USA - zu begleichen und den kränkelnden Franc zu sanieren. Im Gegenzug sollte die französische Seite den sofortigen vorfristigen Abzug aus dem Rheinland zusagen. Obwohl Briand diesem Vorschlag zugeneigt war, verhinderten innenpolitische Widerstände in seinem Land eine Realisierung, zumal die französische Währung schließlich mit amerikanischer Hilfe saniert werden konnte. Der Gedankenaustausch, der um den Versuch einer Gesamtlösung des deutsch-französischen Problems kreiste, zeitigte insofern zwar keine unmittelbaren Ergebnisse, ließ aber den Horizont weitergehender Verständigung aufscheinen. Und eine ganze Reihe von Wirtschafts- und Handelsabkommen zwischen Deutschland und Frankreich sowie mit Belgien und Luxemburg wiesen in die Richtung wirtschaftlichen Interessenausgleichs.

Das Nobelpreiskomitee beschloß am 10. Dezember 1926, den Friedenspreis für 1925 an den britischen Premierminister Austen Chamberlain und an Charles G. Dawes zu verleihen und ihn für 1926 Gustav Stresemann und dem französischen Außenminister Briand zuzusprechen. Der Friedensnobelpreis für Stresemann war ein wichtiges Symbol für die trotz aller Hindernisse gelungene Wiedereingliederung Deutschlands in die Völkergemeinschaft.

---

5   Dok. in Gustav Stresemanns Vermächtnis, Bd. 2, S. 592 f.

Auch in den folgenden Jahren blieb Deutschland auf der Linie, die Sicherung des europäischen Friedens mit der Perspektive einer Revision von Versailles zu verknüpfen. So war die Reichsregierung aktiv am Zustandekommen des sogenannten Briand-Kellog-Paktes zur Ächtung des Krieges beteiligt und unterzeichnete ihn als einer der ersten Staaten im August 1928. Im Außen- und Reichswehrministerium gehegte Hoffnungen, damit die rasche Anerkennung deutscher Gleichberechtigung in der Rüstung zu erhalten, erfüllten sich allerdings nicht. Dies gelang erst unmittelbar vor dem Machtantritt Hitlers.

Eine neue Runde der Reparationsverhandlungen kündigte sich im Herbst 1928 an, denn aufgrund des Dawes-Plans stand zum ersten Mal die Zahlung der vollen Rate von 2,5 Milliarden Mark an. Die Westalliierten boten an, auch die Frage der vorzeitigen und vollständigen Räumung des Rheinlandes in diesem Zusammenhang zu erörtern. Hingegen forderte Deutschland - auf der Völkerbundstagung im September 1928 - diesen Schritt ohne Gegenleistungen. Mit den Reparationsverhandlungen verknüpfte man vor allem den Wunsch nach einer weiteren Senkung und Stundung der Schuld. Die Pariser Sachverständigen-Verhandlungen unter dem Vorsitz des Amerikaners Owen Young führten im Juni 1929 zu einem ,Neuen Plan', in dem erstmals ein Enddatum der Reparationszahlungen festgelegt wurde. Sie sollten nach 59 Jahren 1988 beendet sein, und die Jahresrate wurde von 2,5 auf etwa 2 Milliarden Mark herabgesetzt. Die ausländische Kontrolle der Reichsbahn und die Stelle des Reparationsagenten sollten fortfallen, stattdessen war eine ,Bank für Internationalen Zahlungsausgleich' als Transferstelle vorgesehen. Die Jahresraten entsprachen etwa 3% des jährlichen Volkseinkommens bzw. 8% des Wertes des deutschen Außenhandels - eine wohl noch tragbare Belastung.

Der Sachverständigen-Beratung folgte vom 6. bis 31. August 1929 eine politische Konferenz in Den Haag. Die deutsche Delegation wurde von Stresemann geleitet, der bereits schwer krank war. Er mochte es als Krönung seines Werks auffassen, daß der erfolgreiche Abschluß der Konferenz mit der Festsetzung des Schlußtermins für die noch besetzten Gebiete des Rheinlandes am 30. Juni 1930 verbunden wurde. Am 3. Oktober 1929 starb Stresemann, 51jährig, an einem Schlaganfall. Er hatte zwar keine Europapolitik im Verständnis der Zeit nach dem Zweiten Weltkrieg betrieben, sondern blieb ein nüchterner Interessenpolitiker mit dem Ziel der Revision von Versailles. Aber seine Verständigungspolitik mit dem westlichen Nachbarn, der Verzicht auf gewaltsame Lösungen und der Gedanke friedlichen weltwirtschaftlichen Wettbewerbs machten ihn doch zu einem bedeutenden Politiker, der vor dem Hintergrund seiner Karriere als Fürsprecher weitgesteckter Kriegsziele vor 1918 eine beträchtliche Lernfähigkeit bewiesen hatte.

5. Innenpolitische Beruhigung und Rechtsverschiebung

Der wirtschaftliche Aufschwung nach Währungsreform und Dawes-Plan und die beginnende äußere Entspannung hatten bereits 1924 zu einer innenpolitischen Beruhigung geführt, die bei der Gegenüberstellung der bereits erwähnten Reichstagswahlen jenes Jahres im Mai und Dezember sichtbar wird. Starke Verluste der völkischen Rechten wie der Kommunisten (-3,5 bzw. 3,6% der Stimmen) und ebenso kräftige Gewinne der Sozialdemokraten (+5,5%) zeigen deutlich eine wieder ansteigende Akzeptanz für die Demokratie; leichte Stimmengewinne hatten auch die anderen Partner der Weimarer Koalition erzielt. Aber es kam in den folgenden 3 1/2 Jahren auf Reichsebene nicht zu einer Neuauflage dieser Verbindung, obwohl dies von den Mehrheitsverhältnissen her möglich gewesen wäre. In der Sozialdemokratie gab es eine starke Grundstimmung, statt unattraktiver Kompromisse eine unmißverständliche Oppositionsrolle zu suchen, und besonders die DVP sprach sich für eine Einbeziehung der Deutschnationalen in die Regierungsverantwortung und damit in die Kabinettsdisziplin aus. So brach zunächst die Zeit der ‚Bürgerblock'-Kabinette an, die Verbindung der Parteien der Mitte mit den Deutschnationalen, die allerdings wegen der Locarno-Politik von Ende Oktober 1925 bis Ende Januar 1927 die Regierungsbänke zeitweise verließen. Reichskanzler wurde im Januar 1925 der parteilose Dr. Hans Luther, der der DVP nahestand. Offiziell handelte es sich im übrigen anfangs nicht um eine Koalition von Parteien, sondern um ein ‚überparteiliches Kabinett' von ‚Fachministern' - so auch später die Bezeichnung für die Präsidialregierungen während der Weltwirtschaftskrise -, in dem die unterstützenden Parteien durch ‚Vertrauensmänner' vertreten waren. Die DDP wiederum unterstützte zwar diese Regierung nicht, ließ es aber zu, daß ihr Parteimitglied Otto Geßler als Reichswehrminister im Amt blieb.

Daß es sich beim Bürgerblock nicht um ein geschlossen auftretendes Bündnis und eine wirkliche Partnerschaft, sondern um eine Verbindung politisch-weltanschaulich gegensätzlicher Kräfte auf der Basis der rechnerischen Mehrheit im Reichstag handelte, zeigte sich nicht nur in der Außenpolitik. Auch die Verbindung des Zentrums, die in allen Bürgerblock-Regierungen vertreten war, mit der SPD (und DDP) in Preußen während der gesamten Zeit der Weimarer Republik war ein Hinweis auf sehr unterschiedliche Optionen der Parteien der bürgerlichen Mitte.

6. Die Wahl Hindenburgs zum Reichspräsidenten

Der erste, noch von der Nationalversammlung gewählte Reichspräsident Friedrich Ebert, den besonders die deutschnationalen und völkischen Rechten als Repräsentant der Weimarer Demokratie in ihren Publikationen immer wieder mit ehrabschneiderischem Haß und Spott überzogen hatten - in mehr als 150 Fällen mußten vom Präsidialamt Strafanträge wegen Beleidigung und Verleumdung gestellt werden - starb am 28. Februar 1925 im Alter von nur 54 Jahren. Vor allem die Feststellung eines Magdeburger Gerichts hatte ihn schwer getroffen. In einem Prozeß gegen einen nationalistischen Journalisten verkündeten die Richter: Eberts politische Tätigkeit Anfang 1918 - als die SPD die Forderungen der Munitionsarbeiter unterstützt hatte - sei im strafrechtlichen Sinne Landesverrat gewesen, selbst wenn es sein Motiv gewesen wäre, „den Streik im Interesse der Landesverteidigung abzuwürgen und seinen Einfluß auf die radikale Arbeiterschaft wiederzuerlangen"[5] . Nach den Bestimmungen der Weimarer Reichsverfassung (Artikel 41) mußte Eberts Nachfolger erstmals „vom ganzen deutschen Volk" gewählt werden.

Beim ersten Wahlgang kam es kaum zu lagerübergreifenden Verbindungen. Am 29. März 1925 kandidierten zahlreiche Kandidaten, von denen acht mehr als ein Prozent der Stimmen erhielten. An der Spitze lag mit 10,4 Millionen Stimmen (38,8%) der von den Deutschnationalen unterstützte Kandidat der DVP, der Duisburger Oberbürgermeister Dr. Karl Jarres. An zweiter Stelle hatte sich der sozialdemokratische Ministerpräsident von Preußen, *Otto Braun,* mit 7,8 Millionen Stimmen (29%) plazieren können. Ihm folgte der Zentrumspolitiker *Wilhelm Marx,* der Vorgänger und Nachfolger von Hans Luther als Reichskanzler, mit 3,9 Millionen Stimmen (14,5%), der kommunistische Parteiführer Ernst

---

5 Zit. nach Cuno Horkenbach (Hg.), Das Deutsche Reich von 1918 bis heute, Berlin 1931, S. 203.

Thälmann mit 1,9 Millionen Stimmen (7%), der Soziologe Willy Hellpach als Kandidat der DDP mit 1,6 Millionen Stimmen (5,8%), Heinrich Held von der Bayerischen Volkspartei mit 1 Millionen Stimmen (3,7%) und der vom Gericht nach dem Münchner Bürgerbräu-Putsch freigesprochene völkische General Erich Ludendorff mit knapp 300.000 Stimmen (1,1%).

Da keiner der Bewerber die vorgeschriebene absolute Mehrheit erreicht hatte, mußte am 26. April 1924 erneut gewählt werden. Zentrum und SPD verständigten sich auf die Unterstützung von Wilhelm Marx (Zentrum), verbunden mit einer Einigung über die erneute Wahl Otto Brauns als preußischem Ministerpräsidenten. Die DDP, die ursprünglich Reichswehrminister Otto Geßler aufstellen wollte, schloß sich dieser Absprache an, während die Kommunisten erneut Ernst Thälmann präsentierten. Auf der Rechten suchte man angesichts der Verständigung im Weimarer Lager fieberhaft nach einer geeigneten populären Integrationsfigur. Nachdem zunächst der deutschnationale kaiserliche Admiral Alfred von Tirpitz im Gespräch gewesen war, einigte man sich auf den legendären Weltkriegsgeneral Paul von Hindenburg, der bereits 78 Jahre alt war. Der weithin verehrte Sieger der Schlacht von Tannenberg hatte sich zwar bis dahin nicht aktiv politisch betätigt, aber auch keinen Zweifel an seiner monarchistischen Grundüberzeugung zugelassen. Er erklärte sich erst widerstrebend zu einer Kandidatur bereit, als er das Einverständnis des ehemaligen Kaisers Wilhelm II. aus dessen holländischem Exil erhalten hatte. Für Hindenburg sprachen sich schließlich die Deutschnationalen, nach einigem Zögern Stresemanns wegen der zu erwartenden außenpolitischen Schwierigkeiten auch die DVP, außerdem die BVP und die Nationalsozialisten aus. Als Kandidat des ‚Reichsblocks‘, der ihn im zentralen Wahlaufruf als „Retter aus der Zwietracht"[7] pries, erhielt er im zweiten Wahlgang mit 14,6 Millionen Stimmen (48,3%) - nicht die absolute, aber die ausreichende relative Mehrheit. Wilhelm Marx als Kandidat des ‚Volksblocks‘, der das „alte schwarz-rot-goldene Symbol des großdeutschen Einheitsgedankens"[8] beschwor, lag mit 13,8 Millionen Stimmen (45,3%) dicht dahinter, während Thälmann ähnlich wie im ersten Wahlgang abschnitt.

---

7 Wahlruf des Reichsblocks vom 8.4.1925, zit. nach Dokumente der deutschen Politik und Geschichte, Bd. 3, 145.

8 Wahlaufruf des Volksblocks vom 9.4.1925, zit. ebd.

Mehrere Faktoren hatten den Wahlsieg des rechten Kandidaten bewirkt. Sicherlich war es der überparteilichen Popularität des Weltkriegsgenerals zuzuschreiben, daß gegenüber dem ersten Wahlgang (wenn man die Ergebnisse von Jarres, Held und Ludendorff addiert) fast drei Millionen zusätzliche Wähler mobilisiert werden konnten. Demgegenüber hatte Marx das Stimmenpotential der Weimarer Kandidaten des ersten Wahlgangs kaum ausweiten können. Der strenggläubige Katholik wirkte nicht gerade attraktiv auf die Anhänger der Sozialdemokratie, die allenfalls aus Parteidisziplin - und gegen Hindenburg - an die Wahlurne gingen; das gleiche mag für manche Liberale gegolten haben; ob ein Verzicht auf die kommunistische Kandidatur zusätzliche Stimmen ergeben hätte, ist eher zweifelhaft. Mitentscheidend für den Ausgang der Wahl war sicherlich die Parteinahme der BVP für Hindenburg, die einen tiefen Riß im politischen Katholizismus deutlich machte. Die Entscheidung gegen den Kandidaten der Schwesterpartei war vor allem aus Gründen der Demonstration bayerischer Eigenständigkeit, aber auch aus grundsätzlicher Feindschaft gegenüber der Zusammenarbeit mit der Sozialdemokratie erfolgt; etwa zwei Drittel der BVP-Anhänger sollen der Empfehlung der Parteiführung, Hindenburg zu wählen, gefolgt sein.

Sorgen, die sich mit der Wahl des neuen Reichspräsidenten verbanden, wichen zunächst der Beruhigung und Gelassenheit, nachdem Hindenburg im Reichstag vor der schwarz-rot-goldenen Fahne den Amtseid auf die Republik geleistet hatte. Zur Enttäuschung der extremen Rechten, die ihn mitgewählt hatte, demonstrierte Hindenburg in den ersten Monaten seiner Amtszeit loyale Mitwirkung im Rahmen der demokratischen Verfassung, etwa durch die Unterzeichnung der Locarno-Verträge Ende 1925. Von der Öffentlichkeit wenig bemerkt, entwickelte sich das Präsidialamt aber schon bald - und nicht erst Anfang der 30er Jahre - zum Zentrum von Planungen, die der Abkehr von der Weimarer Parteiendemokratie und der politischen Ausschaltung der Sozialdemokratie galten.

7. Der Streit um die Fürstenenteignung und um die Reichsflagge

Das zweite große symbolische Kräftemessen über eine grundsätzliche gesellschaftspolitische Richtungsentscheidung ergab sich schon ein Jahr nach der Reichspräsidentenwahl um die fürstlichen Besitztümer. Diese waren in der Novemberrevolution zwar beschlagnahmt, aber nicht enteignet worden, und seither hatte es langwierige gerichtliche Auseinandersetzungen zwischen den Ländern und den jeweiligen Fürsten gegeben, deren Position in den meisten Fällen von monarchistisch eingestellten Richtern unterstützt worden war. Die DDP brachte deshalb im Reichstag einen Gesetzentwurf ein, der die Länder ermächtigen sollte, die Rechtsstreitigkeiten durch eigene Landesgesetze zu beenden, während die KPD die Initiative zu einem Volksbegehren ergriff, mit dem eine entschädigungslose Enteignung der Fürsten zugunsten sozial bedürftiger Schichten der Bevölkerung herbeigeführt werden sollte. Gemäß der von der Kommunistischen Internationale zu dieser Zeit verfolgten Einheitsfrontpolitik schlug die KPD der SPD und den Freien Gewerkschaften ein gemeinsames Vorgehen vor. Angesichts der Stimmung in der Arbeiterschaft erklärte sich die sozialdemokratische Führung Anfang 1926 bereit, mit der KPD zusammen einen Gesetzentwurf einzubringen, dem mit einem Volksbegehren zum Sieg verholfen werden sollte. Das Volksbegehren, durchgeführt vom 4. bis 17. März, wurde zu einem großen Erfolg. 12,5 Millionen Stimmberechtigte hatten sich in die Listen eingetragen, 2 Millionen mehr, als bei der Reichstagswahl Ende 1924 und fast 3 Millionen mehr, als im ersten Wahlgang der Reichspräsidentenwahl für die Kandidaten der beiden Arbeiterparteien gestimmt hatten. Nachdem die Reichstagsmehrheit das Ergebnis des Volksbegehrens erwartungsgemäß verworfen hatte, kam es am 20. Juni 1926 zum Volksentscheid. Mit 14,5 Millionen Stimmen verfehlte die Initiative zur Fürstenenteignung zwar die geforderte Mehrheit der fast 40 Millionen Wahlberechtigten. Aber immerhin war mit diesem Ergebnis, das nahezu dem Resultat von Hindenburg bei der Präsidentenwahl entsprach, die Stärke der republikanischen Kräfte deutlich geworden, denn über die Anhängerschaft der Arbeiterparteien hinaus hatten sich auch viele Wähler des Zentrums und der Demokratischen Partei am Volksentscheid beteiligt. Bis in die Reihen der NSDAP hinein hatte diese Initiative gewirkt. Nur durch ein prinzipielles Machtwort Hitlers zugunsten des Privateigentums konnte die gerade neu organisierte Partei von einer Stellungnahme für die Fürstenenteignung abgehalten werden. Die Gegner des Volksentscheids, DNVP und DVP, die Verbände der ‚nationalen Rechten', der Reichslandbund, industrielle Vereinigungen und die beiden großen Kirchen, hatten mit der Begründung, hier gehe es prinzipiell um die Verteidigung des Privateigentums, zum Boykott aufgerufen. In diesem Sinne hatte Hindenburg in einem ‚Privatbrief' die geforderte Fürstenenteignung als Bedrohung der „Grundlagen der Moral und des Rechts" kritisiert[9]. Letztlich blieb die Lagerbildung um die Frage der Fürstenenteignung eine Episode, denn auf der Seite der Befürworter gab es ansonsten zwischen Kommunisten und Sozialdemokraten keine politischen Gemeinsamkeiten, ebenso wie auf der Seite der Boykotteure die Gegensätze zwischen Deutschnationalen und bürgerlicher Mitte fortbestanden.

Dies zeigte sich vor allem im sogenannten ‚Flaggenstreit', der am 12. Mai 1926, also zwischen dem Volksbegehren und Volksentscheid über die Fürstenenteignung, den Anlaß zum Rücktritt des Kabinetts Luther lieferte. Eine Woche zuvor hatte der Reichspräsident in Absprache mit dem Reichskanzler überraschend eine Verordnung unterzeichnet, derzufolge künftig in den Gesandtschaften, Konsulaten und sonstigen Reichsbehörden außerhalb Europas und in den europäischen Seehäfen neben der schwarz-rot-goldenen Reichsflagge auch die schwarz-weißrote Handelsflagge (mit der kleinen Gösch in den Reichsfarben in der oberen linken Ecke) aufgezogen werden sollte. Nicht nur die Sozialdemokraten, auch die Demokraten und viele Abgeordnete des Zentrums äußerten ihre Entrüstung über den Versuch, das Symbol der alten Ordnung gleichberechtigt neben die Farben der Republik zu rücken. Ein Mißbilligungsantrag der DDP-Fraktion, unterstützt durch SPD und KPD, stürzte die Regierung - die Flaggenordnung blieb allerdings stillschweigend in Kraft.

8. Vom Bürgerblock zur Großen Koalition

Wie nach dem Ausscheiden der Deutschnationalen aus der Regierung im November 1925 kam es zwar im Mai 1926 erneut zu Verhandlungen über eine Große Koalition von der DVP bis zu den Sozialdemokraten,

---

9   Das Schreiben wurde veröffentlicht in der Frankfurter Zeitung, 8.6.1926 (2. Morgenbl.).

aber schließlich wurde nur der Reichskanzler ausgewechselt. Anstelle von Luther übernahm wieder Wilhelm Marx (Zentrum) das Amt. Die Einbeziehung der Sozialdemokraten, für die sich etwa der Kölner Oberbürgermeister Konrad Adenauer (ebenfalls Zentrum) aussprach, scheiterte in erster Linie am Widerspruch der DVP unter Stresemann, aber auch an Bedenken aus den Reihen der anderen bürgerlichen Parteien, nicht zuletzt angesichts der Kampagne zur Fürstenenteignung, die sich auf ihrem Höhepunkt befand. Auch die Umgebung des Reichspräsidenten bemühte sich nach Kräften, eine Regierungsbeteiligung der SPD zu verhindern. In der zweiten Jahreshälfte 1926 erhöhten sich die Chancen dafür allerdings wieder, nachdem die mit der DVP eng verbundene Führung der Unternehmerverbände bemerkenswerte Signale republikanischer Loyalität ausgesandt hatte. 1919 war aus der Verschmelzung des Centralverbandes Deutscher Industrieller (gegründet 1876) und des Bundes der Industriellen (gegründet 1895) der Reichsverband der Deutschen Industrie (RDI) hervorgegangen. Die Gegensätze zwischen einer von deutschnational und antidemokratisch gesinnten Schwerindustriellen dominierten Strömung, die für eine kompromißlose Bekämpfung der Gewerkschaften eintrat, und einer politisch flexibleren Gruppierung, der vor allem Chemie- und Elektroindustrielle angehörten, bestand allerdings fort. Hinter diesen nur grob beschriebenen Tendenzen standen nicht zuletzt unterschiedliche Kapitalverwertungsbedingungen. Für die exportorientierten 'Neuen Industrien' (Chemie, Elektro- und Maschinenbau) fiel der Lohnkostenanteil längst nicht so ins Gewicht wie in der Schwerindustrie. Die teilweise gegensätzlichen Interessen im industriellen Unternehmerlager wurden im übrigen auch durch Verbindungen zu konkurrierenden Großbanken beeinflußt, von denen die Deutsche Bank und die Dresdner Bank die führende Position einnahmen. 1925 kam es zu umfangreichen industriellen Fusionen, zur Bildung der Vereinigten Stahlwerke und zum Zusammenschluß der wichtigsten Chemieunternehmen als IG Farben. Die damit konzentrierten Wirtschaftspotentiale, die eine verbesserte Position auf dem europäischen und Weltmarkt schufen, werden mit dazu beigetragen haben, daß führende Unternehmer begannen, sich positiv auf die Weimarer Republik einzustellen. Der Vorsitzende des RDI, der Chemieindustrielle Carl Duisberg, betonte 1926, daß die Unternehmer fest auf dem Boden der Verfassung stünden, und sein Stellvertreter Paul Silverberg, ein Vertreter der Montanindustrie, hielt in einer öffentlich stark beachteten Rede Anfang September des gleichen Jahres fest, daß der Staat nicht ohne die Sozialdemokratie als Repräsentantin der großen Mehrheit der Arbeiterschaft regiert werden könne. Mitte Dezember 1926 beschloß die Fraktion der DVP, in Verhandlungen über eine Regierungsbeteiligung der SPD einzutreten.

Aber auch die Bemühungen, das Kabinett wieder nach rechts durch die erneute Einbeziehung der DNVP zu erweitern, waren 1926 fortgesetzt worden. Der DVP-Fraktionsvorsitzende Ernst Scholz, der über gute Kontakte zur Umgebung des Reichspräsidenten verfügte, hatte Anfang Dezember 1926 öffentlich erklärt, seine Partei strebe das Zusammenwirken aller bürgerlichen Parteien und Kräfte an. Die SPD, die diese Erklärung als Absage an eine Große Koalition wertete, reagierte mit heftigen Angriffen auf die Regierung. Im Zentrum stand dabei die Reichswehr, deren Unterstützung rechtsradikaler Freikorps vom sozialdemokratischen Abgeordneten Scheidemann ebenso attackiert wurde wie die geheime Zusammenarbeit mit der Roten Armee. Gefordert wurde der Rücktritt von Minister Geßler. Am 17. Dezember 1926 stürzte das Kabinett durch einen sozialdemokratischen Mißtrauensantrag, der von KPD, DNVP und Nationalsozialisten unterstützt wurde.

Die Vorhaltungen der Sozialdemokraten waren zwar sachlich gerechtfertigt, hatten aber eine Verständigung mit den bürgerlichen Parteien über eine gemeinsame Koalition zunächst verhindert. Zudem verstärkten der Reichspräsident und seine Kamarilla den Druck auf die Regierungsparteien, besonders auf den Kanzler Wilhelm Marx, erneut ein Bürgerblock-Kabinett mit den Deutschnationalen zu berufen. Hier tat sich der opportunistische Staatssekretär Otto Meißner, der nacheinander loyal Ebert, Hindenburg und Hitler diente, besonders hervor. In diese Richtung drängte auch der Chef der Wehrmachtsabteilung im Reichswehrministerium und politische Stratege der militärischen Führung *Kurt von Schleicher*, der Ende 1932 für zwei Monate das Reichskanzleramt übernehmen sollte. Der Reichswehr-Generalität ging es in erster Linie um die innenpolitische Ausschaltung der Sozialdemokraten und um den Übergang zu einer autoritären Regierungsform, außenpolitisch um eine energischere Vertretung der deutschen Wehrinteressen, die man von einem Kabinett unter Beteiligung der Deutschnationalen erhoffte.

So kam es Ende Januar 1927 zu einer Neuauflage des Bürgerblocks (Zentrum, BVP, DNVP und DVP), wobei die DNVP vier Minister stellte und damit zur stärksten Kraft im Kabinett wurde. Die Regierungsbeteiligung war allerdings nur durch Zugeständnisse der Deutschnationalen zustande gekommen. Zum einen blieb der Zentrumspolitiker Marx Kanzler, zum anderen mußten sie die Fortführung der Locarno-Politik akzeptieren - Stresemann blieb als Außenminister ebenfalls im Amt -, und auch die republikanische Staatsform und ihre Symbole hatten sie zu respektieren. Diese gouvernementale Haltung der deutschnationalen Fraktionsmehrheit sorgte in der Partei für einige Querelen, die sich etwa bei der Verlängerung des Republikschutzgesetzes zeigten, die mit den Stimmen der Fraktion erfolgte, wobei ein Drittel ihrer Abgeordneten der Abstimmung fernblieb.

In einem weiteren Punkt - der Sozialpolitik - vermochten das Zentrum und vor allem ihr christlich-sozialer Gewerkschaftsflügel der Koalition den Stempel aufzuprägen. Der von ihr gestellte Arbeitsminister Heinrich Brauns, er gehörte ohne Unterbrechung von 1920 bis 1928 12 Kabinetten an, entwickelte maßgeblich das ‚Gesetz über die Arbeitsvermittlung und Arbeitslosenversicherung'. Vom Reichstag wurde es am 7. Juli 1927 einmütig gegen die Stimmen allein der Kommunisten, Völkischen und einiger DNVP-Abgeordneter verabschiedet. Mit der nahezu vollständigen Durchsetzung des Arbeitslosen-Versicherungsprinzips - Ausnahmen betrafen vor allem die Land- und Forstwirtschaft - wurde eine seit der Jahrhundertwende stets erneuerte Gewerkschaftsforderung eingelöst. Die Arbeitslosenunterstützung wurde in der Regel für ein halbes Jahr im Falle unfreiwilliger Erwerbslosigkeit gewährt, in manchen Fällen bis zu einem Dreivierteljahr. Finanziert wurde diese Versicherung durch einheitliche Beiträge, die 3% des Grundlohnes ausmachten und je zur Hälfte von Arbeitnehmern und Arbeitgebern aufzubringen waren. Dieses von einer Bürgerblock-Regierung eingebrachte Gesetz stellte - zusammen mit den seit der Novemberrevolution geltenden Regelungen des Tarifsystems - einen Höhepunkt des sozialstaatlichen Ausbaus der Weimarer Republik dar. Allerdings war die Arbeitslosenversicherung der folgenden Weltwirtschaftskrise nicht gewachsen. Ihre Mittel reichten für die Versorgung von durchschnittlich etwa 800.000 Unterstützungsempfängern, aber nicht für das kommende Millionenheer der Arbeitslosen, die ja zudem nicht mehr in die Versicherung einzahlen konnten.

Das Bürgerblock-Kabinett zerbrach schließlich am Konflikt um die Schulfrage. Zentrum und BVP hatten versucht, mit der DNVP gemeinsam die konfessionelle Bekenntnisschule gleichrangig neben die im Reichsschulgesetz als Regel festgelegte überkonfessionelle Gemeinschaftsschule zu stellen, was vor allem eine konfessionelle Trennung der Volksschulen auf Wunsch der Elternschaft bedeutet hätte. Dies traf auf den prinzipiellen Widerspruch der DVP, die ihren weltlich-liberalen Anspruch mit diesem Thema verband. Trotz aller Vermittlungsversuche des Reichspräsidialamtes konnte deshalb kein Kompromiß gefunden werden, so daß der interfraktionelle Ausschuß der Regierungsparteien am 15. Februar 1928 das Scheitern des Kabinetts bekanntgab. Die darauf ausgeschriebenen vorfristigen Neuwahlen zum Reichstag fanden am 20. Mai 1928 statt.

Das Ergebnis war ein weiterer Zuwachs der SPD, die 29,8% erhielt (+3,8%) und damit wieder die stärkste Fraktion stellte. Demgegenüber erlitt die DNVP mit 14,2% der Stimmen (-6,3%) schwere Verluste, und auch alle anderen Partner des Bürgerblocks sowie die DDP hatten Einbußen hinzunehmen. Mandatsgewinne hatten bei dieser Wahl kleinere konservativ-agrarische Gruppierungen erzielt, deren Anhänger später in der Weltwirtschaftskrise zum größten Teil zur NSDAP abwanderten. Die Nazipartei befand sich im übrigen 1928 auf ihrem tiefsten Stand. Sie hatte mit 2,6% der Stimmen gegenüber der vorhergehenden Wahl von Ende 1924 weitere 0,4% verloren und stellte nur noch 12 Abgeordnete. Allerdings stand die Parteiorganisation nun gefestigt hinter Hitler als unbestrittenem Führer.

Eine Erneuerung des Bürgerblocks war nach diesem Wahlergebnis rechnerisch nicht mehr möglich, die Große Koalition von der SPD bis zur DVP blieb als einzig denkbare parlamentarische Kombination. Dennoch gab es langwierige Verhandlungen, weil sowohl im Zentrum wie auch in der DVP erhebliche Widerstände zu überwinden waren. Nicht zuletzt war das Zustandekommen des Koalitionskabinetts ein Verdienst von Stresemann, der die außenpolitische Unterstützung der SPD suchte. Aber es war symptomatisch, daß es als ‚Kabinett der Persönlichkeiten‘ antrat, auf das die Fraktionen nicht verpflichtet wurden. Erst Anfang 1929 wurde es zu einem parlamentarischen Koalitionskabinett umgeformt. Der Sozialdemokrat Hermann Müller, der bereits 1920 für drei Monate dieses Amt bekleidet hatte, übernahm die Kanzlerschaft, Stresemann wiederum das Außenministerium, der parteilose General Groener, der Anfang 1928 den über einen Beschaffungsskandal gestrauchelten Otto Geßler abgelöst hatte, behielt sein Amt als Wehrminister. Die Sozialdemokraten stellten mit Carl Severing den Innen- und mit Rudolf Hilferding den Finanzminister, für die DVP erhielt neben Stresemann auch Julius Curtius ein wichtiges Ministeramt, das Wirtschaftsministerium. Als Justizminister fungierte der Partei- und Fraktionsvorsitzende der DDP, Erich Koch-Weser, als Postminister Georg Schätzel von der BVP. Das Zentrum beschränkte sich demonstrativ auf eine nur lockere Verbindung zum Kabinett, die durch Theodor von Guérard als Minister für Verkehr und für die besetzten Gebiete hergestellt wurde. Die von Hermann Müller geführte Regierung war nur in der Außenpolitik weitgehend einig, ansonsten aber von starken Gegensätzen durchzogen, wie sich schon sehr bald zeigen sollte.

9. Die Weimarer Republik - eine militarisierte Gesellschaft

Auch in den relativ ruhigen Jahren der Weimarer Demokratie waren bereits die schweren Belastungen spürbar, die sich wenig später zu zerstörerischen Faktoren entwickelten. Der Weltkrieg und die folgenden revolutionären Nachkriegswirren bis 1923 hatten nicht nur dem Militärischen allgemein eine enorme Bedeutung und der Reichswehr eine zentrale Machtposition verliehen. Die sittliche Verrohung durch den Krieg und die Erfahrung der bewaffneten Kämpfe und politischen Morde vor allem rechtsradikaler Gruppierungen, die oft genug durch vaterländisch-nationale Phrasen gerechtfertigt wurden, wirkten auch in den sogenannten ruhigen Jahren der Weimarer Republik nach. Sogar verstärkt bestimmten die in den Straßen marschierenden paramilitärischen Verbände aller Richtungen die politische Kultur der ersten deutschen Demokratie.

Die Reichswehrführung, die sich erfolgreich als ‚Staat im Staate‘ etabliert hatte und geduldig auf die Gelegenheit wartete, wieder ausschlaggebend die deutschen Geschicke zu bestimmen, hatte seit 1924 mit weitreichenden militärischen Blitzkriegsplanungen begonnen, an die in der NS-Zeit bruchlos angeknüpft werden konnte. In den Jahren der Beschränkung auf ein 100.000-Mann-Heer durch den Versailler Vertrag kam es der Reichswehrführung darauf an, den ‚Wehrgedanken‘ hochzuhalten, alle Möglichkeiten einer Umgehung der alliierten Kontrollen zu nutzen (z.B. durch die Kooperation mit der Roten Armee) und schrittweise ihren innenpolitischen Einfluß zu erhöhen. Nach dem Rücktritt von Hans von Seeckt als Chef der Heeresleitung im Oktober 1926 und der Übernahme der Reichswehrführung durch Groener und Schleicher mochte es zeitweise so scheinen, als stelle sich das Militär nun auf den Boden der Verfassung. Aber es handelte sich lediglich um eine taktisch flexiblere Linie, mit der auch Kritiker überzeugt werden sollten. Die grundsätzlichen Ziele der Sprengung des Versailler Vertrags, der Erlangung deutscher ,Wehrfreiheit', wurden ebensowenig aus den Augen verloren wie die als parallele Notwendigkeit erachtete Zurückdrängung des Parlamentarismus und vor allem der wehrfeindlichen Linken.

Obwohl die Reichswehrführung ihren Partner eher in den bürgerlichen Parteien der Mitte als bei den in mancher Hinsicht uneinigen und unzuverlässigen Deutschnationalen fand, sah doch der Großteil des Offizierskorps und der Berufssoldaten gefühlsmäßig wohl am ehesten in der DNVP ihre Heimat. Sie begrüßten die Beteiligung dieser Partei an den Bürgerblock-Kabinetten, ebenso wie sie später die Sonderrolle der Partei unter Hugenberg weithin ablehnten.

Die Freikorps zu kontrollieren und zu disziplinieren hatte der Reichswehrführung bis zur Normalisierung der innenpolitischen Verhältnisse 1924 große Probleme bereitet. Sie hatte die Freikorps zur Bekämpfung revolutionärer Aufstände und zu Aktionen im Grenzkampf (vor allem in Oberschlesien) ausgerüstet und ausgebildet, aber Putschvorbereitungen und Fememorde hatten die langfristig angelegte Politik der Reichswehrführung immer wieder gefährdet. Nun, in der Mittelphase der Weimarer Republik, wandelten sich die Wehrverbände zu öffentlich auftretenden paramilitärischen Propagandaverbänden und Agenturen vormilitärischer Ausbildung, die aber das Waffenmonopol der Reichswehr kaum mehr antasteten.

Der stärkste Wehrverband der Rechten war der bereits 1918 gegründete und von *Franz Seldte* geführte Stahlhelm, der Mitte der 20er Jahre etwa 300.000 Mitglieder rekrutierte, ausgezeichnete Verbindungen zur Reichswehrführung unterhielt und politisch der Deutschen Volkspartei, noch mehr aber den Deutschnationalen nahestand. Erst am Ende der Weimarer Republik lockerte sich diese Verbindung ein wenig, weil viele Mitglieder und Funktionäre sich zur Partei Hitlers hin orientierten. Der Stahlhelm, der aufgrund des Republikschutzgesetzes 1922 verboten worden war, zählte seit 1925 Reichspräsident Hindenburg zu seinen Ehrenmitgliedern.

Zweitgrößter Wehrverband war der Jungdeutsche Orden (Jungdo) unter Arthur Marauhn mit etwa 150.000 bis 200.000 Mitgliedern (1924), der allerdings in scharfer Konkurrenz zum Stahlhelm stand. Der Jungdo, dessen Bedeutung immer weiter abnahm, näherte sich Ende der 20er Jahre der Weimarer Republik an und schloß sich mit der DDP zur Deutschen Staatspartei zusammen. Zu erwähnen sind auch der Werwolf mit 30.000 bis 40.000 Mitgliedern und der etwas kleinere Wiking-Bund, der aus der terroristischen Geheimorganisation Consul entstanden war, sowie die noch nicht sehr starke SA der NSDAP, die erst in den Jahren der Weltwirtschaftskrise Massenzulauf erhielt. Neben zahllosen ‚vaterländischen' Gruppen und Grüppchen, Studentenverbindungen usw. bildete der formell unpolitische Deutsche Reichskriegerbund Kyffhäuser mit etwa 2 Millionen Mitgliedern in 29.000 Kriegervereinen (Ende der 20er Jahre) einen fruchtbaren Boden für Kriegspropaganda und Verherrlichung des Weltkrieges bei weiten Teilen der Bevölkerung.

Aber die Militarisierung beschränkte sich nicht auf die politische Rechte. Aus den bewaffneten Formationen revolutionärer Arbeiter in den Nachkriegsjahren rekrutierte sich vor allem der von der KPD kontrollierte Rote Frontkämpferbund (RFB), der uniformiert hinter Schalmeienkapellen durch die Straßen paradierte und sich als Kadertruppe einer künftigen Roten Armee verstand. Es ist bezeichnend, daß die Mitgliederzahl des im August 1924 gegründeten RFB schon drei Jahre später mit etwa 130.000 die der KPD übertraf. Bis zum Verbot im Mai 1929 stieg die Zahl weiter auf über 200.000 an; im RFB war die ultralinke Wendung gegen die Sozialdemokratie, die innerparteilich seit 1928/29 durchgesetzt wurde, besonders populär.

Einige Monate vor dem kommunistischen RFB war im Februar 1924 das ‚Reichsbanner Schwarz-Rot-Gold. Bund republikanischer Kriegsteilnehmer' gegründet worden, ein formell überparteilicher Verband, dem auch führende Politiker der Demokraten und des Zentrums sowie zahlreiche Mitglieder dieser Parteien angehörten. Kontrolliert wurde er allerdings weitgehend von Sozialdemokraten, die zusammen mit Angehörigen der Freien Gewerkschaften etwa vier Fünftel der zwei bis drei Millionen Mitglieder stellten. Das Reichsbanner bildete die zahlenmäßig stärkste Organisation zur Verteidigung der Weimarer Republik.

Der starke Zulauf zu uniformierten Massenorganisationen mit ihren Fahnen, Musikkapellen und anderen Symbolen männlicher Tatkraft war Ausdruck für die militaristische Mentalität weiter Kreise der Bevölkerung und für Denkmuster, die Freund-Feind-Unterscheidungen sowie hierarchische Strukturen in den Mittelpunkt stellten. Dies wirkte auch in die politischen Parteien hinein, in denen sich eine Kultur freimütiger und toleranter Diskussion nur schwer herausbilden konnte - und dies gilt selbst für die demokratischen Parteien. Schon die politischen Wahlplakate jener Jahre, auf denen vorzugsweise männlich-proletarische Herkulesgestalten ihre Faust gegen "den Feind" erheben, werfen ein Schlaglicht auf die unversöhnliche politische Kultur von Weimar. Das Vorherrschen autoritärer und militaristischer Mentalitäten begünstigte sicherlich die Destabilisierung der Weimarer Republik.

10. Die ‚konservative Revolution'

Die Betonung des Soldatischen war auch ein wesentliches Element jener unter Intellektuellen einflußreichen und vielfältig verzweigten ideologischen Strömung, die in einer Rede des Schriftstellers Hugo von Hoffmansthal 1927 auf ihren paradoxen Begriff gebracht wurde: die ‚konservative Revolution'. Dies bedeutete keine Parteinahme für die Revolution, sondern zeigte im Gegenteil eine besonders kämpferische Position gegen die aus der Revolution heraus entstandene Republik an. Denn nun konnte es nach dem Selbstverständnis dieser Konservativen gar nicht mehr um die Erhaltung des Bestehenden gehen. Einer der geistigen Mentoren dieser Strömung, *Arthur Moeller van den Bruck,* formulierte es folgendermaßen: „...konservativ ist, Dinge zu schaffen, die zu erhalten sich lohnt."[10] Damit standen die durch den Krieg politisierten ‚konservativen Revolutionäre' in der Tradition antiliberaler Gesellschaftskritik seit der Jahrhundertwende. Der zeitgenössische Modephilosoph Oswald Spengler prophezeite in seinem Hauptwerk „Untergang des Abendlandes" (1918/20) die Heraufkunft einer cäsaristischen Diktatur, die den liberalen Kapitalismus ablösen werde. Wie Spengler übertrug auch Moeller van den Bruck das Klassenkampf-Vokabular auf den sozialdarwinistisch verstandenen Kampf der Nationen untereinander. Gegen die alten und überlebten westlichen (kapitalistischen Nationen) standen danach die jungen (proletarischen) Nationen Deutschland und Rußland.

Die ‚konservative Revolution' grenzte sich so als neuer kämpferischer Nationalismus gegen den als liberalistisch degeneriert empfundenen

---

10   Arthur Moeller von den Bruck, Das Dritte Reich (1923), Berlin ³1934, S. 202.

Westen ab. In diesem Rahmen bildete die militärische Ausrichtung der deutschen ‚Volksgemeinschaft' auf den als sicher angenommenen nächsten Weltkrieg ein wichtiges Thema der ‚konservativen Revolution'. Dies kam in Ernst Jüngers Gedanken der ‚totalen Mobilmachung' zum Ausdruck; den Verzicht darauf sah er als entscheidenden Grund für die deutsche Niederlage im Ersten Weltkrieg an. Um 1930 hatte sich die konservativ-revolutionäre Ideologie im jüngeren Bildungsbürgertum - besonders an den Universitäten - einen zentralen Platz erobert, verfügte über eine ganze Reihe einflußreicher Zeitschriften, Zirkel und Diskussionsforen. In der Zeit der Präsidialregierungen am Schluß der Weimarer Republik avancierten einige Intellektuelle dieser Richtung zu Beratern und Redenschreibern der Staatsmacht.

Aus dem extremen Antiliberalismus und fanatischen Nationalismus der ‚konservativen Revolution' entnahm auch die NS-Bewegung einen Großteil ihrer Argumente gegen die demokratische Republik, und für viele Intellektuelle war dieses Gedankengut die Brücke zum Übergang zur Hitlerpartei, selbst wenn führende ‚konservative Revolutionäre' durchaus Vorbehalte gegen die NSDAP äußerten, vor allem wegen des plebejischen Charakters der SA und auch wegen des dort propagierten primitiven Antisemitismus.

11. Die jüdische Bevölkerung und der Antisemitismus

Mit der Gründung der Weimarer Republik waren die formellen Schranken gefallen, die die Juden im Kaiserreich noch von der Besetzung höherer Positionen im Staatsdienst abgehalten hatten. Ihre Gleichberechtigung in der Republik war nahezu mühelos erfolgt.

Die Zahl der Juden (als solche galten die Angehörigen der jüdischen Gemeinden) im Deutschen Reich war rückläufig; sie sank von 615.000 (1910) auf 564.000 (1925) und 500.000 (1933) - ein Anteil von 0,77% an der Gesamtbevölkerung. Das Durchschnittsalter der jüdischen lag 1925 etwa 6 1/2 Jahre über dem der übrigen Bevölkerung.

Diese demographische Entwicklung spiegelt die fortgeschrittene Urbanisierung und die Erwerbsstruktur der jüdischen Bevölkerung wider. Die überwältigende Mehrheit der deutschen Juden (1933: 71%) lebte in den Großstädten, davon ein Drittel allein in Berlin; über 60% der jüdischen

Erwerbstätigen waren im Dienstleistungssektor tätig, ein Viertel in Industrie und Handwerk, und nur 2% in der Landwirtschaft. Vorherrschend war eine mittelständische Bevölkerungsgruppe von kleinen Gewerbetreibenden, Besitzern und Angestellten kleiner und mittlerer Handelsfirmen sowie Freier Berufe. Eine allgemeine oder auch nur teilweise wirtschaftliche Dominanz von Juden in der Wirtschaft der Weimarer Republik hat es zu keinem Zeitpunkt gegeben. In der Weltwirtschaftskrise sank der Lebensstandard der jüdischen Bevölkerung sogar in besonders starkem Maße, weil Branchen, in denen Juden stärker vertreten waren, etwa die Textilverarbeitung, von der Krise überdurchschnittlich stark betroffen wurden.

Zur Kultur der Weimarer Republik leisteten jüdische Künstler vielfältige und herausragende Beiträge, allerdings waren sie - entgegen gängigen Klischees - in der Regel nicht als spezifisch jüdisch gemeint wahrnehmbar. Für die große Mehrheit der assimilierten Juden der Mittelschicht spielte die Religion eine nur unbedeutende Rolle. Weniger als 10% - vornehmlich dem städtischen Proletariat zuzurechnen - gehörten zu den immigrierten ‚Ostjuden‘, die zu einem großen Teil nach orthodoxen Regeln lebten und neben ihrer Gemeindezugehörigkeit in religiös-orthodoxen Vereinigungen organisiert waren. Die Mehrheit hingegen - etwa 300.000 - gehörten einzeln oder über korporative Mitgliedschaften dem ‚Centralverein deutscher Staatsbürger jüdischen Glaubens‘ (CV) an, dessen nationales Selbstverständnis schon aus der Namensgebung hervorging. Die Organisation der Zionisten, die für einen eigenen Judenstaat eintrat, zählte vor 1933 nie mehr als 20.000 Mitglieder. Dem fortgeschrittenen Stand der Säkularisierung entsprach die stärker als in der übrigen Bevölkerung ausgeprägte politische Liberalität. Nach Schätzungen wählten 1930 fast zwei Drittel der Juden sozialdemokratisch, etwa ein Fünftel die DDP/Staatspartei (die ansonsten schon zur Splittergruppe herabgesunken war) sowie 5% das Zentrum.

Das Bild, daß Antisemiten vom jüdischen Bevölkerungsteil malten, hatte mit dieser Realität wenig zu tun. Von ihnen wurde die Weimarer Demokratie vorzugsweise als ‚Judenrepublik‘ beschimpft. Speziell die gesamte Weimarer Kultur galt als ‚verjudet‘. Häufig setzten konservative Propagandisten die ihnen als negativ geltenden Facetten der kulturell-zivilisatorische Moderne mit dem Judentum gleich, so daß alle diesbezüglichen Ängste, zunehmend in rassistischer Form, auf diese Bevölkerungsgruppe übertragen werden konnten. Da die Virulenz antisemitischer Strömungen in einem Zusammenhang mit politischen und wirtschaftlichen Konjunkturen stand, läßt sich auch für den Antisemitismus in der Weimarer Republik eine Periodisierung vornehmen. Die erste Phase bis 1923/24 war gekennzeichnet von einem enormen Aufschwung antisemitischer Organisationen und Aktivitäten. Ein Ausgangspunkt war der - völlig haltlose - Vorwurf, die Juden seien im Weltkrieg ‚Drückeberger' gewesen und hätten sich häufig dem Heeresdienst entzogen. Als Pazifisten hätten sie als Werkzeug des Feindes an der ‚Heimatfront' gewirkt. Die ‚Dolchstoß'-Legende enthielt von Anfang an antisemitische Untertöne. Ein weiteres Angriffsziel boten die in Kleidung, Sprache und Lebensweise sich teilweise abhebenden Ostjuden, die für politische Unruhen und wirtschaftliche Not gleichermaßen verantwortlich gemacht wurden. Insbesondere 1923 kam es zu einer Reihe pogromartiger Überfälle gegen Ostjuden, etwa im Berliner Scheunenviertel. Auch die von rechtsextremer Seite begangenen politischen Morde, selbst wo sie Nichtjuden (Karl Liebknecht oder Matthias Erzberger) trafen, waren stets antisemitisch gerechtfertigt worden. Am stärksten war unter Hunderten von Vereinen der vor allem in Norddeutschland tätige Deutschvölkische Schutz- und Trutzbund, der Anfang der 20er Jahre 200.000 Mitglieder zählte (er wurde 1922 verboten). In Bayern erhielt zu dieser Zeit die NSDAP Zulauf. Aber der Antisemitismus hatte auch in der DNVP, hier vor allem im völkischen Flügel, seine Heimat, ebenso wie an den Universitäten, in konservativen Kirchenkreisen usw. Artur Dinters bereits 1917 erschienener rassistischer Roman ‚Die Sünde wider das Blut' hatte Anfang der 20er Jahre schon mehr eine Million Leser gefunden; die 1919 erstmals in deutscher Sprache publizierten „Protokolle der Weisen von Zion", eine groteske Fälschung, mit der die jüdischen Weltherrschaftspläne angeblich bewiesen wurden, fanden breite Resonanz. In den mittleren Jahren der Weimarer Republik ging die Zahl spektakulärer antisemitischer Aktionen zurück, aber wie insgesamt handelte es sich auch auf diesem Gebiet um eine trügerische Ruhe. Die Angriffe auf jüdische Einrichtungen - vor allem Friedhofs- und Synagogenschändungen - und Personen nahmen in der Weltwirtschaftskrise parallel mit dem Durchbruch der NSDAP zur Massenbewegung wieder zu, obwohl der Antisemitismus in der Agitation der Hitler-Partei in dieser Phase nicht den höchsten Stellenwert besaß.

Vor allem die beiden Arbeiterparteien, aber auch die Demokraten und das Zentrum richteten sich gegen den völkisch-rassistischen Antisemitismus. Allerdings war es deutlich, daß Stimmen gegen antisemitische Übergriffe hauptsächlich dann erfolgten, wenn ‚deutsche Juden‘ betroffen waren, während Attacken gegen „Ostjuden" weithin mit Gleichgültigkeit aufgenommen wurden. Ähnliche Verhaltensmuster zeigten sich auch nach 1933.

12. Die ‚goldenen 20er Jahre‘ - Höhepunkt der kulturellen Moderne

Auf hochkulturellem Gebiet präsentierte sich die Weimarer Republik als blühende Zeit. Schon wenn man die Liste der zu Klassikern gewordenen Romane, Gedichte und Theaterstücke von Thomas und Heinrich Mann, Arnold und Stefan Zweig, Franz Kafka, Robert Musil, Hermann Hesse, Alfred Döblin, Kurt Tucholsky, Lion Feuchtwanger, Bertolt Brecht, Gerhard Hauptmann, Ödön von Horvath, Carl Zuckmayer und vielen anderen nennt oder die berühmten Maler, Bildhauer und Architekten aufzählt, von Max Beckmann, Paul Klee und Oskar Kokoschka bis zu Walter Gropius und Ludwig Mies van der Rohe (um nur wenige Namen zu nennen), die in Deutschland oder im deutschsprachigen Ausland wirkten, stellt sich der Eindruck eines enormen geistig-literarischen Reichtums ein.

Allerdings ist es bei näherer Betrachtung fraglich, ob man die 20er Jahre überhaupt als eigene Phase der Kunstentwicklung werten darf, denn die wichtigsten Tendenzen dieser Zeit hatten bereits die Avantgarde seit der Jahrhundertwende bestimmt. Viele prominente Literaten, Bildenden Künstler und Musiker hatten entscheidende künstlerische Anstöße in den lebensreformerischen Bewegungen vor dem Ersten Weltkrieg erhalten. Und der Expressionismus hatte sich als führende Strömung schon zu jener Zeit, vor allem in der Malerei und in der Lyrik, große Resonanz unter den Kunstsachverständigen erworben. Der Krieg, von vielen Künstlern als Ende bürgerlicher Trägheit begeistert begrüßt, bedeutete allerdings eine tiefgreifende Erfahrung. Er stellte nicht nur ein zentrales Thema dar, sondern radikalisierte auch in stilistischer Hinsicht die künstlerische Produktion. Der Dadaismus in der Lyrik, großartige architektonische Utopien, wie etwa die Skizzen Bruno Tauts für künftige Hochhausstädte, Bertolt Brechts Bühnenstücke „Baal" oder „Trommeln in der Nacht", das proletarische Theater Erwin Piscators, der expressionistische Gruselfilm „Das Kabinett des Dr. Caligari" unter der Regie von

Robert Wiene (1920) oder die Ausstellung ‚Deutscher Expressionismus' in Darmstadt mit kubistischer, futuristischer, konstruktivistischer und Malerei anderer neuer Stile im gleichen Jahr spiegelten die politische und (dies ist kaum zu trennen) kulturelle Unruhe und Aufbruchsstimmung der Künstler.

Die Kultur- und Kunstentwicklung der Weimarer Republik wird oft zwei- oder dreigeteilt. Der Phase des Expressionismus, die, vom Krieg aufgeladen, aus der wilhelminischen Zeit in die ersten Jahre von Weimar reicht, folgte danach - seit 1923/24 - die Phase der ‚Neuen Sachlichkeit'. Tatsächlich kann man nicht nur in der Malerei und besonders ausgeprägt in Architektur und Design, sondern auch in der Literatur Tendenzen zu kühler Nüchternheit und realistischem Bezug auf die Gesellschaft ausmachen. Damit verbunden war eine Abkehr von utopisch-visionärer oder apokalyptischer Ausdrucksweise. Zum Symbol dafür ist die Architektur des ‚Bauhaus' geworden - die allerdings auch in der Tradition des 1907 gegründeten Werkbundes stand. Das von Walter Gropius zunächst in Weimar, dann in Dessau geleitete Bauhaus war eine Art experimenteller Hochschule für Gebrauchskunst, strebte eine Verbindung von Kunst (Architektur, Design etc.) und handwerklichem sowie technisch-industriellem Können an. Ziel war es, den Menschen eine rational und funktional durchdachte, gesündere und damit moderne Wohnung und Wohnumwelt zu bieten. Die Ästhetik der Moderne sollte mit offensichtlicher sozialer Nützlichkeit verknüpft werden. Formale Schlichtheit und Ablehnung überflüssiger Ornamente, die Verwendung von vielseitig verwendungsfähigem und industriell gut zu verarbeitendem Material, Beton, Glas, Stahl, eine Vorliebe für helle und bunte Farbgebung waren Kennzeichen des ‚Neuen Bauens', wie es sich in einigen vielbeachteten Siedlungsprojekten, etwa in Berlin-Britz (1925/26), der Stuttgarter ‚Weißenhofsiedlung' (1927) oder im ‚Neuen Frankfurt' zeigte. Das moderne Bauen, das im Wohnungsbau der 20er Jahre nur in wenigen Städten eine herausragende Rolle spielte, wurde von konservativer Seite heftig als ‚kulturbolschewistisch' oder ‚undeutsch' angefeindet. Und solche Attacken fanden in der Bevölkerung, vor allem im konservativen Bürgertum, eine große Resonanz.

Eine allein auf die politische und gesellschaftliche Entwicklung bezogene Einteilung der Kultur der 20er Jahre wäre allerdings sehr problematisch. Viele der eingangs genannten Künstler sind nämlich keiner der vorherrschenden Stilrichtungen zuzureihen; immerhin lassen sich die mit dem Begriff der ‚Neuen Sachlichkeit' benannten Tendenzen am ehesten als eigenständig weimarianische Kultur ansprechen. Als dritte Phase mag man die zunehmende Politisierung der Kunst in der Weltwirtschaftskrise, die Polarisierung kommunistischer und völkisch-nationalistischer Parteinahme und eine gemeinsame Abwendung von der Moderne nennen. Allerdings dürfen auch diese vorhandenen Tendenzen nicht verabsolutiert werden, lassen sich doch auch für die Endphase der Weimarer Republik Gegenbeispiele finden.

11. Klassenkultur und Massenmedien

Das historische Bild der 20er Jahre wird geprägt sowohl von der Arbeiterkultur, den disziplinierten Sportkolonnen, Arbeitersängern oder dem Agitprop-Theater, als auch von den Lebensstilen und Gütern der Massenkultur, dem Film und Radio, der Mode und Unterhaltungsmusik. Die Weimarer Republik kann als Zeitraum der differenziertesten Ausprägung der Arbeiterkultur und in diesem Sinne als ihr Höhepunkt angesehen werden, aber auch als Endpunkt einer aus dem Kaiserreich herrührenden politisch-kulturellen Sondertradition, die vom Vordringen der kommerziellen Massenkultur, vor allem der modernen Massenmedien, z.T. verdrängt wurde. Durch die gewaltsame Unterdrückung der Arbeiterkultur im ‚Dritten Reich' läßt sich allerdings über ihre weiteren Aussichten unter anderen Umständen nur spekulieren.

Wichtigster Bestandteil der Arbeiterkultur war die Arbeitersportbewegung, die am Ende der 20er Jahre (1928) über eine Million Mitglieder aufwies, darunter der Arbeiter-Turn und Sportbund 770.000, der Arbeiter-Radfahrerbund ‚Solidarität' 220.000 und der Touristenverein ‚Die Naturfreunde' 80.000. Der Deutsche Arbeiter-Sängerbund zählte im gleichen Jahr 270.000 Mitglieder. Daneben gab es den Arbeiter-Esperanto-Bund, die Arbeiter-Abstinenten, den Arbeiter-Radio-Bund, die Proletarische Freidenkerbewegung und viele weitere Organisationen, die ein verzweigtes Netz - von der Jugendweihe bis zur Feuerbestattung - bildeten.

Allerdings war auch die Arbeiterkultur von der Spaltung der politischen Arbeiterbewegung in eine sozialdemokratische und eine kommunistische Partei betroffen. Im Zuge der ultralinken Wendung der KPD gegen die SPD spalteten sich viele Arbeiterkulturvereine Ende der 20er Jahre. Im künstlerisch-literarischen Bereich wurden die kommunistischen Vereine in der Interessengemeinschaft für Arbeiterkultur zusammengefaßt. Ihr gehörten kommunistische Theatergruppen, die Assoziation revolutionärer bildender Künstler, der Bund proletarisch-revolutionärer Schriftsteller, der Volksfilmverband, die Kampfgemeinschaft der Arbeitersänger, der Freie Radiobund und andere Gruppen an. Es gibt zwar keine zuverlässigen statistischen Angaben über die kommunistischen Kulturvereinigungen, aber sie scheinen bis auf wenige Ausnahmen nur kleine Minderheiten der vormaligen Mitglieder der gemeinsamen Vereine erreicht zu haben.

Insgesamt ist darauf hinzuweisen, daß die Mitgliederzahlen der ‚bürgerlichen' bzw. unpolitischen Kulturvereinigungen erheblich höher lagen als die der Arbeiterbewegung. So wird etwa die Zahl aller organisierten Vereinssportler Ende der 20er Jahre mit etwa 7 Millionen Mitgliedern (ohne Doppelmitgliedschaften) angegeben; demgegenüber hatte die Arbeitersportbewegung nur einen geringen Anteil an allen Sporttreibenden erfaßt (s.o.). Solche groben statistischen Daten wären allerdings im Alltag der 20er Jahre anhand biographischer Beispiele zu relativieren. Es gab auch den Arbeitersportler, der gleichzeitig - obwohl dies dem offiziellen Ethos widersprach -, eine ‚unpolitische' Zeitung las und den Gottesdienst besuchte oder ins Kino ging. Zum Teil verliefen in dieser Hinsicht Trennungslinien auch zwischen den Generationen. Insgesamt aber wird man wohl davon ausgehen können, daß jüngere, gut ausgebildete und verdienende städtische Schichten von Angestellten in besonders starkem Maße Angebote der kommerziellen Massenkultur nutzten.

Die 20er Jahre erlebten vor allem den weiteren Aufstieg der Massenmedien, die ihren Anfang bereits in der Gesellschaft des Kaiserreichs genommen hatten. Die Novemberrevolution hatte zunächst alle noch bestehenden Gängelungen, insbesondere die Pressezensur der Kriegsjahre, beseitigt. Andererseits verschärften sich die wirtschaftlichen Probleme, und damit gingen Konzentrationsprozesse einher. 1928 gab es in Deutschland 3356 Tageszeitungen mit einer Gesamtauflage von über 20 Millionen Exemplaren. Allein 147 Zeitungen erschienen in Berlin, und fast jede Kleinstadt hatte zumindest ein eigenes Blatt. Allerdings waren die Auflagen meist niedrig; lediglich 26 Tageszeitungen, also weniger als 1%, erreichten eine Auflage von mehr als 100.000 Exemplaren. Spitzenreiter war die bei Ullstein verlegte Berliner Morgenpost mit 400.000 Exemplaren (über 600.000 bei der Sonntagsausgabe). In der Hauptstadt und im Reichsmaßstab konkurrierten mit Ullstein vor allem zwei weitere große Pressekonzerne, nämlich Mosse und Scherl. Während die beiden erstgenannten eine liberale Linie verfolgten und die Republik bejahten, befand sich der Scherl-Konzern in der Hand des deutschnationalen Finanzmagnaten *Alfred Hugenberg*. Außerhalb der Hauptstadt war die Presselandschaft noch weitgehend dezentralisiert und geprägt von zahlreichen privaten Verlegern. Insgesamt läßt sich für die Weimarer Republik, wie schon für das Kaiserreich, ein eindeutiges Übergewicht unpolitisch-konservativer Blätter und rechtsgerichteter Zeitungen ausmachen. Das ‚Handbuch des öffentlichen Lebens' registrierte 1928 (auf Grundlage der Selbstaussagen der Redaktionen), ein Viertel aller deutschen Zeitungen seien rechtsgerichtet (DNVP, DVP, NSDAP, Wirtschaftspartei), die Hälfte bezeichnete sich als parteilos. Hinzu kam die katholische Zentrumspresse, die allerdings gegenüber ihrer im Kaiserreich errungenen Position keine weiteren Zugewinne gemacht hatte. Das Zentrum kontrollierte 1925 451 Zeitungen mit einer Gesamtauflage von etwa 3 Millionen Exemplaren (dies entsprach 13% der gesamten Zeitungsauflage). An oberster Stelle stand die Kölnische Volkszeitung mit einer Auflage von 70.000, während fast alle anderen Zentrumsblätter jeweils weniger als 20.000 Exemplare verkauften.

Die sozialdemokratische Presse hingegen, die im Kaiserreich annähernd die Verbreitung der Zentrumsblätter erreicht hatte, erlebte in der Weimarer Republik einen Rückgang auf etwa 1,5 Millionen Gesamtauflage (die Angaben schwanken erheblich). Selbst wenn man die Zeitungen der KPD addiert, kann bestenfalls von einer Stagnation der Arbeiterpresse gesprochen werden, ein Zeichen für den beginnenden Zerfall von Klassenkultur. Den verlegerisch relativ größten Erfolg hatten einige kommunistische Blätter, die nicht direkt von der Partei, sondern von dem journalistisch überaus begabten Funktionär Willi Münzenberg herausgegeben wurden. Die in Berlin erscheinenden Tageszeitungen Welt am Abend und Berlin am Morgen erreichten Spitzenauflagen von 180.000 bzw. 80.000 und stellten damit die offizielle Parteipresse in den Schatten. Das im gesamten Reichsgebiet verbreitete Zentralorgan Rote Fahne hatte 1928 eine Auflage von 130.000 Exemplaren.

Legendär - vor allem wegen der ausgezeichneten Titelillustrationen von John Heartfield - wurde die kommunistische Arbeiter Illustrierte Zeitung (AIZ), von der 1926 bereits eine halbe Million Exemplare verkauft worden sein sollen. Aber selbst dies war nur ein kleiner Teil der gesamten Illustrierten-Auflage. 1928/29 konkurrierten 19 Illustrierte um eine mehrheitlich mittelständische und städtische Leserschaft. An der Spitze lag die von Ullstein verlegte Berliner Illustrirte Zeitung (B.I.Z.) mit einer Auflage von 1,84 Millionen (1928).

Untersucht man die Inhalte der meisten sich selbst als parteilos oder unpolitisch verstehenden Zeitungen näher, so verstärkt sich der Eindruck einer bürgerlich-konservativen Hegemonie in der Weimarer Presselandschaft. Der Scherl- bzw. Hugenberg-Konzern übte seinen Einfluß nämlich weniger über eigene Zeitungen aus als über die Kontrolle großer Anteile des Anzeigenmarktes (durch die Allgemeine Anzeigen GmbH - Ala) und über die häufig exklusive Belieferung von Provinzblättern mit Nachrichten. Eine leistungsfähige Presseagentur - die im Krieg gegründete Telegraphen-Union (TU) - beherrschte neben dem halbamtlichen WTB den Markt. Mitte der 20er Jahre gab die TU insgesamt 19 Nachrichtendienste für verschiedene Sparten heraus, von der Politik und Wirtschaft bis zur Kultur und dem Sport. Sie präsentierten sich offiziell überparteilich, hatten aber eine mehr oder minder unauffällige deutschnationale Tendenz. 1928 arbeiteten für die TU 90 Redakteure, 600 Angestellte und etwa 2.000 ständige freie Mitarbeiter. Die Hälfte bis zwei Drittel aller deutschen Zeitungen waren auf die Informationsdienste der TU abonniert. Hinzu kam, daß Hugenberg auch beim WTB einen Aktienanteil von 25% hielt.

Einflußreich waren auch die Materndienste des Hugenberg-Konzerns, die Mitte der 20er Jahre weit mehr als die Hälfte des Marktes beherrschten. Materndienste lieferten vielen kapitalschwachen kleinen Zeitungen fertige Beiträge - bis zu ganzen Seiten - in Pappstreifen gepreßt. Die Buchstaben mußten dann zum Druck nur noch ausgegossen werden, wodurch das aufwendige Setzen mit qualifiziertem Personal und teurem Gerät entfiel. Solche Materndienste boten an, was eine Tageszeitung benötigte: Leitartikel, Nachrichten, Börsenkurse, Fortsetzungsromane, Ratgeberrubriken usw. Viele Provinzblätter ließen sich so auf ihren ersten Seiten vor allem die ‚große Politik' servieren und setzten selbst die lokalen Geschehnisse hinzu.

Einen weiteren Aufschwung nahm in den 20er Jahren das Kino. Der Film hatte sich seit den ersten Aufführungen (1895) schon in der Vorkriegszeit ein großes Publikum erobert, und die Filmwirtschaft profitierte zusätzlich von Konzentrationsprozessen im Ersten Weltkrieg. Auf Initiative der Obersten Heeresleitung, namentlich Ludendorff setzte sich dafür ein, wurde im Dezember 1917 die Universal-Film-AG (Ufa) gegründet. Dahinter stand die Hoffnung, der alliierten Filmpropaganda im neutralen Ausland besser begegnen zu können und ein Massenmedium zu beherrschen, dem für die Kriegsmoral des ganzen Volkes eine große Bedeutung zukäme. Nach dem Krieg bildete die Ufa einen der wichtigsten deutschen Filmkonzerne; daneben bestanden u.a. die von Hugenberg kontrollierte Deulig-AG, der Münchner Emelka-Konzern, die Terra Film AG, die National-Film AG und das Unternehmen Decla-Bioscop, das schon bald mit der Ufa fusionierte. Im Durchschnitt wurden in der Weimarer Republik jährlich etwa 200 Filme hergestellt. Bis 1929 hatte die deutsche Filmwirtschaft damit auf dem einheimischen Markt einen Anteil von etwa 40%, danach erhöhte sich der Anteil infolge der Einführung des Tonfilms auf etwa 60%.

Die Produktionskosten für deutsche Filme waren bis 1923 durch die Inflation sehr niedrig gewesen und hatten bedeutende Exportmöglichkeiten eröffnet. Vor allem die Ufa ging gestärkt aus dieser Zeit hervor. Allerdings übernahm sich das Unternehmen in den folgenden Jahren, indem es versuchte, der international führenden US-Filmindustrie (90% Weltmarktanteil) durch noch größeren Produktionsaufwand Konkurrenz zu machen. Geradezu gigantisch war z.B. der Rahmen von Fritz Langs legendärem Film ‚Metropolis‘, der an 310 Tagen mit 760 Haupt- und Nebendarstellern sowie 36.000 Komparsen abgedreht - und ein Mißerfolg an den Kinokassen wurde. Die daraus entstandene schwere Finanzkrise konnte nur durch einen Kredit gelindert werden, den die Hollywood-Konzerne MGM und Paramount Ende 1925 einräumten. Bedingung dafür war der Vertrag über ein gemeinsames Filmverleihsystem der beteiligten Firmen in den USA und in Deutschland, das den US-Filmen ein klares Übergewicht einräumte. Der US-Marktanteil für lange Spielfilme in Deutschland betrug 1926 bereits 45% - in Frankreich und Großbritannien war er allerdings nahezu doppelt so hoch.

Die Besucherzahlen in den deutschen Kinos stiegen nach einer vorübergehenden Flaute Mitte der 20er Jahre rasch an; 271 Millionen waren es 1925, 232 Millionen 1926, 337 Millionen 1927 und 353 Millionen 1928. Es gab zu diesem Zeitpunkt kaum einen Ort mit mehr als 10.000 und keine Stadt mit mehr als 25.000 Einwohnern, die nicht zumindest über ein Kino verfügten, die Zahl der Lichtspieltheater hatte sich von 1918 bis 1929 auf etwa 5.000 mehr als verdoppelt. Erst in der Weltwirtschaftskrise sank die Zahl der Filmbesuche vorübergehend wieder auf den Stand von 238 Millionen (1932) ab.

Angesichts der wachsenden Bedeutung des Films gelang Hugenberg Anfang 1927 ein strategisch wichtiger Coup auf dem Medienmarkt. Nach undurchsichtigem Gerangel hinter den Kulissen und nicht ohne Unterstützung der zu dieser Zeit auch von den Deutschnationalen mitbestimmten Reichsregierung bemächtigte er sich der Ufa, die aus ihrer finanziellen Krise nicht herausgekommen war. Damit verfügte der deutschnationale Medienmogul über das größte deutsche Filmunternehmen, das in den folgenden Jahren mit kräftigem Kapitaleinsatz modernisiert und rationalisiert wurde. Auch die Lösung der ungünstigen Verträge mit den US-Filmkonzernen gelang mit Hilfe deutscher Großbanken. Die vollständige Durchsetzung des Tonfilms innerhalb von nur zwei Jahren (von 1929-1931) begünstigte den weiteren Aufstieg des Ufa-Konzerns (die Synchronisation ausländischer Filme steckte noch in den Kinderschuhen), der - in Berlin-Babelsberg - über die modernsten deutschen Studios verfügte.

Die Reorganisation der Ufa zielte nicht darauf ab, nun hauptsächlich die eigene politische Gesinnung dick aufzutragen, ebenso wie ja auch die vom Scherl-Konzern belieferte Generalanzeigerpresse unpolitisch daherkam. Filmbesucher konnten weiterhin nur mit unterhaltenden Stoffen in die Kinos gelockt werden, und der von Hugenberg eingesetzte Generaldirektor Ludwig Klitzsch rühmte sich selbst seines bescheidenen Massengeschmacks, so daß Kurt Tucholsky in der Weltbühne spottete: „Es kommt nichts auf die Leinwand, wenn es Herr Generaldirektor Klitzsch nicht versteht, und so sieht es dann auch aus."[11] Aber über der betonten Unterhaltungsfunktion darf nicht übersehen werden, daß auch scheinbar unpolitische Streifen ideologische Botschaften transportierten und erst recht die Filme über Preußens glorreiche Geschichte (z.B. ,Das Flötenkonzert von Sanssouci' 1930). Von großer Bedeutung war auch die mit dem Tonfilm gegebene Möglichkeit einer ausführlich kommentierenden politischen Wochenschau. Im September 1930 gelangte erstmals die Ufa-Tonwoche in die deutschen Kinos.

In der Zeit der Weimarer Republik begann der Aufstieg eines weiteren Massenmediums, das für Jahrzehnte den Mittelpunkt häuslicher Freizeit bilden sollte: des Radios bzw. Hörfunks. Die technischen Voraussetzungen dafür waren bereits vor dem Ersten Weltkrieg herangereift.

---

11 Ignaz Wrobel (=Kurt Tucholsky), Rundfunkzensur, in: Die Weltbühne, Jg. 24, 1928, S.590-593 (Zitat: S. 592).

Nach langwierigen Verhandlungen über verschiedene Organisationsmodelle wurde der deutsche Hörfunkbetrieb für das allgemeine Publikum im Herbst 1923 aufgenommen. Kontrolliert von der Reichspost und vom Innenministerium (für die politische Berichterstattung), entstanden regionale Rundfunkgesellschaften, meist als Aktiengesellschaften mit staatlicher Mehrheitsbeteiligung. Das neue Massenmedium, so der verantwortliche Rundfunkkommissar und Staatssekretär im Reichspostministerium, Hans Bredow, sollte belehrende und unterhaltende Anteile verbinden. Zunehmend folgten die Programme allerdings dem Massengeschmack, und die Vorlieben des Publikums galten eindeutig der leichten Muse und sonstiger unterhaltsamer Kost. Diese Ausrichtung der Programme war die Voraussetzung für den rasanten Aufstieg zum Massenmedium. Die Zahl der angemeldeten Geräte - die monatliche Gebühr betrug 2 Reichsmark - stieg bis Anfang 1928 auf 2 Millionen. Und trotz der sozialen Not der Weltwirtschaftskrise verdoppelte sich die Zahl der privaten Haushalte, in denen ein Rundfunkgerät stand, bis 1932 nochmals (d.h. in einem Viertel aller Haushalte gab es einen Apparat). Diese erstaunliche Entwicklung deutet darauf hin, daß das Radio sich bereits in dieser frühen Phase als unverzichtbares moralisches Überlebensmittel gerade in trüben Zeiten zu etablieren begann.

Die knappe Übersicht über die Medienlandschaft der Weimarer Republik zeigt deutlich, daß sie zum einen den Unterhaltungswünschen des Massenpublikums in moderner Form Rechnung trug und immer breitere Schichten der Bevölkerung erreichte, zum anderen aber ebenso wie viele andere gesellschaftliche Bereiche von konservativen Kräften dominiert wurde. Der politischen Gleichschaltung und Funktionalisierung durch die Nationalsozialisten hatten Presse, Funk und Film 1933 kaum etwas entgegenzusetzen.

III. Auflösung und Zerstörung der Demokratie in der Weltwirtschaftskrise (1929/30-1933)

Mit dem ‚Schwarzen Freitag‘, unter dieser Bezeichnung ging der amerikanische Börsenkrach am 25. Oktober 1929 in die Geschichte ein, begann der offene Ausbruch der Weltwirtschaftskrise. Sie zog Deutschland rasch in ihren Strudel, weil nun das von ausländischen Anlegern investierte Kapital in großem Ausmaß abgezogen wurde. Die Rasanz der wirtschaftlichen Talfahrt wirkte zwar wie ein Schock, offenbarte aber im nachhinein nur, auf welch labiler Grundlage die Konjunktur der mittleren 20er Jahre beruht hatte. Die Weltwirtschaftskrise hatte nicht nur enorme ökonomische und soziale Folgewirkungen, sondern sie veränderte auch die politischen und gesellschaftlichen Rahmenbedingungen. In diesem Zeitraum vollzog sich der Aufstieg der NSDAP zur Massenpartei, rechtskonservative Eliten suchten nach autoritären Lösungen, und auch die Kommunisten erhielten einigen Zulauf, während die Anhänger der Republik in eine aussichtslose Lage gerieten.

1. Die Weltwirtschaftskrise

Wirtschaftliche Krisensymptome hatte es schon vor 1929 gegeben. Dazu zählten eine hohe Sockelarbeitslosigkeit (von 6 bis 8%), die sich beim schweren Konjunktureinbruch im Winter 1925/26 dramatisch erhöhte, der Rückgang des Inlandsabsatzes seit 1927 sowie das Nachlassen der Kapitalzufuhr aus dem Ausland seit Mitte 1928. Vor diesem Hintergrund ökonomischer Stagnation ist erst das Ausmaß der danach offen ausbrechenden Weltwirtschaftskrise in Deutschland zu erfassen. Die Industrieproduktion sank von 1929 bis 1932 um etwa 40% und fiel damit auf den Stand von 1903/04 zurück. Begleitet wurde die industrielle Krise von einem Preisverfall, der allerdings nicht durchgängig war. In den Bereichen, wo monopolistische Strukturen vorherrschten, wurden eher das Angebot beschränkt, die Produktion reduziert und Arbeitnehmer entlassen, als daß die Preise gesenkt worden wären. Diese unternehmerische Strategie wirkte krisenverschärfend. Hinzu kam die rasche Schrumpfung des Außenhandels und eine tiefgreifende Agrarstrukturkrise.

In der Krise nahm das Volkseinkommen - zwischen 1928 und 1932 - pro Kopf der Bevölkerung von 1453 RM auf 1094 RM ab, die Nettoreallöhne der Arbeiter sanken bis 1933 um ein Drittel, während gleichzeitig der Abzugssatz für die Lohnsteuer und Sozialversicherung von 11 auf 14%

anstieg. Statistisch nicht zu erfassen sind zudem die zunehmende untertarifliche Bezahlung und unbezahlte Überstundenleistungen, die mit ständiger Drohung des Arbeitsplatzverlustes durchgesetzt wurden. Die Krankheitshäufigkeit fiel bis 1932 auf die Hälfte und die Krankheitsdauer auf zwei Drittel des Standes von 1928, während die Arbeitsleistung pro Arbeiter und Stunde ständig anstieg.

Noch weit schlechter als die Beschäftigten waren allerdings die Arbeitslosen gestellt. Von etwa einer Million im Sommer 1929 wuchs ihre Zahl auf 3,4 Millionen im Februar 1930, erhöhte sich auf 5 Millionen ein Jahr später und schließlich auf 6 Millionen auf dem Höhepunkt der Beschäftigungskrise - Anfang 1932 und 1933 - als nur noch ein Drittel der Erwerbstätigen voll beschäftigt war. Dabei verschlechterte sich die Lage der Arbeitslosen stetig. Betrug im Januar 1929 der Anteil der von der Arbeitslosenversicherung erfaßten Erwerbslosen noch etwa 80%, so sank diese Zahl bis Januar 1932 auf etwa 30% ab, während es gleichzeitig je etwa 25% Unterstützungs- und Wohlfahrtsempfänger gab. Jeder siebte Erwerbslose erhielt überhaupt keine Hilfe. Die meisten Arbeitslosen gab es zwar in den großindustriellen Regionen, etwa in Berlin, Sachsen und im Ruhrgebiet, aber die Verelendung erfaßte nahezu die gesamte deutsche Bevölkerung, neben den Arbeitern auch die Bauern und breite Schichten des Mittelstandes. Das soziale Elend in Deutschland, unzureichende Ernährung und Bekleidung, Verlust der Wohnung wegen Mietrückständen, aber auch eine tiefe Niedergeschlagenheit und Apathie angesichts immer düsterer Aussichten führten zu einem beträchtlichen Rückgang der Eheschließungen und Geburten, einem Anstieg der Kriminalität und zu erhöhten Selbstmordraten.

Die Krise wurde von den meisten Wirtschaftsfachleuten zunächst - bis etwa 1930 - als eine der normalen zyklischen Krisen betrachtet. Teile der Unternehmerschaft begrüßten sie insgeheim sogar als Möglichkeit, endgültig die sozialstaatlichen Kompromisse der Weimarer Republik aufzukündigen und die Position der Gewerkschaften entscheidend zu schwächen. Außenpolitisch verfolgte Deutschland das Ziel, die Krise auszunutzen, um endgültig die Reparationsverpflichtungen des Versailler Vertrags abzuschütteln (siehe III.5). Das gelang zwar, aber die erwartete wirtschaftliche Tendenzwende blieb aus; im Sommer 1931 verschlechterte sich die Situation nochmals beträchtlich. Ursache dafür war der Zerfall des internationalen Währungssystems, der nach Österreich auch in Deutschland zu einer beispiellosen Bankenkrise führte und das gesamte Kreditsystem für Monate lähmte. Nach dem Bankrott der Darmstädter- und Nationalbank und beinahe auch der Dresdner Bank stürmten die Sparer die Banken, um ihr Geld zu retten. Die Regierung mußte sogenannte Bankfeiertage verordnen, an denen die Schalter gänzlich geschlossen blieben. Erst in dieser zweiten Hälfte der Krise mehrten sich die Stimmen, die für eine aktive staatliche Konjunkturpolitik eintraten.

2. Der Übergang von der parlamentarischen zur präsidialen Regierungsform

Die nach dem Wahlsieg der SPD unumgängliche Bildung der Großen Koalition unter Hermann Müller im Frühjahr 1928 hatte bei den Gewerkschaften zu großem Optimismus geführt. Durch das ein Jahr zuvor verabschiedete Gesetz über die Arbeitslosenversicherung schien der Druck der arbeitslosen ,Reservearmee' auf die Löhne der Beschäftigten dauerhaft vermindert. Ein profilierter sozialdemokratischer Gewerkschaftler, Rudolf Wissell, übernahm zudem das Arbeitsministerium, so daß weitere sozialpolitische Initiativen erwartet werden konnten. Der ADGB registrierte 1928 4,9 Millionen Mitglieder (gegenüber 4 Millionen 1924), der Gesamtverband der Christlichen Gewerkschaften zählte 650.000 und die liberalen Hirsch-Dunckerschen Gewerkvereine 170.000 Mitglieder, und ein weiterer Anstieg durfte erhofft werden. Die optimistische Grundstimmung schlug sich in der auf dem Hamburger ADGB-Kongreß 1928 vorgelegten Programmatik der ,Wirtschaftsdemokratie' nieder. Grundgedanke war die Vorstellung, durch eine schrittweise Demokratisierung der Wirtschaft das kapitalistische Wirtschaftssystem zunächst biegen und dann brechen zu können. Im Unternehmerlager wurde diese Herausforderung als ein Abgleiten in den ,Gewerkschaftsstaat' wahrgenommen. Beim sogenannten Ruhreisenstreit im Herbst und Winter 1928, also ein Jahr vor Ausbruch der Weltwirtschaftskrise, kam es zu einem mit großer Härte ausgefochtenen Arbeitskampf, in dem der Arbeitgeberverband jegliche Lohnerhöhung ablehnte, sich sogar einem staatlichen Schlichtungsspruch widersetzte und über 200.000 Arbeiter aussperren ließ. Die Auseinandersetzungen um eine zweite Schlichtung zogen sich schließlich bis ins nächste Jahr hin. Daß es dabei nicht nur um wirtschaftliche Erwägungen ging, sondern um ein symbolisches Kräftemessen, verdeutlichte der RDI mit seiner Denkschrift, Aufstieg oder Niedergang?' im Dezember 1929. In dieser wurde der Ausbruch der Krise auf die Gängelung der „Privatwirtschaft" durch „fortgesetzte Kompromisse mit dem Sozialismus" und die „Rücksicht auf die Macht der Parteien" sowie eine „Übertreibung in der Sozialgesetzgebung" zurückgeführt[1]. Als zentrale Forderungen wurden genannt: die Erleichterung der Eigenkapitalbildung, die Einschränkung der wirtschaftlichen Betätigung öffentlicher Körperschaften, der Abbau der Sozialversicherung, die Einschränkung des Tarifsystems und der Abbau der Löhne und die Senkung der Besitz- bei gleichzeitiger Erhöhung der Massensteuern.

Die vom wichtigsten Verband des Unternehmerlagers vorgegebene Richtung, die Aufkündigung sozialstaatlicher Kompromisse und die Abkehr vom Parteienstaat, hatte ihren Anteil an der Sprengung der letzten parlamentarischen Regierung der Weimarer Republik. Im März 1930 kam es im Zusammenhang mit den Haushaltsberatungen zu einer Kontroverse um die angesichts der gestiegenen Arbeitslosigkeit notwendigen Erhöhung der Beiträge zur Arbeitslosenversicherung. Obwohl es schließlich nur um einen halben Prozentpunkt ging, die SPD forderte einen Beitragssatz von 4%, die DVP als Vertreterin der Unternehmerinteressen wollte nicht mehr als 3,5% zugestehen, kam es zum irreparablen Bruch. Von einigen Historikern ist daraus die These abgeleitet worden, die demokratischen Parteien unter Einschluß der SPD hätten die Weimarer Republik aufgrund ihrer Kompromißunfähigkeit selbst preisgegeben. Eine genauere Analyse zeigt allerdings, daß nicht nur die Unternehmerverbände, sondern auch die Großagrarier, die Reichswehrführung - spätestens seit Anfang 1929 - und die politische Umgebung des Reichspräsidenten entschlossen waren und nur auf einen Anlaß gewartet hatten, das Parlament schrittweise zu entmachten und zu einem autoritären Präsidialregime überzugehen.

---

1 Aufstieg oder Niedergang? Deutsche Wirtschafts- und Finanzreform 1929. Eine Denkschrift des Präsidiums des Reichsverbandes der Deutschen Industrie, Berlin 1929, S. 6.

3. Die erste Regierung Brüning und der Schock der Septemberwahl 1930

Nach dem Rücktritt des Kabinetts Hermann Müller am 27. März 1930 wurde gar nicht erst der Versuch einer Regierungsbildung auf parlamentarischer Basis unternommen. Stattdessen beauftragte Hindenburg schon einen Tag später den politisch nicht besonders exponierten Finanzexperten und Fraktionsvorsitzenden des Zentrums, *Heinrich Brüning*, mit der Bildung eines neuen Kabinetts, das als ‚Hindenburg-Kabinett‘ am 30. März der Öffentlichkeit vorgestellt wurde. Im Hintergrund der schon genannten innen- und außenpolitischen Ziele - Abkehr vom Parlamentarismus und endgültige Revision des Versailler Vertrags - stand bei Brüning die Wiederaufrichtung der Monarchie in Deutschland. Brüning stellte sich selbst gern als Vertreter der ‚Frontkämpfergeneration‘ dar, der in soldatischer Pflichterfüllung dem Ruf Hindenburgs gefolgt sei.

Die Möglichkeit des Übergangs zu einem autoritären, vom Parlament unabhängigen Regime ergab sich aus zwei Bestimmungen der Verfassung: im Recht des vom Volk gewählten Reichspräsidenten, den Kanzler selbst zu bestimmen, und im Notstandsartikel 48 der Weimarer Verfassung. Dieser war ja bereits in den Anfangsjahren der Republik des öfteren angewandt worden. Allerdings wurde er nun - im Einklang übrigens mit den meisten Staatsrechtlern - uminterpretiert. Er diente nicht mehr dazu, in einer Notstandssituation ohne Verzug wirksame Verordnungen zur „Wiederherstellung der öffentlichen Ordnung" zu erlassen, sondern wurde prinzipiell zum Ersatz des normalen Gesetzgebungsverfahrens. Betroffen war davon vor allem die Finanz- und Sozialpolitik. Gab es 1930 fünf Notverordnungen, waren es 1931 bereits 44. Allerdings besaß das Parlament gemäß der Verfassung das Recht des Widerspruchs und die Möglichkeit, das Kabinett ohne konstruktives Mißtrauensvotum zu stürzen, also ohne selbst eine neue Regierung zu präsentieren. Der Reichspräsident wiederum konnte das Parlament in einem solchen Falle auflösen, so daß dann die Regierung im Amt blieb. Mit diesem Mechanismus konnte der politisch zerstrittene und nicht mehrheitsfähige Reichstag auf Dauer entmachtet werden.

Allerdings versprach Brüning in seiner Regierungserklärung zunächst Zurückhaltung beim Instrument der Notverordnung und die Kooperation mit verständigungsbereiten Teilen des Parlaments. Dies demonstrierte auch die Zusammensetzung des Kabinetts. Vizekanzler und Wirtschaftsminister wurde Hermann Dietrich von der DDP bzw. Staatspartei, Außenminister Curtius von der DVP, Innenminister Wirth vom Zentrum, das mit Adam Stegerwald als Arbeitsminister ein weiteres profiliertes Kabinettsmitglied stellte. Das Finanzministerium erhielt - wie schon in der voherigen Großen Koalition - Moldenhauer von der DVP, und auch Reichswehrminister Groener blieb auf seinem Posten. Nach rechts wurde das Kabinett erweitert durch Victor Bredt von der Wirtschaftspartei als Justizminister und durch Martin Schiele von der DNVP als Minister für Ernährung. Auch Gottfried R. Treviranus als Minister für die besetzten Gebiete kam von den Deutschnationalen. Es handelte sich also zwar um eine Präsidalregierung, die aber durchaus noch Weimarer Züge aufwies, mit dem Unterschied, daß auf vorherige Verhandlungen zwischen den Parteien verzichtet worden war und die Minister nicht als Vertreter ihrer Partei in das Kabinett entsandt wurden.

Unterstützung fand Brüning vor allem beim Zentrum und bei den bürgerlichen Mittelparteien, während Sozialdemokraten, Kommunisten, aber bald auch die Mehrheit der Deutschnationalen opponierten. Während sich dies bei den linken Parteien verstand, muß das Verhalten der DNVP erklärt werden, war sie doch scheinbar personell eng mit dem Kabinett verbunden. Tatsächlich aber handelte es sich bei den deutschnationalen Ministern um Dissidenten der Partei. Treviranus hatte schon Ende 1929 die DNVP verlassen, und Schiele vollzog diesen Schritt kurz nach seinem Beitritt zur Regierung. Der Grund dafür lag in der Entwicklung der Partei.

Nach der schweren Wahlniederlage 1928 hatte sich Ende des Jahres in erbitterten Fraktionskämpfen Alfred Hugenberg mit der Parole ,Block, nicht Brei' durchgesetzt. Er forderte die Aufkündigung jeglicher parlamentarischer Zusammenarbeit mit der bürgerlichen Mitte, vor allem aber mit dem Zentrum. Sein Ziel war die Umformung der DNVP zu einer Partei faschistischen Typs, und er selbst ließ sich immer häufiger als ,Führer' titulieren. Die erste Probe des neuen radikalen Kurses war die Kampagne gegen den Young-Plan (s. II.4) gewesen, gegen den in einer Koalition mit der noch kleinen Hitler-Partei, dem Stahlhelm und anderen rechtsextremen Gruppierungen eine beispiellose Agitation entfesselt worden war. Ein Volksentscheid der ,nationalen Opposition' endete zwar 1929 in einem Fiasko - es waren lediglich 14% statt der benötigten 50% der Wahlbevölkerung erreicht worden. Aber mit diesem Bündnis war die NSDAP auf der Rechten hoffähig gemacht und gleichzeitig die

Verbindung der Deutschnationalen zur bürgerlichen Mitte empfindlich gestört worden. Die Hoffnung der Berater des Reichspräsidenten bestand in dieser Situation darin, die sogenannten Volkskonservativen in der DNVP, die Hugenbergs diktatorisch durchgesetzte Linie nicht billigten, zu eigenständigem Auftreten zu ermutigen und dadurch die Basis der Regierung Brüning zu verbreitern. Etwa die Hälfte der deutschnationalen Reichstagsabgeordneten verließ die Fraktion, allerdings nicht gleichzeitig und nicht als einheitliche Gruppierung. Hugenberg wiederum sah sich durch diese Entwicklung in seiner ablehnenden Haltung gegen die Regierung Brüning bestärkt. Nachdem die Mehrheit der DNVP-Fraktion im April noch gegen einen Mißtrauensantrag der KPD- und SPD-Fraktion stimmte und ihn dadurch zu Fall brachte, ging sie danach zu strikter Opposition über.

Die erste Maßnahme der Regierung Brünings bestand in der Erhöhung der Beiträge der Arbeitslosenversicherung auf 4,5, also auf einen Anteil, der deutlich über dem Wert lag, der noch kurz zuvor der SPD verweigert worden war. Als die Regierung in den parlamentarischen Beratungen für ihre Vorschläge zur Deckung des Haushalts absehbar ohne Mehrheit blieb, wurde auf dem Notverordnungsweg am 16. Juli 1930 ein umfangreiches Sanierungsprogramm „zur Behebung finanzieller, wirtschaftlicher und sozialer Notstände" erlassen, das aus einer Kombination von Ausgabenkürzungen für soziale Belange und Steuer- sowie Abgabenerhöhungen bestand - es wurde dann am 26. Juli in noch einmal verschärfter Form Gesetz. Der Reichstag, der dem Sanierungsprogramm am 18. Juli seine Zustimmung verweigert hatte, wurde umgehend aufgelöst. Neuwahlen fanden am 14. September 1930 statt.

Der Brüning-Block erlitt in dieser Wahl, obwohl große Hoffnungen auf eine konservative Wende und eine Stärkung des Präsidalkabinetts gesetzt worden waren, eine empfindliche Niederlage. Nur etwa ein Drittel der Wähler hatte für Parteien gestimmt, die Brüning unterstützten. Diese hatten ohne Ausnahme Verluste zu verzeichnen - der Stimmenanteil der DVP (4,9%) wurde sogar halbiert. Die erstmals antretenden ‚volkskonservativen' und Landvolkgruppierungen dissidentischer Deutschnationaler erlebten gleichfalls ein Fiasko. Verloren hatten aber auch die Sozialdemokraten mit 24,5% der Stimmen (-5,3%) und vor allem die Deutschnationalen Hugenbergs mit 7,0% (-7,2%). Leichte Zugewinne hatten die Kommunisten mit 13,1% (+2,5%) erzielt.

Als Schock der Septemberwahl 1930 wirkte das Abschneiden der Nationalsozialisten, die ihren Stimmenanteil von zuvor 2,6% auf 18,3% versiebenfacht hatten und über Nacht mit 107 (zuvor 12) Sitzen zur zweitstärksten Fraktion im Reichstag geworden waren. Sie waren die eindeutigen Sieger der Wahl. An den ausländischen Börsen stürzten die deutschen Aktien ab, und vor allem amerikanische Geldgeber zogen in großem Ausmaß ihre Kredite zurück.

4. Der Aufstieg der NSDAP zur Massenpartei und das Problem ihrer Integration

Tatsächlich hatte sich der steile Aufstieg der NSDAP schon bereits zuvor angekündigt, und höchstens das Ausmaß ihres Wahlsieges konnte überraschen. Spätestens Ende 1929 hatte ihr Siegeszug begonnen, als sie bei der Landtagswahl in Thüringen 11,3% der Stimmen erhalten und danach den Münchner Verwaltungsfachmann und Hitler-Vertrauten Frick, den späteren Innenminister des ‚Dritten Reiches‘, als Innen- und Volksbildungsminister in ein thüringisches Koalitionskabinett entsenden konnte. Und im Juni 1930 hatte sie dann bei der Wahl in Sachsen 14,4% der Stimmen erhalten.

Zwei Faktoren ermöglichten den Aufstieg der NSDAP zur Massenpartei. Zum einen war es die konsequente Formung der Partei zu einer Kadertruppe, die in der Lage war, den enormen Zulauf seit 1930 organisatorisch zu bündeln und strategisch zu benutzen, zum anderen war es die Weltwirtschaftskrise mit ihren sozialen Auswirkungen, die den Resonanzboden für die NS-Propaganda verbesserte. Allerdings müssen auch längerfristig wirkende geistige und mentale Voraussetzungen in Teilen der Bevölkerung in Rechnung gestellt werden.

Seit der Wiedergründung 1925 war systematisch und konsequent eine hierarchisch straffe Organisation geformt worden, die, dem „Führer“ bedingungslos ergeben, als ein ausgezeichnet funktionierendes propagandistisches Instrument wirkte. Die paramilitärischen Verbände hatten sich der politischen Führung unterzuordnen. Nur so ließ sich eine Taktik der legalen Machtübernahme verfolgen, die nach den Erfahrungen von 1920 und 1923 allein erfolgversprechend schien. Ende 1925 hatte die NSDAP erst 27.000 Mitglieder, wies aber außerhalb Bayerns schon erheblich mehr Ortsgruppen auf als zwei Jahre zuvor. Neben die paramilitärische SA traten immer mehr andere ‚Gliederungen‘ der Partei: 1926 wurde die Hitlerjugend (HJ) und der Nationalsozialistische Deutsche Studentenbund (NSDStB) gegründet, der schon vor dem Massendurchbruch der Partei spektakuläre Erfolge an den Hochschulen erzielte; 1929/30 eroberte er die absolute Mehrheit in neun Allgemeinen Studentenausschüssen - zuerst in Erlangen und Greifswald. Seit Ende 1928 organisierte die Partei auch eigene Berufsverbände, den Bund Nationalsozialistischer Juristen, den Nationalsozialistischen Lehrerbund, den Nationalsozialistischen Deutschen Ärztebund und den vom Parteiideologen Alfred Rosenberg geleiteten Kampfbund für deutsche Kultur. Der Kampfbund focht gegen die ,kulturbolschewistische' Moderne und konnte prominente Architekten und Künstler - wie z.b. den ,Heimatschutz'-Protagonisten Paul Schulze-Naumburg - für sich gewinnen.

Die gewerkschaftsähnliche Nationalsozialistische Betriebszellenorganisation (NSBO) konnte zwar in der Weltwirtschaftskrise eine erhebliche Mitgliederzahl rekrutieren, erreichte aber kaum Erfolge in industriellen Großbetrieben und besaß auch in der Partei wenig Einfluß. Ähnlich verhielt es sich mit dem Kampfbund für den gewerblichen Mittelstand, denn dessen heftige Attacken auf die Warenhäuser als Erscheinungsform jüdischen Handelskapitals waren in anderen Kreisen der Bevölkerung als egoistisches Sonderinteresse nicht besonders populär.

Große Erfolge erzielten die Nationalsozialisten hingegen mit ihrer Unterwanderung wichtiger Berufsverbände. In relativ rascher Frist gelang die vom ,agrarpolitischen Apparat' der Partei unter Walter Darré gesteuerte Infiltration der zuvor konservativ-deutschnational dominierten ostelbischen Bauernverbände. Das Präsidium des mächtigen Reichslandbundes wurde schon 1932 mehrheitlich von Anhängern der NSDAP kontrolliert. Auch im Deutschnationalen Handlungsgehilfenverband (DHV) übten nationalsozialistische Funktionäre einen wachsenden Einfluß aus.

Die Anhänger der NSDAP kamen aus allen sozialen Schichten der Bevölkerung, allerdings zunächst in höherem Maße aus dem protestantischen Teil, aus den Mittelschichten und aus norddeutschen ländlichen oder kleinstädtischen Regionen. Der populistische Wahlkampf der Partei wurde gegen die für die Krise verantwortlich gemachte Demokratie und das ,Versailler System' geführt. Propagiert wurde ein verschwommener ,nationaler Sozialismus', der sich zugleich gegen die Bereicherung von Börsenspekulanten wie gegen den Marxismus bzw. ,Bolschewismus' der beiden Arbeiterparteien richtete. Versprochen wurden ‚Arbeit und Brot' und der nationale wehrhafte Wiederaufstieg, während die antisemitische Agitation zurückgestellt wurde. Allerdings wurde ohnehin kaum inhaltlich argumentiert. Als Beispiel für das hohe Pathos mag der Schluß des Wahlaufrufs der NSDAP zur Reichstagswahl gelten, der am 10. September 1930 im zentralen Parteiorgan ‚Völkischer Beobachter' veröffentlicht wurde: „Die Parole für den 14. September kann nur lauten: Schlagt die politischen Bankrotteure unserer alten Parteien! Vernichtet die Zersetzer unserer nationalen Einheit! Weg mit den Verantwortlichen für unseren Verfall! Volksgenosse, schließe dich an der marschierenden braunen Front des erwachenden Deutschlands! Dein Nein dem heutigen System gegenüber heißt: Liste 9! Schlagt sie am 14. September zusammen, die Interessenten am Volksbetrug!" Die NSDAP versuchte ihre Anhänger schon durch die Einheitlichkeit des Auftretens in ihren Bann zu ziehen. Im Wahlkampf zum Reichstag organisierte die Partei innerhalb weniger Wochen Zehntausende von Kundgebungen. Und der Erfolg wiederum war in der dann folgenden permanenten Propagandaschlacht schon das wichtigste Argument. Die NS-Bewegung schien recht zu haben, weil ihr Massen folgten, und diese folgten ihr, weil sie Erfolg hatte, eine zu großen Teilen inhaltslose Dynamik. Viele projizierten ihre Hoffnungen, Wünsche auf den zunehmend in den Mittelpunkt gestellten ‚Führer' der ‚Bewegung', Adolf Hitler, dessen Redeverbot in Preußen Ende 1928 aufgehoben worden war.

Als sehr wenig ansprechbar verhielten sich vor allem kirchentreue katholische und sozialdemokratisch oder kommunistisch ausgerichtete industriell-proletarische Milieus, wobei die ältere Facharbeiterschaft eher zur SPD und jüngere, häufig erwerbslose Arbeiter zur KPD tendierten. Auch in der Mitgliedschaft - und erst recht unter den Funktionären der Hitlerpartei - waren Arbeiter, aber auch Bauern weit unterrepräsentiert, während Selbständige, Angestellte und Beamte einen weit größeren Anteil an der Mitgliedschaft als in der Gesamtbevölkerung stellten. Im übrigen war die NSDAP eine sehr junge Partei. Zwei Drittel der Funktionäre und Mitglieder zählte im Herbst 1930, als die Partei 130.000 Beitragszahler registrierte, noch keine 40 Jahre. Wahlsoziologisch betrachtet, hatte die NSDAP vor allem vorherige Nichtwähler gewonnen. Die Wahlbeteiligung bei der Reichstagswahl 1930 war auf 82% gestiegen (+6,4%).

Diese Reichstagswahl hatte die gesamte innenpolitische Szene gründlich verändert. Seither bestimmte die Erörterung der Möglichkeiten, die Partei Hitlers zu integrieren und zu ‚zähmen‘, alle Überlegungen der Befürworter einer autoritären Regierungsform. Die NS-Bewegung, grundsätzlich als positive nationale Regung des Volkes angesehen, sollte sozusagen als Juniorpartner die Massenbasis für die Politik der konservativen Eliten stellen. Zu diesem Zeitpunkt waren sich diese aber noch unsicher, wie die NSDAP bewertet werden sollte. Die Partei galt als jugendlich ungebärdige Bewegung, deren ‚vaterländisches Wollen‘ positiv gesehen wurde. Die sozialdemagogischen Elemente des 1920 verabschiedeten und für unabänderlich erklärten Parteiprogramms hingegen trafen auf Mißtrauen und Vorbehalte, und zwar vor allem in der Finanz- und Geschäftswelt. Im NSDAP-Programm war immerhin die Verstaatlichung aller ‚Trusts‘ (Konzerne) gefordert worden. Mitte der 20er Jahre hatte die im Norden und Westen dominierende Richtung der Brüder *Otto* und *Gregor Strasser,* zu der ursprünglich auch *Joseph Goebbels* zählte, einen noch schärfer antikapitalistischen Programmentwurf befürwortet. Die NSDAP-Führung unternahm deshalb große Anstrengungen, um in maßgeblichen Unternehmerkreisen um Vertrauen für sich zu werben. Dem hatte schon 1927 eine vertrauliche Broschüre Hitlers für Industrielle gedient, in der er seine prinzipielle Treue zum Privateigentum erklärte. Parallel mit dem Aufstieg zur Massenbewegung wurden solche Maßnahmen zur Vertrauensbildung verstärkt. Das Jahr 1930 war auch in dieser Hinsicht ein Schlüsseljahr. Im Juli hatte der ‚sozialistische‘ Flügel unter Otto Strasser die Partei mit großer Öffentlichkeitswirksamkeit verlassen, eine Entscheidung, die bei der zwei Monate später folgenden Reichstagswahl keine negativen Folgen zeitigte.

Offene und begründete Skepsis gegenüber der NSDAP gab es auch in der Reichswehrführung. Nach den Erfahrungen des Kapp-Putsches im März 1920 und der Hitler-Ludendorff-Erhebung im Herbst 1923 sollte nicht noch einmal das Waffenmonopol des Militärs durch eine politische Bürgerkriegsarmee angetastet werden. Dies war eine unbedingte Voraussetzung für die Machtstellung der Reichswehrführung im Gefüge des präsidialen Regimes. In der NSDAP und vor allem in der SA allerdings gab es etliche Abenteurer, die nach wie vor von einem national-revolutionären Handstreich träumten, die Lektion der fehlgeschlagenen Putschversuche nicht gelernt hatten. Demgegenüber hatte Goebbels bereits 1928 in der Berliner Parteizeitung ‚Angriff' die Vorteile des legalen Weges herausgestellt: „Wir gehen in den Reichstag hinein, um uns im Waffenarsenal der Demokratie mit deren eigenen Waffen zu versorgen. Wir werden Reichstagsabgeordnete, um die Weimarer Gesinnung mit ihrer eigenen Unterstützung lahmzulegen. Wenn die Demokratie so dumm ist, uns für diesen Bärendienst Freifahrkarten und Diäten zu geben, so ist das ihre eigene Sache (...) Ich bin kein Mitglied des Reichstags. Ich bin ein IdI. Ein IdF. Ein Inhaber der Immunität, ein Inhaber der Freifahrkarte (...) Wir sind gegen den Reichstag gewählt worden, und wir werden auch unser Mandat im Sinne unserer Auftraggeber ausüben."[2] Um diese zynische Strategie durchzuhalten, mußten unbotmäßige und ungeduldige Gliederungen der Partei immer wieder diszipliniert werden. Die SA-Führung war im Juli 1930 ausgewechselt worden. Hitler setzte den zwischenzeitlich nach Bolivien ausgewanderten Militärexperten *Ernst Röhm,* der schon den Aufbau der SA Anfang der 20er Jahre überwacht hatte, als Führer der paramilitärischen Parteitruppe ein - Röhm wurde vier Jahre später auf Befehl Hitlers ermordet, weil auch er das Einvernehmen von Parteiführung und Reichswehrführung mit Plänen einer braunen Volksmiliz störte.

Keine zwei Wochen nach der Reichstagswahl 1930 erhielt Hitler die Gelegenheit zu einer vielbeachteten Vertrauensgeste gegenüber der militärischen Führung. Am 26. September hatte er in Leipzig in einem Hochverratsprozeß gegen die drei Ulmer Reichswehroffiziere Scheringer, Ludin und Wendt als Zeuge auszusagen. Die Angeklagten hatten sich wegen des Versuchs zu verantworten, in der Reichswehr Zellen der NSDAP zu bilden. Hitler erklärte unter Eid, die Nationalsozialisten planten keinen gewaltsamen Umsturz, sondern würden sich streng an die Legalität halten: „Ich habe bei Nichtbefolgung meiner Befehle auch stets augenblicklich durchgegriffen. Zahlreiche Parteigenossen sind deshalb ausgeschlossen, zu ihnen gehört auch Otto Strasser. Otto Strasser hat tatsächlich mit dem Gedanken der Revolution gespielt. Ich habe mich damit niemals einverstanden erklärt. (...) Die nationalsozialistische Bewegung wird in diesem Staate mit den verfassungsmäßigen Mitteln das Ziel zu erreichen suchen. Die Verfassung schreibt uns nur die Methoden vor, nicht aber das Ziel. Wir werden auf diesem verfassungsmäßigen

---

2 Joseph Goebbels, Was wollen wir im Reichstag?, in: Der Angriff, 30.4. und 25.5.1928.

Wege die ausschlaggebenden Mehrheiten in den gesetzgebenden Körperschaften zu erlangen versuchen, um in dem Augenblick, wo uns das gelingt, den Staat in die Form zu gießen, die unseren Ideen entspricht." Diese Aussage Hitlers faßte der Vorsitzende des Gerichts dahingehend zusammen, daß die NS-Partei die Errichtung des ‚Dritten Reiches' auf verfassungsmäßigem Weg erstrebe[3].

Kurze Zeit später, am 5. Oktober 1930, fand die erste Begegnung zwischen Reichskanzler Brüning und Vertretern der NS-Führung - Hitler, Frick und Göring - statt. Bei dieser Gelegenheit versicherten die Nazivertreter „grundsätzliche Bereitwilligkeit der Nationalsozialisten zur aktiven Mitarbeit", die allerdings zum gegenwärtigen Zeitpunkt nicht möglich sei, da „die außenpolitischen Ziele nicht auf einen Nenner zu bringen seien". Das Treffen endete mit der Feststellung „absoluter Opposition" zur Regierung, aber auch mit der „grundsätzlichen Feststellung gemeinsamer Kulturideale"[4].

Die NSDAP war damit zwar als politischer Verhandlungspartner zumindest salonfähig geworden. Aber drei Gründe sprachen von ihr aus gegen eine engere Beteiligung an der Regierung Brüning. Die Strategen des ‚Braunen Hauses' (NSDAP-Parteizentrale) in München rechneten zum einen mit dem weiteren Aufstieg der Partei in kommenden Wahlen und infolgedessen mit einer stetigen Verbesserung der eigenen Verhandlungsposition. Zum anderen wäre es für die NSDAP unklug gewesen, sich mit der weithin - dies hatte die Reichstagswahl 1930 nur zu deutlich gezeigt - unpopulären Regierung Brüning einzulassen, gegen die man ja mit allen Mitteln der Demagogie gekämpft hatte. Zum dritten aber widersprach es prinzipiell nationalsozialistischer Führerlogik, sich als Bewegung unterzuordnen. Die Forderung nach der Reichskanzlerschaft für Hitler als einzigem Weg der nationalen und sozialen ‚Gesundung' des deutschen Volkes war unverzichtbarer Bestandteil der eigenen Propaganda. Und gegen integrationsbereite Teile der NS-Führung wurde daran bis zum Januar 1933 festgehalten.

---

3 Ursachen und Folgen, Bd. 7, S. 531 f.

4 Hermann Pünder, Politik in der Reichskanzlei. Aufzeichnungen aus den Jahren 1929-1932. Hg. von Thilo Vogelsang, Stuttgart 1961, S. 65 (Eintragung vom 7.12.1930).

5. Die außenpolitische Strategie der Regierung Brüning

Nach der Septemberwahl büßte der Reichstag seine Funktion zunehmend ein. Hatte es 1930 noch 94 parlamentarische Sitzungstage gegeben, so waren es 1931 nur noch 42 - und 1932 schließlich nur noch 13. Die Zahl der vom Reichstag beschlossenen Gesetze war im gleichen Zeitraum von 98 auf lediglich 5 gesunken.

Der Ausgang der Septemberwahl 1930 hatte Brüning nicht dazu veranlaßt, seinen Kurs zu ändern. Weiterhin wollte er die Krise zum endgültigen Abschütteln der Reparationslasten nutzen. Dabei mußte er allerdings vorsichtig taktieren, denn Deutschland war angesichts der im Land befindlichen ausländischen Anleihen auf das Vertrauen der internationalen Finanzwelt in seine Zahlungsfähigkeit angewiesen. Der Herstellung dieses Vertrauens diente nicht zuletzt der harte haushaltspolitische Sparkurs; mit größten Opfern und Lasten sollte gezeigt werden, daß Deutschland sich redlich bemühte, aber nur durch die Befreiung von den Reparationsverpflichtungen saniert werden könne. Im Juni 1931 konnte ein wichtiges Teilziel erreicht werden. Nach dem Bankenkrach (s.o.) hatte der Reichskanzler anläßlich der Bekanntgabe seiner 2. Notverordnung am 5. Juni 1931, die erneut tiefe soziale Einschnitte mit sich brachte, an die Adresse des Auslandes erklärt: „Die Grenze dessen, was wir unserem Volk an Entbehrungen aufzuerlegen vermögen, ist erreicht"[5]. Der amerikanische Präsident Herbert Hoover machte in dieser Situation - am 20. Juni 1931 - den Vorschlag einer einjährigen Aussetzung (Moratorium) aller zwischenstaatlichen Schulden, um den international katastrophalen endgültigen Kollaps der deutschen Wirtschaft abzuwenden. Nach Überwindung französischer Einwände - die USA drohten mit einem Alleingang - wurde das sogenannte ‚Hoover-Feierjahr' am 6. Juli verkündet. Die Regierung Brüning war fest entschlossen, sich einer erneuten Aufnahme der Zahlungen nach Ablauf des Moratoriums zu widersetzen und nutzte alle Möglichkeiten, in diesem Sinne diplomatisch zu wirken. Eine günstige Entscheidung wurde von der für den Januar 1932 angesetzten Reparationskonferenz in Lausanne erwartet, die dann allerdings auf die Mitte des Jahres verschoben wurde, als Brüning schon nicht mehr im Amt war. Auf dieser Konferenz verzichteten die Gläubi-

---

5 Zit. nach Erich Eyck, Geschichte der Weimarer Republik, Bd. 2, Zürich/Stuttgart
   1956, S. 387.

ger Deutschlands auf weitere Reparationszahlungen, und auch der Finanztransfer der bei den USA verschuldeten westeuropäischen Länder lief aus.

Außenpolitisch verschärften der Nachfolger Stresemanns, der DVP-Politikers Julius Curtius, und der neue Staatssekretärs Bernhard W. von Bülow die Revisionspolitik. Nicht mehr die Verständigung mit Frankreich wurde gesucht, sondern die rücksichtslose Durchsetzung nationaler Interessen. Strategische Planungen richteten sich verstärkt auf die wirtschaftliche Durchdringung Südosteuropas, was beim westlichen Nachbarn mit großer Besorgnis beobachtet werden mußte. Einen wichtigen Stellenwert besaß in diesem Zusammenhang der Plan einer deutsch-österreichischen Zollunion, die nach konspirativer Vorbereitung am 21. März 1931 der Öffentlichkeit vorgestellt wurde. Die Zollunion, die auf westalliierter Seite als Schritt zum Anschluß Österreichs gewertet wurde und einen offenen Bruch des Versailler Vertrags darstellte, mußte nach einem Urteil des internationalen Haager Gerichtshofes am 5. Oktober 1931 zwar annulliert werden, hatte aber die deutschen Ziele offengelegt.

Auf der gleichen Linie verlief die allmähliche Veränderung der deutschen Strategie in der Abrüstungsfrage. Bis 1930 war auf der Basis der Bestimmungen des Versailler Vertrags immer wieder betont worden, Deutschland erwarte nach der eigenen Abrüstung entsprechende Schritte der anderen Länder des Völkerbundes. Nun wurde zunehmend das Argument gebraucht, daß auch Deutschland das Recht zur Aufrüstung besitze, wenn keine allgemeine Abrüstung gelinge. Frankreich wiederum wollte sich auf die deutsche Forderung nach allgemeiner Abrüstung nicht einlassen und forderte zunächst weitreichende Sicherheitsgarantien. In dieser polarisierten Situation begann in Genf am 2. Februar 1932 die lange geplante Abrüstungskonferenz, auf der 64 Staaten vertreten waren. Nach monatelangen Verhandlungen gelang es Deutschland in wichtigen Hintergrundgesprächen, England und die USA zur prinzipiellen Anerkennung seiner Rüstungswünsche zu bewegen. Die französischen Widerstände führten zwar zeitweise zu einer Blockade, aber im Dezember 1932 - wiederum also erst nach der Amtszeit Brünings - setzte sich die deutsche Position endgültig durch.

6. Sozialdemokratische Tolerierung und kommunistische Radikalisierung

Die SPD war nach der Septemberwahl 1930 zu einer Politik der Tolerierung der Regierung Brüning übergegangen. Da eine erneute parlamentarische Ablehnung der Notverordnungen nur mit einer Auflösung des Reichstags beantwortet werden und damit ein weiterer Aufstieg der NS-Bewegung drohen würde, hatte man sich zu dieser Linie entschlossen. Ein wichtiger Grund kam hinzu: Ein Oppositionskurs gegen Brüning hätte die vom sozialdemokratischen Ministerpräsident Otto Braun in Preußen geführte Koalitionsregierung mit der DDP und dem Zentrum mit hoher Wahrscheinlichkeit gesprengt und damit die letzte starke Festung der Weimarer Republikaner geschleift. Am 19. Oktober 1930 und am 7. Februar 1931 wurden Mißtrauensanträge gegen das Kabinett mit den Stimmen der sozialdemokratischen Fraktion zurückgewiesen. Im Juni 1931 verzichtete die SPD auf die Einberufung des Reichstags, weil Brüning mit dessen Auflösung gedroht hatte, und am 16. November des gleichen Jahres stimmte die Fraktion erneut gegen einen Mißtrauensantrag der ‚Nationalen Opposition‘. Die Unterstützung durch die SPD hielt Brüning den Rücken frei, führte aber auch zu dem schon erwähnten Funktionsverlust des Parlaments, zur Herausbildung eines nur noch semiparlamentarischen Systems. Die Tolerierung mit dem Ziel, Schlimmeres als ein „schlechtes Kabinett" zu verhüten, nämlich eine „offene und tausendfach schlechtere faschistische Diktatur"[6], wurde aber auch in der Umgebung des Reichspräsidenten und von der Reichswehr-Führung mit einigem Mißtrauen beobachtet, galt doch die Isolation der SPD als Voraussetzung für die geplante Erweiterung des Kabinetts nach rechts und zur Integration der NS-Bewegung. Eben diese Aufgabe konnte die Regierung Brüning nicht lösen.

Für die Sozialdemokratie wiederum barg die Tolerierungspolitik die große Gefahr, für die Sozialpolitik Brünings haftbar gemacht zu werden und als Hilfstruppe des ‚Hungerkanzlers‘ zu erscheinen. In der Partei führte dies zu heftigen inneren Auseinandersetzungen. Im März 1931 hatten erstmals 9 Abgeordnete der SPD die Fraktionsdisziplin mißachtet und im Reichstag einem kommunistischen Antrag gegen weitere Subventionen zur Marinerüstung (Panzerkreuzerbau) zugestimmt. Auf dem Leip-

---

6 Georg Decker, Tolerierung, in: Die Gesellschaft, Heft 12/1930, S. 481.

ziger Parteitag der SPD vom 31. Mai bis 5. Juni 1931 gab es daraufhin erbitterte Diskussionen, aber die Führung vermochte sich mit der Auffassung, die Regierung Brüning sei „das letzte Bollwerk der Demokratie", klar durchzusetzen. Das Abstimmungsverhalten der Linken im Reichstag wurde mit 324 gegen 62 Gegenstimmen mißbilligt. Während die SPD in den folgenden Monaten den Tolerierungskurs fortsetzte, spaltete sich eine kleine klassenkämpferische Gruppe um Kurt Rosenfeld und Max Seydewitz im Herbst 1931 ab und bildete die Sozialistische Arbeiterpartei (SAP), die allerdings nur wenige Mitglieder - maximal 25.000 - zählte und bei den folgenden Wahlen erfolglos blieb.

Gefahr drohte der Sozialdemokratie hingegen von den Kommunisten, die in der Weltwirtschaftskrise großen Zulauf von unzufriedenen Arbeitern, Erwerbslosen und proletarischen Jugendlichen erhielten, auch wenn diese Stärkung nicht mit der Ausbreitung der NS-Bewegung Schritt hielt. Die KPD hatte sich nach heftigen innerparteilichen Flügelkämpfen, fortwährenden ‚Säuberungen' und Abspaltungen seit der Mitte der 20er Jahre stabilisieren können. Gleichzeitig war sie - unter Regie der von der sowjetischen KP kontrollierten Kommunistischen Internationale - in eine zentralistische ‚Partei neuen Typs' umgeformt worden, die keinerlei demokratische Elemente mehr aufwies. Als Parteiführer der ‚bolschewisierten' (d.h. stalinisierten) Kommunisten wurde der Hamburger Transportarbeiter Ernst Thälmann präsentiert, der unter Arbeitern eine gewisse Popularität genoß.

Kommunistische und sozialdemokratische Arbeiterbewegung standen sich seit den Anfangsjahren der Weimarer Republik unversöhnlich gegenüber. Die SPD galt den Kommunisten als verantwortliche Kraft für die Niederwerfung der Räteherrschaft und für den Mord an Rosa Luxemburg und Karl Liebknecht.

Allerdings hatte es in den mittleren Jahren der Republik einige Ansätze zu einer ‚Einheitsfront' gegeben, vor allem bei der Kampagne zur entschädigungslosen Enteignung der Fürsten 1926. Hinter der kommunistischen Politik jener Phase stand die Vorstellung, durch die Dynamik gemeinsamer Aktionen die sozialdemokratischen ‚reformistischen Bonzen', wie man die Funktionäre der SPD und der Freien Gewerkschaften bezeichnete, zu immer radikaleren politischen Forderungen zu ‚zwingen'. Durch die schließliche kommunistische Eroberung der Mehrheit der Arbeiterklasse, vor allem des Industrieproletariats, sollten die Voraussetzungen der sozialistischen Revolution heranreifen. Der organisatorische Ausbau der KPD und eine Propaganda, die die Massen durch die Unterstützung aktueller Streikaktionen und anderer Interessenkämpfe erst an revolutionäre Forderungen heranführen sollte, kennzeichneten die kommunistische Politik.

Auf dem VI. Weltkongreß der Kommunistischen Internationale in Moskau 1928, also noch vor dem Ausbruch der Weltwirtschaftskrise, wurde eine neue Linie vorgegeben, die auch die KPD umzusetzen hatte. Die politisch-ökonomische Analyse ging nun vom Ende der „Periode der kapitalistischen Rekonstruktion"[7], einer krisenhaften Verschärfung der kapitalistischen Widersprüche und des Klassenkampfes aus, der zu einer revolutionären Situation zugespitzt werden müsse. Zum Hauptfeind wurde die Sozialdemokratie erklärt, die „überall zum stärksten Hebel der faschistischen Entwicklung geworden"[8] sei, wie der Vorsitzende der KPD erklärte. Die Gewinnung der Mehrheit der Arbeiterklasse könne nur durch die Vernichtung dieser jetzt nicht mehr als ‚reformistisch', sondern als ‚sozialfaschistisch' bezeichneten Partei erfolgen. Mit diesem Begriff, der bereits Mitte der 20er Jahre in der Sowjetunion von Stalin und Sinowjew aufgebracht worden war, kennzeichnete die KPD Sozialdemokratie und NS-Bewegung als politischen ‚Zwilling'. Bis 1932 wurden keine Einheitsfrontangebote an die Führung der SPD gerichtet, sondern von einer ‚Einheitsfront von unten' gesprochen, womit nicht mehr als die Gewinnung sozialdemokratischer Arbeiter zum revolutionären Kampf unter kommunistischer Führung gemeint war. Auf der anderen Seite zögerte auch die sozialdemokratische Presse nicht, die Kommunisten als ‚rotlackierte Faschisten' oder ‚Nazis mit Sowjetstern' zu bezeichnen.

In der Umsetzung der neuen ‚kommunistischen Generallinie' wurde die Gewerkschaftsarbeit der Revolutionären Gewerkschaftsopposition (RGO) aus den Freien Gewerkschaften herausgelöst und diese als ei-

---

7 Nikolai Bucharin, Die internationale Lage und die Aufgaben der Komintern, in: Protokoll Sechster Weltkongreß der Kommunistischen Internationale. Moskau 17. Juli-1. September 1928, Hamburg 1928, Bd. 1, S. 26-72 (Zitat: S. 27).

8 Ernst Thälmann, Die politische Lage und die Aufgaben der Partei, in: Protokoll der Verhandlungen des 12. Parteitags der Kommunistischen Partei Deutschlands (Sektion der Kommunistischen Internationale), Berlin-Wedding 9.-16.6.1929, Berlin 1929, S. 49-101 (Zitat: S. 55).

genständige Mitgliederorganisation ausgebaut. Im Winter 1930/31 zählten RGO und die eigenständigen ,Roten Verbände' zusammen 136.000 Mitglieder, im April 1932 sollen es über 300.000 gewesen sein, von denen allerdings drei Viertel erwerbslos waren. Der Anspruch, selbständige Streikkämpfe in den Betrieben auszulösen, konnte insofern nur in seltenen Fällen realisiert werden.

Die ultralinke Wendung der KPD nach 1928 war zwar von außen durchgesetzt worden, traf aber in der Weltwirtschaftskrise durchaus die Stimmung von Teilen der unzufriedenen Arbeiterschaft. Die Mitgliedschaft der Partei verdoppelte sich von etwa 140.000 im Jahr 1927 auf etwa 320.000 im Jahr 1932 (die Zahlenangaben schwanken). Auch die Reichstagswahlen in diesem Zeitraum brachten ständig leichte Zugewinne. Von 13,1% 1930 wuchs der Anteil der KPD auf 14,3% im Juli und 16,9% im November 1932. Die Kommunisten waren damit hinter der NSDAP und der SPD die drittstärkste politische Kraft in Deutschland. Allerdings gelang es der Partei nicht, die neuen Anhänger langfristig organisatorisch zu binden. 1927 hatte die Mitgliedschaft zu etwa 70% aus - meist gelernten - Industriearbeitern bestanden. Dieser Anteil nahm ständig ab und lag Ende 1932 bei 11%. Die KPD war zur Partei der Arbeitslosen geworden. Mit dieser Entwicklung war ein weiteres Problem verbunden. Wohl bei keiner anderen Partei gab es in den Jahren der Weltwirtschaftskrise eine dermaßen hohe Fluktuation. 1930 gewann die KPD nach parteiinternen Angaben 143.000 neue Mitglieder und verlor gleichzeitig 95.000, 1931 traten etwa 210.000 Menschen der Partei bei, während die Zahl der Ausgetretenen ähnlich hoch wie im Vorjahr war. Wie die NSDAP war auch die KPD eine junge Partei, deren Mitglieder in ihrer großen Mehrheit unter 40 Jahre zählten. An die Funktionäre wurden enorme Anforderungen gestellt, die zu einem Teil die hohe Fluktuation erklären. Parteiversammlungen, Arbeit im Rotfront-Kämpferbund (RFB), in der RGO, im Kommunistischen Jugendverband, der Internationalen Arbeiterhilfe, der Internationalen Roten Hilfe, der Arbeiterkulturbewegung und bei der ,Landagitation' am Wochenende usw. produzierten eine Vielzahl von Terminen. Theoretisch kaum geschult, war der Glaube und die Hingabe an die kommunistische Sache die entscheidende Antriebskraft, die durch ständigen Aktionismus erhalten und verstärkt werden mußte.

Die KPD und vor allem ihre paramilitärische Truppe, der RFB mit seinen etwa 100.000 Mitgliedern, war sozusagen permanent auf der Straße zu Propagandaaufmärschen versammelt und in Auseinandersetzungen mit der SA, mit der Polizei und mitunter auch mit dem Reichsbanner verstrickt. Einen ähnlichen Symbolwert wie die Ermordung von Rosa Luxemburg und Karl Liebknecht erhielt der Verlauf des 1. Mai 1929 in Berlin - dieser ‚Blutmai‘ wurde in der Propaganda gegen die ‚Sozialfaschisten‘ immer wieder herangezogen. Der preußische Innenminister Grzesinski und der Reichsinnenminister Severing, beide Sozialdemokraten, hatten zum 1. Mai - seinerzeit noch kein gesetzlicher Feiertag - alle Demonstrationen in Berlin verboten, um Zusammenstöße der verfeindeten politischen Lager zu verhindern. Die KPD rief in ihrer Hochburg dennoch dazu auf, den 1. Mai auf der Straße zu begehen, und viele Arbeiter folgten diesem Aufruf. Die Polizei schritt mit großer Härte ein, und erst nach Tagen konnten die in Straßenschlachten und Barrikadenkämpfe mündenden Demonstrationen, vor allem in den Arbeitervierteln Wedding und Neuköln, unter Kontrolle gebracht werden. Unter den Demonstranten gab es mindestens 19 Tote und Hunderte von Verletzten. Daraufhin wurde der RFB verboten, wirkte aber illegal insgeheim weiter.

Die Tolerierungspolitik der SPD gegenüber Brüning seit dem Herbst 1930 lieferte der KPD zusätzliche Propaganda-Munition. In der kommunistischen Presse wurde der ‚Brüning-Faschismus‘, unterstützt von den ‚Sozialfaschisten‘, mit dem ‚Hitlerfaschismus‘ mehr als einmal auf eine Stufe gestellt. Durch diese Gleichsetzung entstand auch die taktische Freiheit, nach Bedarf diese Gegner gegeneinander zu unterstützen, etwa beim Volksentscheid zur vorzeitigen Auflösung des preußischen Landtags im August 1931, der vom Stahlhelm eingebracht worden war. Hier befand man sich an der Seite von NSDAP, DNVP und großen Teilen der DVP. In der Mitgliedschaft und sogar im Zentralkomitee wurde diese Gemeinsamkeit kritisiert, aber die Führung der Kommunistischen Internationale bestand darauf. Der Volksentscheid scheiterte zwar, erhielt aber immerhin 36,8% der Stimmen aller Wahlberechtigten.

Die verhängnisvolle kommunistische Politik wurde 1932 im Zeichen der ‚Antifaschistischen Aktion‘ etwas abgemildert, tatsächlich aber erst nach der Durchsetzung des NS-Regimes aufgegeben.

7. Das zweite Kabinett Brüning, die ‚Harzburger Front‘ und die NSDAP im Herbst 1931

Am 9. Oktober 1931 kam es nach dem Rücktritt von Außenminister Curtius - Anlaß war das Scheitern des Zollunionsplans (s.o.) - zur Umbildung des Kabinetts, bei der die bis dahin vorhandenen Verbindungen zu den politischen Parteien demonstrativ gelockert wurden. Der bisherige Reichswehrminister Groener übernahm zusätzlich das Innenministerium - ein sichtbares Zeichen für den Machtzuwachs des Militärs als dem materiellen Träger des Präsidialregimes. Den Posten des Außenministers übernahm Brüning selbst, und das Wirtschaftsministerium erhielt als parteiloser Vertreter des mächtigen Chemiekonzerns IG Farben Hermann Warmbold. Ausscheiden mußten die Vertreter des linken Flügels der Zentrumspartei, Wirth und Guérard.

In den Tagen der Regierungsumbildung wurde Hitler am 10. Oktober erstmals vom Reichspräsidenten empfangen. Begleitet wurde er von Göring, der als Weltkriegsoffizier der Luftwaffe und Träger des ‚Pour le mérite‘ den greisen Generalfeldmarschall günstig für die NSDAP einnehmen sollte. Das Treffen blieb zwar ergebnislos, und der ‚böhmische Gefreite‘, wie Hitler von Hindenburg bezeichnet worden sei, habe einen geradezu abstoßenden Eindruck gemacht. Aber Carl von Ossietzky kommentierte in der ‚Weltbühne‘ durchaus treffend, diese Audienz sei für die Nazipartei „ein Ereignis von unerhörter propagandistischer Wirkung (...), auch wenn sich die beiden Herren nur über das Wetter unterhalten haben.“[9]

In dieser Situation, in der die NSDAP als politischer Verhandlungspartner erneut aufgewertet worden war, versammelte sich am 11. Oktober 1931 die ‚nationale Opposition‘ in dem Kurort Bad Harzburg zu einer Heerschau. Vertreten waren die NSDAP, die DNVP, der Stahlhelm, Teile der DVP, zahlreiche ‚vaterländische Verbände‘ und einflußreiche Gönner der extremen Rechten aus Wirtschaftskreisen, darunter der frühere Reichsbankpräsident und DDP-Politiker Hjalmar Schacht, der sich nun zur ‚nationalen Opposition‘ gegen Brüning bekannte. Mit der Kundgebung in Bad Harzburg sollte vor allem Druck auf Hindenburg ausge-

---

9 Carl von Ossietzky, Rechts ist Trumpf!, in: Die Weltbühne, Jg. 27, 1931, 2. Halbbd., Nr. 41, S. 541-544 (Zitat: S. 541).

übt werden, den Kanzler umgehend zu entlassen und einem Kabinett der extremen Rechten den Weg zu bereiten. In einer gemeinsamen Entschließung hieß es:

„Wir fordern den sofortigen Rücktritt der Regierungen Brüning und Braun, die sofortige Aufhebung der diktatorischen Vollmachten für Regierungen, deren Zusammensetzung nicht dem Volkswillen entspricht und die sich nur noch mit Notverordnungen am Ruder halten; wir fordern sofortige Neuwahl der überalterten Volksvertretung, vor allem im Reich und in Preußen. Im vollen Bewußtsein der damit übernommenen Verantwortung erklären wir, daß die in der nationalen Opposition stehenden Verbände bei kommenden Unruhen wohl Leben und Eigentum, Haus, Hof und Arbeitsstelle derjenigen verteidigen werden, die sich mit uns offen zur Nation bekennen, daß wir es aber ablehnen, die heutige Regierung und das heute herrschende System mit dem Einsatz unseres Blutes zu schützen. Wir verlangen Wiederherstellung der deutschen Wehrhoheit und Rüstungsausgleich. Einig stehen wir mit diesen Forderungen. Geächtet ist jeder, der unsere Front zersetzen will. Wir beschwören den durch uns gewählten Reichspräsidenten v. Hindenburg, daß er dem stürmischen Drängen von Millionen vaterländischer Männer und Frauen, Frontsoldaten und Jugend entspricht und in letzter Stunde durch Berufung einer wirklichen Nationalregierung den rettenden Kurswechsel herbeiführt."[10]

Allerdings konnte mit dieser gegen die Regierung Brüning gerichteten Erklärung nicht verborgen werden, daß die ‚Harzburger Front' eben keine geschlossene ‚Front' darstellte. Einig war man sich nur in der Feindbestimmung, nicht aber über die Beschaffenheit und die Führung der geforderten künftigen „wirklichen Nationalregierung". Diese Uneinigkeit demonstrierte Hitler ganz offen, als er nach dem Vorbeimarsch der SA und vor dem Herannahen der Stahlhelm-Kolonnen die Tribüne der Ehrengäste verließ. Es handelte sich um den gleichen Grundkonflikt, der seit den ersten Sondierungen zur Integration der Partei im Herbst 1930 aufgetreten war. Hitler achtete strikt darauf, nicht vereinnahmt zu werden, den ‚Trommler' für andere Herren zu spielen. Bündnisse wurden von ihm nur aus taktischen Gründen und auf Zeit eingegangen, aber sie durften nicht den Führungsanspruch der NSDAP gefährden.

---

10 Schultheß‘ Europäischer Geschichtskalender. Hg. von Ulrich Thürauf. Neue Folge, Jg. 47, 1931, München 1932, S. 224 (ff.).

In den folgenden Monaten gab es zahlreiche vertrauliche Unterredungen von Vertretern der Regierung und der politischen Führung der Reichswehr mit der DNVP- und der NSDAP-Führung. Schleicher, der als Leiter des Ministeramtes (Staatssekretär) durch seine Vertrauensstellung bei Hindenburg zum politisch maßgeblichen Verhandlungspartner aufstieg, war im Herbst 1931 erstmals mit Hitler zusammengetroffen. Dabei soll dieser für den Fall der Regierungsübernahme auf den Posten des Reichswehrministers für die NSDAP verzichtet haben (wie dann auch wieder 1933). Auch zum Reichsorganisationsleiter der Nazipartei, Gregor Strasser, gab es enge Kontakte. Nach einem Befehl Hitlers wurden alle Angriffe auf Schleicher in der NS-Presse eingestellt. Innenminister Groener wiederum erteilte am 18. November 1931 die Weisung, keinerlei Polizeimaßnahmen mehr gegen die SA zu ergreifen und die Unterabteilung des Reichsinnenministeriums zur Überwachung ‚rechtsradikaler‘ Organisationen aufzulösen - angeblich wegen Finanznot. Am 29. Januar 1932 wurden dann auch die bis dahin gültigen Erlasse aufgehoben, die Reichswehrangehörigen den Besuch nationalsozialistischer Veranstaltungen verboten hatten. Zusätzliche Brisanz erhielten diese Vorgänge, weil bereits im September 1931 ein Maßnahmeplan für Sofortmaßnahmen nach der Machtergreifung bekannt geworden war. In den ‚Boxheimer Dokumenten‘, dem „Entwurf der ersten Bekanntmachung unserer Führung nach dem Wegfall der seitherigen obersten Staatsbehörden und nach Überwindung der Kommune in einem für einheitliche Verwaltung geeigneten Gebiet", wurden terroristische Mittel im Falle des Ausnahmezustandes aufgezählt, die dann 1933 tatsächlich zum Teil Verwendung fanden[11]. Die Führung der NSDAP distanzierte sich umgehend von diesem Dokument und versicherte, am legalen Weg festzuhalten.

8. Hitlers Industrieklub-Rede am 27. Januar 1932 und die Unterstützung der NSDAP durch Großunternehmer

Nicht nur die Unterredungen zwischen Regierungsvertretern, Militärführung und NSDAP-Spitze verbesserten Hitlers strategische Position im Machtpoker um den Preis der Integration der NS-Bewegung. Wohl

---

11 Ebd., S. 262 f.; Ulrich Herbert, Best. Biographische Studien über Radikalismus, Weltanschauung und Vernunft 1903-1989, S. 112 ff.

ebenso wichtig war der Vertrauensgewinn bei den westdeutschen Industriekapitänen, die sich von Brüning abzuwenden begannen, weil sie auf die bessere Berücksichtigung ihrer Interessen durch eine Regierung der ,nationalen Opposition' setzten. Schon in Bad Harzburg war die Teilnahme einiger Großindustrieller stark beachtet worden. Vor diesem Hintergrund gewann die Rede, die Hitler - zivil gewandet in dunkelblauem zweireihigem Anzug - vor dem exklusiven Düsseldorfer Industrieklub am 27. Januar 1932 hielt, eine hohe Bedeutung. Eingeführt wurde er von dem Industriellen Fritz Thyssen.

Hitler begann wie auch sonst häufig mit Attacken gegen den Versailler Vertrag, der für die Wirtschaftskrise verantwortlich gemacht wurde und stellte sich in immer neuen Wendungen als Feind der Demokratie dar: „Ich sehe zwei Prinzipien, die sich schroff gegenüberstehen: das Prinzip der Demokratie, das überall, wo es sich praktisch auswirkt, das Prinzip der Zerstörung ist. Und das Prinzip der Autorität der Persönlichkeit, das ich als das Leistungsprinzip bezeichnen möchte, weil alles was überhaupt Menschen bisher leisteten, alle menschlichen Kulturen nur aus der Herrschaft diese Prinzips heraus denkbar sind."[12] An anderer Stelle ,bewies' Hitler, wie untauglich die Demokratie als Staatsform sei. Er zog einen abstrusen Vergleich zwischen der Demokratie und einer Kompanie Soldaten: „In die Praxis übersetzt heißt das: Sie haben eine Kompanie. Diese Kompanie müssen sie vor den Feind führen. In der Kompanie herrscht freies Koalitionsrecht. 50 Prozent der Kompanie haben eine Koalition auf dem Boden der Vaterlandsliebe und der Verteidigung des Vaterlandes, 50 Prozent auf dem Boden pazifistischer Weltanschauung gebildet; sie lehnen den Krieg grundsätzlich ab, verlangen die Unantastbarkeit der Gewissensfreiheit, erklären sie zum höchsten und einzigen Gut, das wir heute besitzen. Doch kommt es zum Kampf, so wollen alle fest zusammenstehen." Die Scheinplausibilität dieser Rechtfertigung diktatorischer Herstellung der ,Volksgemeinschaft' wurde von den Anwesenden mit verständnismäßiger Heiterkeit belohnt. Als zweites Motiv wurde die drohende asiatische Gefahr des „Bolschewismus" beschworen, der „unseren Bestand als weiße Rasse" zerstören werde, wenn er

---

12 Vortrag Adolf Hitlers vor westdeutschen Wirtschaftlern im Industrie-Klub zu Düsseldorf, München (Eher-Verlag) 1932, zit. nach dem Abdruck in Max Domarus, Hitler. Reden und Proklamationen 1932-1945. Bd. I. Erster Halbbd., Würzburg 1973, S. 68-90 (dort die folgenden Zitate).

nicht mit politischen Mitteln aufgehalten werde. Und nur die National-sozialisten hätten dafür die Kraft: „Wenn wir nicht wären, gäbe es schon heute in Deutschland kein Bürgertum mehr." Auch für den Wiederauf-stieg Deutschlands seien zunächst nicht wirtschaftliche Instrumente ent-scheidend, sondern die „innere weltanschauliche Einheit" der Nation: „Im Völkerleben ist die Stärke nach außen durch die Stärke der inneren Organisation bedingt, die Stärke der inneren Organisation aber ist ab-hängig von der Festigkeit gemeinsamer Anschauungen über gewisse grundsätzliche Fragen." Vorrang habe deshalb, so schloß Hitler seine Rede, nicht die Außenpolitik, sondern „die Wiederherstellung eines ge-sunden, nationalen und schlagkräftigen deutschen Volkskörpers." Er werde mit jedem zusammenarbeiten, der dieses Ziel teile. Stürmischer und langanhaltender Beifall erklang am Ende der mehr als zweistündi-gen Rede. Hitler hatte sein Publikum offensichtlich überzeugt. Aller-dings unterschieden sich die Inhalte seiner Ausführungen auch nicht vom allgemeinen Konsens der ‚nationalen Rechten'. Die Ablehnung der De-mokratie mit sozialdarwinistischen Argumenten, die Beschwörung der bolschewistischen Gefahr und die Forderung einer Diktatur als Garant des nationalen Wiederaufstiegs gehörten zum ehernen Arsenal auch der Deutschnationalen Hugenbergs. Insofern traf die Rede auf die Zustim-mung der Großindustriellen gerade deshalb, weil sie ihre eigene Gedan-kenwelt bestätigte und eventuelle Ängste vor den sozialdemagogischen Elementen der NSDAP-Programmatik besänftigte. Auch auf antisemiti-sche Sentenzen hatte Hitler verzichtet - aber sie wurden ohnehin in der Propaganda der Partei vor 1933 in den Hintergrund gerückt.

Die Düsseldorfer Rede war eine wichtige vertrauensbildende Maßnah-me gewesen, aber das bedeutete nicht, daß eine Mehrheit der Industrie-kapitäne und Spitzenbankiers nun bereits dafür gewesen wäre, die NSDAP mit der Führung der Staatsgeschäfte zu betrauen. Auch die fi-nanzielle Unterstützung der Hitlerpartei hielt sich noch in Grenzen. In den 20er Jahren hatte das Unternehmertum in erster Linie und weitaus am stärksten die DVP subventioniert. Daneben waren auch die anderen bürgerlichen Parteien, die DNVP, Zentrum/BVP, die DDP und die Wirtschaftspartei Empfänger großindustrieller Spenden gewesen, wäh-rend nur vereinzelt Finanzmagnaten als Gönner völkischer Kreise und der NSDAP auftraten. Die Schwerindustriellen Emil Kirdorf - er zahlte zwischen 1930 und 1933 etwa 600.000 bis 700.000 Reichsmark an die Partei - und Fritz Thyssen zählten zeitweise und schon frühzeitig dazu, ebenso Henry Deterding, der Chef des Shell-Konzerns. Aber insgesamt finanzierte sich die NS-Bewegung zum großen Teil selbst - z.b. durch Eintrittsgelder für ihre Veranstaltungen, Erlöse aus der Publizistik und Mitgliedsbeiträge. Außerdem erhielt sie Unterstützung von kleinen Unternehmern und Gewerbetreibenden. Nach dem Wahlsieg von 1930 änderte sich die Situation insofern, als nun auch einzelne Industrieverbände - z.b. des Bergbaus - gezielt Gelder an Vertrauenleute innerhalb der NSDAP vergaben, um die Kräfte der ‚wirtschaftlichen Vernunft' innerhalb der braunen Bewegung zu fördern. Als solche galten der Reichsorganisationsleiter Gregor Strasser, aber auch Hitler und Hermann Göring, während der Propagandachef und Berliner Gauleiter Goebbels weithin für unzuverlässig und radikal gehalten wurde. Auch von Geldern, die aus der Finanzwelt an Hugenberg als Mittelsmann der ‚Nationalen Rechten' gingen, erhielt die NSDAP mitunter einen Anteil. Seit 1932 überwiesen auch die Finanzmagnaten Flick und Vögler Spenden an die Partei. Aber wichtiger als die direkte finanzielle Subvention waren die immer dichter werdenden Fäden, die von Wirtschaftsexperten, die sich der NS-Bewegung anschlossen, zur Unternehmerschaft geknüpft wurden. Als wichtiger Vermittler fungierte hinter den Kulissen etwa Hjalmar Schacht. Allerdings gab es bei der wirtschaftspolitischen Einflußnahme auf die NSDAP durchaus verschiedene Interessen, die zum Teil gegeneinanderstanden, wie sich im Laufe des Jahres 1932 noch zeigen sollte.

9. Die Wiederwahl Hindenburgs

Die Verbindungen zwischen präsidialem Lager und NSDAP wurden im Februar 1932 jäh unterbrochen. Am 22. Februar hatte Goebbels im Berliner Sportpalast die Kandidatur Hitlers für die bevorstehende Reichspräsidentenwahl verkündet. Ein letztes formales Hindernis, die Einbürgerung Hitlers, wurde drei Tage später aus dem Wege geräumt. Er erhielt die deutsche Staatsbürgerschaft durch die Ernennung zum Regierungsrat der Braunschweigischen Staatsregierung, in der die NSDAP als Koalitionspartner vertreten war.

Mit dem Entschluß zur Kandidatur, den Hitler offenbar schon Ende Januar 1932 gefaßt hatte, waren nicht nur die Integrationsversuche des präsidialen Lagers zunächst gescheitert. Auch die Gemeinsamkeit der Partner der ‚Harzburger Front' war damit beendet worden. Gegeneinander standen nun als Kandidaten Hindenburg, Hitler und der von den Deutschnationalen unterstützte Zweite Bundesführer des Stahlhelm, Theodor Duesterberg. Versuche der Regierung im Vorfeld, durch eine Zweidrittelmehrheit die Amtszeit des amtierenden Reichspräsidenten um zwei Jahre zu verlängern, waren vor allem an den Bedingungen Hugenbergs gescheitert, der als Gegenleistung die Entlassung Brünings gefordert hatte, während die NSDAP zögerte. So kandidierten nun drei Kandidaten auf der Rechten; hinzu kam wie schon 1925 Ernst Thälmann, der Parteiführer der Kommunisten.

Hindenburg empfand die Konstellation, deren Zustandekommen er der ungeschickten Taktik Brünings zuschrieb, als sehr unglücklich. Er war als überparteilicher Kandidat der gesamten Rechten in sein Amt gekommen und hätte es sich gewünscht, durch ein ähnliches Plebiszit bestätigt zu werden. Stattdessen mußte er nun als Kandidat eben derjenigen Kräfte der bürgerlichen Mitte und der SPD auftreten, die 1925 seinen Gegenkandidaten Marx vom Zentrum unterstützt hatten. Und nichts war ihm unangenehmer, als von der Mobilisierung der Sozialdemokraten für seine Person abhängig zu sein - eben von jener Partei, die nach seinem Willen dauerhaft politisch ausgeschaltet werden sollte. In mehreren Äußerungen versuchte Hindenburg es seit dem 16. Februar, als er sein Antreten zur Wahl bekanntgeben ließ, so darzustellen, daß er nur deshalb kandidiere, weil das Lager der ‚Nationalen Opposition‘ in sich zerstritten sei. Mit dieser Argumentation versuchten die überparteilichen ‚Hindenburgsausschüsse‘ vor allem Konservative bis in die Reihen der ‚Harzburger Front‘ hinein zu überzeugen, daß Hindenburg nicht der Kandidat der Weimarer Demokratie sei.

Für die SPD war es deshalb nicht leicht, ihre Anhänger zur Stimmabgabe für den Weltkriegsgeneral aufzurufen, der in besonderem Maße die Verantwortung für die Abkehr von der parlamentarischen Demokratie trug. Auf der Linie der Tolerierungspolitik der präsidialen Kräfte - zur Verhinderung des Aufstiegs Hitlers - blieb allerdings gar keine andere Möglichkeit. Im Aufruf der SPD vom 27. Februar 1932 wurde Hindenburg zum politisch integren und unparteiischen Staatsoberhaupt stilisiert und die eigene Entscheidung gerechtfertigt: „Das deutsche Volk steht am 13. März vor der Frage, ob Hindenburg bleiben oder ob er durch Hitler ersetzt werden soll. Die Rechte hat vor sieben Jahren Hindenburg auf den Schild gehoben. Sie hoffte, er würde sein Amt parteiisch zu ihren Gunsten führen, seinen Eid verletzen und die Verfassung brechen. Es war selbstverständlich, daß wir Sozialdemokraten einen Bewerber, auf den unsere schlimmsten Feinde solche Hoffnungen setzten, entschieden bekämpften. Hindenburg aber hat seine einstigen Anhänger enttäuscht. Weil er unparteiisch war und es bleiben wollte, weil er für einen Staatsstreich nicht zu haben ist, darum wollen sie ihn jetzt beseitigen. Hitler statt Hindenburg, das bedeutet Chaos und Panik in Deutschland und ganz Europa, äußerste Verschärfung der Wirtschaftskrise und der Arbeitslosennot, höchste Gefahr blutiger Auseinandersetzungen im eigenen Volk und mit dem Ausland. Hitler statt Hindenburg, das bedeutet: Sieg des reaktionären Teils der Bourgeoisie über die fortgeschrittenen Teile des Bürgertums und über die Arbeiterklasse, Vernichtung aller staatsbürgerlichen Freiheiten, der Presse, der politischen, gewerkschaftlichen und Kulturorganisationen, verschärfte Ausbeutung und Lohnsklaverei. Gegen Hitler! Das ist die Losung des 13. März. Es gibt kein Ausweichen! Hitler oder Hindenburg? Es gibt kein Drittes! Jede Stimme, die gegen Hindenburg abgegeben wird, ist eine Stimme für Hitler. Jede Stimme, die Thälmann entrissen und Hindenburg zugeführt wird, ist ein Schlag gegen Hitler!"[13]

Während die Kommunisten demgegenüber die Parole ausgaben: „Wer Hindenburg wählt, wählt Hitler! Wer Hitler wählt, wählt Krieg!", mußte sich das präsidiale Lager wiederum von den Nationalsozialisten die Unterstützung der demokratischen Kräfte vorhalten lassen. Goebbels wurde wegen seiner beleidigenden Äußerungen sogar von den Sitzungen des Reichstags ausgeschlossen, als er am 23. Februar dort ausführte: „Sage, wer dich lobt, und ich sage dir, wer du bist! Hindenburg wird gelobt von der Berliner Asphaltpresse, gelobt von der Partei der Deserteure..."[14]

Der dreiwöchige und mit großer Erbitterung geführte Wahlkampf war von vornherein auf die Alternative Hindenburg oder Hitler konzentriert. Wenn der schwarz-weiß-rote Block dennoch an der Kandidatur Duesterbergs festhielt, so lag dies in der Hoffnung begründet, dadurch eine absolute Mehrheit im ersten Wahlgang zu verhindern und wie 1925

---

13 Vorwärts, 27.2.1932.

14 Zit. nach Karl Dietrich Bracher, Die Auflösung der Weimarer Republik. Eine Studie zum Problem des Machtverfalls in der Demokratie, Königstein/Ts./Düsseldorf 1978 (unv. Nachdruck der 5. Aufl.), S. 409.

unter Umständen noch im entscheidenden zweiten Wahlgang eine aussichtsreiche Persönlichkeit zu präsentieren, die das rechte Lager einigen würde - gedacht wurde an den Kronprinzen der Hohenzollern.

Hitler gab in seiner ersten Rede als Präsidentschaftskandidat im Berliner Sportpalast am 27. Februar die Linie vor, den Gegensatz zwischen dem verehrungswürdigen, aber greisen und nicht mehr politikfähigen (85jährigen) Hindenburg, der vor seinen falschen Anhängern geschützt werden müsse, und dem jugendlich charismatischen Führer der NS-Bewegung zu betonen: „Wir haben einst dem Generalfeldmarschall gehorsam, wie dem obersten Kriegsherrn, gedient und haben ihn verehrt und wollen, daß sein Name dem deutschen Volk als Führer des großen Ringens erhalten bleibt. Weil wir aber das wünschen und weil wir das wollen, sehen wir heute die Pflicht, dem alten Generalfeldmarschall zuzurufen: Alter Mann, du bist uns zu verehrungswürdig, als daß wir es dulden könnten, daß hinter dich sich die stellen, die wir vernichten wollen. So leid es uns daher tut, du mußt zur Seite treten, denn sie wollen den Kampf, und wir wollen ihn auch."[15]

Hindenburg überließ den Wahlkampf - wie schon 1925 - den ihn unterstützenden politischen Kräften und äußerte sich lediglich einmal, am 10. März, in einer Rundfunkansprache. Die Wahlkampagne der NSDAP hingegen übertraf alle bisher gekannten Dimensionen und wurde vom ‚Führer' selbst maßgeblich bestritten. Hitler redete vor Hunderttausenden von Anhängern, die bisweilen mehrere (in Breslau waren es vier, in Stuttgart zwei) Stunden ausharrten, bis sein Kaftwagen eintraf - es war eine Art Propagandarausch, der selbst die Naziführung in ihren suggestiven Bann zog. Infolgedessen wurde der Ausgang des ersten Wahlgangs, obwohl sich die Stimmenzahl für Hitler gegenüber den für die NSDAP abgegebenen Voten bei der Reichstagswahl 1930 noch einmal nahezu verdoppelte, im nationalsozialistischen Lager als Enttäuschung empfunden.

Hindenburg hatte mit 18,7 Millionen Stimmen (49,6%) die absolute Mehrheit knapp (um etwa 170.000 Stimmen) verfehlt, Hitler lag mit 11,3 Millionen Stimmen (30,1%) an zweiter Stelle. Duesterberg konnte lediglich 2,6 Millionen Stimmen (6,8%) erzielen, während Thälmann mit 5 Millionen Stimmen (13,2%) nahezu den gleichen Anteil wie die

---

15 Zit. nach Domarus, S. 95.

KPD bei der Reichstagswahl 1930 erhalten hatte. Ganz offensichtlich war es den Kommunisten nicht gelungen, in nennenswertem Maße sozialdemokratische Anhänger von der Wahl Hindenburgs abzuhalten und für sich zu gewinnen. Diese hatten in großer Disziplin das ‚kleinere Übel‘ gewählt. Auf der Rechten waren die Gewichte endgültig vertauscht worden. Die NSDAP, noch drei Jahre zuvor als kleine Splitterpartei im Bündnis mit der starken DNVP gegen den Young-Plan, war nun eine mächtige Massenbewegung, die Deutschnationalen hingegen hatten ihre einstige Bedeutung endgültig eingebüßt.

Der sofort wieder einsetzende Wahlkampf zum zweiten Wahlgang am 10. April 1932 war in noch stärkerem Maße auf das Duell zwischen Hitler und Hindenburg konzentriert. Es war den Deutschnationalen nicht nur nicht gelungen, den Kronprinzen Wilhelm zu einem Antreten im zweiten Wahlgang zu bewegen (aus dem holländischen Exil kam umgehend ein Veto der Hohenzollern) - dieser erklärte sogar öffentlich, er werde Hitler wählen, was seinen Eindruck auf viele monarchistisch gestimmte Menschen wohl nicht verfehlt haben dürfte. Da die Reichsregierung über die Osterzeit einen sogenannten ‚Burgfrieden‘ verhängt hatte, in dem keine Wahlversammlungen stattfinden durften, war die ‚heiße Phase‘ der Kampagne Hitlers auf einige Tage - vom 3. bis 8. April - begrenzt worden. Die NSDAP charterte ein Flugzeug, damit ihr ‚Führer‘ vier bis fünf Versammlungen an einem Tag ausrichten konnte. ‚Hitler über Deutschland‘ hieß die doppeldeutige Botschaft, die eine beträchtliche propagandistische Wirkung entfaltete, weit über die Hunderttausend hinaus, die mit den Kundgebungen direkt erreicht wurden.

Das Ergebnis des zweiten Wahlganges bedeutete einen weiteren kräftigen Zuwachs der Stimmenzahl (13,4 Millionen) und des Anteils (36,8%) für Hitler, der offenbar die Anhänger des Stahlhelm-Kandidaten Duesterberg, der nicht noch einmal angetreten war, auf seine Seite hatte ziehen können. Hindenburg hatte weniger stark hinzugewonnen, auch wenn er mit 19,4 Millionen Stimmen (53,0%) erwartungsgemäß wiedergewählt worden war. Ernst Thälmann schließlich hatte im zweiten Wahlgang mehr als eine Million Stimmen eingebüßt und kam nur noch auf 10,2%, ein deutliches Zeichen für die Grenzen der kommunistischen Bewegung, die von der Propaganda der Rechtsopposition zur überdimensionalen Bedrohung stilisiert worden war.

10. Das Ende der Regierung Brüning

Die NSDAP hatte allen Grund, mit dem Ausgang der Wahl zufrieden zu sein, und auch das Regierungslager und die Verteidiger der Weimarer Demokratie wähnten, einen Sieg errungen zu haben. Schließlich hatte ihr Kandidat gewonnen. Aber Hindenburg enttäuschte seine Wähler sofort, indem er zu erkennen gab, daß er eine Ablösung des Kabinetts Brüning durch eine weiter rechts stehende Regierung anstrebe. Objektiv betrachtet, hatte Brüning mit der Wiederwahl des Reichspräsidenten, für die man noch einmal die Stimmen auch der Anhänger der Republik gebraucht hatte, seine Schuldigkeit getan. Die sozialdemokratische Unterstützung war nur durch die noch amtierenden Regierung zu organisieren gewesen. Die immer noch nicht gelöste Integration der NS-Bewegung hingegen konnte von ihr nicht mehr erwartet werden. Dazu bedurfte es nach Meinung der Umgebung des Reichspräsidenten und der Reichswehrführung einer viel schärfer rechts eingestellten Staatsführung, die auch die letzten Fäden zum Parlamentarismus kappen sollte. Hinzu kam ein weiterer Punkt: Bis 1932 wäre es angesichts der Wirtschaftsverhandlungen mit den Westalliierten unklug gewesen, die NS-Bewegung an der Regierung zu beteiligen. Nun aber stand die Reparationskonferenz unmittelbar bevor, und es war ohnehin keine Wiederaufnahme der ausgesetzten Reparationszahlungen mehr zu erwarten.

Die beiden wichtigsten Anlässe, die schließlich zum Sturz Brünings führten, betrafen nicht zufällig den Umgang mit den bewaffneten Banden der NS-Bewegung und die Unterstützung der ostelbischen Großgrundbesitzer, denen sich der Reichspräsident besonders verbunden fühlte.

Am 13. April 1932, nur kurz nach der Wiederwahl Hindenburgs, verbot Innenminister Groener auf Basis einer Notverordnung „zur Sicherung der Staatsautorität" „sämtliche militärähnlichen Organisationen der NSDAP", vor allem die SA und SS. Zuletzt hatte eine Durchsuchung nationalsozialistischer Geschäftsstellen durch die preußische Polizei am 17. März einzelne Anweisungen für Gewalttaten im Falle eines Wahlsieges von Hitler zutage gefördert. Aber dies ging nicht über bereits bekannte Planungen hinaus, die spätestens seit dem Herbst 1931 bekannt geworden waren (siehe ‚Boxheimer Dokumente'). Ebensolange hatte sich Hindenburg dem Wunsch der Regierung verschlossen, gegen die Privatarmee Hitlers, die mittlerweile etwa 400.000 Mann umfaßte, vorzugehen. In der Umgebung des Reichspräsidenten wurde außerdem immer wieder die politische Einseitigkeit kritisiert, nur gegen rechts, nicht aber gegen das sozialdemokratisch geführte Reichsbanner einzuschreiten (der kommunistische RFB war ohnehin schon seit Mai 1929 verboten). Daß der Reichspräsident dieses Scheinargument, mit dem Feinde und Verteidiger der Demokratie auf eine Stufe gestellt wurden, für plausibel hielt, wirft ein Schlaglicht auf seine politische Position. Der längst fällige Schritt des SA- und SS-Verbots stand allerdings auch im Widerspruch zu den ein halbes Jahr zuvor angebahnten guten Beziehungen der Reichswehr zur NSDAP und günstigen Äußerungen über die Möglichkeit einer Integration der NS-Bewegung auch von Groener. Er selbst hatte lange gezögert und schließlich erst unter dem Druck der meisten Innenminister der Länder sich zum Verbot der NS-Verbände entschlossen. Hindenburg wiederum hatte aus den genannten Gründen die Verordnung nur widerstrebend unterzeichnet.

Im Reichstag konnte sich Groener (am 10. Mai) nur mit Mühe Gehör verschaffen, als er seinen Schritt begründete: „Trotz aller Erklärungen von Legalität, die Sie mir ja in großen Mengen zugesandt haben, muß man immer festhalten: eine solche Organisation hat ihre Dynamik in sich und kann nicht einfach bald legal, bald illegal erklärt werden. Ohne die SA hätten wir seit Jahren Ruhe und Ordnung in Deutschland."[16]

Nicht nur die NSDAP und die deutschnationale Rechte, namentlich die Hugenberg-Presse, inszenierten einen Sturm der Entrüstung, der auf Hindenburg offenbar eine nicht geringe Wirkung ausübte. Auch Schleicher, als Chef des Ministeramtes der maßgebliche politische Vertreter der militärischen Führung, rückte nun von dieser von ihm zuvor selbst befürworteten Maßnahme gegen die NS-Bewegung ab und veranlaßte seinen bisherigen Gönner Groener zum Rücktritt als Reichswehrminister (am 12. Mai). Die Tage des Kabinetts Brüning waren nun gezählt, und insgeheim verhandelte Schleicher bereits intensiv mit der Führung der NSDAP über den Preis einer Tolerierung für eine neue Präsidialregierung, die weit rechts stehen sollte.

Den letzten Anlaß für die Entlassung Brünings lieferte ein heftiger Streit um den Entwurf einer Notverordnung über die Schaffung bäuerlicher Siedlungsstellen in den Ostgebieten. Sie sollten auf dem Boden von großen Gütern errichtet werden, die nicht mehr zu entschulden waren, wo-

---

16 Verhandlungen des Deutschen Reichstags. Stenographische Berichte, S. 2545.

bei auch bevölkerungspolitische und militärstrategische Gründe eine Rolle spielten. Durch die bäuerliche Besiedelung östlicher Provinzen sollte nicht nur die Arbeitslosigkeit der Landbevölkerung gemildert, sondern auch langfristig der Grenzschutz verstärkt werden. Diese Siedlungspläne waren maßgeblich vom Reichskommisssar für die Osthilfe, dem deutschnationalen Dissidenten Hans Schlange-Schöningen (selbst Großgrundbesitzer und ehemaliger Berufsoffizier), und im Reichsarbeitsministerium vorbereitet worden. Die ostelbischen Großgrundbesitzer, die ohnehin die großzügige finanzielle Hilfe für die verschuldete Landwirtschaft im Osten als viel zu gering befanden, liefen gegen die Siedlungspläne Sturm und erhoben den absurden Vorwurf des ‚Agrarbolschewismus‘. Bei Hindenburg, der eben am Abend des Groener-Rücktritts auf sein ostpreußisches Gut Neudeck in den Pfingsturlaub abgereist war, fanden sie sofort Gehör, weil dieser sich seinen Standesgenossen verbunden fühlte. Diese hatten ihm das große Gut zu seinem 80. Geburtstag 1927 - das Geld war durch Umlagen unter Großindustriellen aufgebracht worden - geschenkt und Hindenburg auch räumlich in ihre Nähe gerückt. Hier in Neudeck wurde nun endgültig über die Absetzung Brünings entschieden.

Am 24. April hatten die Landtagswahlen in Anhalt, Bayern, Hamburg, Preußen und Württemberg die bei der Wahl zum Reichspräsidenten erreichte Stärke der Nationalsozialisten bestätigt. In Anhalt konnte nun eine Rechtsregierung von NSDAP und Deutschnationalen mit einem NS-Ministerpräsidenten gebildet werden. Noch wichtiger war der Erfolg der NSDAP in Preußen, wo die Hitlerpartei zur stärksten parlamentarischen Kraft aufrückte - mit nahezu dem gleichen Stimmenanteil wie in der Reichspräsidentenwahl. Die bisherige Weimarer Koalition verfügte über keine Mehrheit im Landtag mehr und blieb nur noch geschäftsführend im Amt. Koalitionsverhandlungen zwischen Zentrum und NSDAP - sie dauerten bis zum 16. Juni - führten allerdings zu keinem Ergebnis, weil sich die Zentrumsführung weigerte, der Nazipartei die Führung in Preußen zu überlassen.

Am 29. Mai hatten die Verfechter einer neuen Rechtsregierung ihr seit Monaten beharrlich verfolgtes Ziel erreicht. Brüning erschien zu einem kurzen Gespräch beim Reichspräsidenten, der eine vorbereitete Erklärung verlas, in der die Regierung indirekt zum Rücktritt aufgefordert wurde. Auf Nachfrage von Brüning erklärte Hindenburg: „Jawohl. Diese Regierung muß weg, weil sie unpopulär ist."[17] Eine zweite Unterredung am nächsten Tag, in der Hindenburg das Rücktrittsgesuch des Gesamtkabinetts genehmigte, dauerte nur 3 1/2 Minuten. Damit war die letzte Regierung gestürzt worden, die zumindest noch über Verbindungen zu parlamentarischen Kräften verfügt hatte, gestürzt vom Reichspräsident, der diesen seine Wiederwahl verdankte.

Über Brünings politische Absichten ist in der zeithistorischen Forschung ausführlich gestritten worden. Aber kein Zweifel kann am Resultat seiner Amtszeit bestehen. Eine Rückkehr zur parlamentarischen Regierungsform war nach seinem Rücktritt unmöglich, betonte er selbst in seinen Memoiren.

11. Die Regierung Papen - das ,Kabinett der Barone'

Die zentrale Rolle Schleichers beim Sturz Brünings rückte den General endgültig in den Mittelpunkt der politischen Öffentlichkeit. Die Presse sah ihn einhellig als starken Mann der am 2. Juni 1932 ernannten Regierung der ,nationalen Konzentration' an, während der zuvor weitgehend unbekannte neue Reichskanzler *Franz von Papen* lediglich als seine Marionette erschien. Aus altem katholisch-westfälischem Adel, hatte sich Papen vor allem im ultrakonservativen Herrenklub und auf dem äußersten rechten Flügel der Zentrumspartei engagiert. Der überzeugte Monarchist besaß durch den Besitz von Aktien einigen Einfluß auf das zentrale Organ der Partei, die Zeitung ,Germania'. In der Umgebung Hindenburgs war er als umgängliche, etwas oberflächliche und leicht lenkbare Persönlichkeit für den Kanzlerposten ausgewählt worden. Das Zentrum verließ er mit Annahme seines neuen Amtes, um einem wahrscheinlichen Ausschluß zuvorzukommen.

Von den führenden Vertretern des Kabinetts Brüning blieb lediglich der parteilose Wirschaftsminister Warmbold im Amt. Ansonsten waren parteilose oder zuvor der DNVP angehörende adelige - daher die zeitgenössische Kennzeichnung als ,Kabinett der Barone' - Verwaltungsfachleute berufen worden. Reichswehrminister wurde Schleicher und Außenminister der Diplomat Konstantin Freiherr von Neurath, der bis 1938 in diesem Amt blieb. Er hatte die Verständigungsbemühungen Stre-

---

17   Heinrich Brüning, Memoiren 1918-1934, Stuttgart 1970, S. 599.

semanns mit Frankreich schon seit langem abgelehnt und trat nun für den Übergang zu einer ‚nationalen' Außenpolitik ein. Als Innenminister amtierte der aus einem ostpreußischen Offiziers- und Großgrundbesitzergeschlecht stammende Freiherr Wilhelm von Gayl, der selbst in der DNVP auf dem äußersten rechten Flügel gestanden hatte. Großgrundbesitzer war auch der neue Ernährungs- und Landwirtschaftsminister Magnus Freiherr von Braun. Während Gayl mit dem Ende der kurzlebigen Regierung Papen wieder in der politischen Versenkung verschwand, dienten der neue Justizminister Franz Gürtner und der neue Finanzminister Lutz Graf Schwerin von Krosigk auch noch dem NS-Regime als bürgerlich-konservatives Aushängeschild.

In seiner Regierungserklärung, die am 5. Juni 1932 nicht im Reichstag, sondern im Rundfunk verlesen wurde, blieb Papen zwar ziemlich vage und nannte keine konkreten Vorhaben, aber die allgemeine sozialreaktionäre Richtung - gegen Demokratie und Sozialstaat - wurde in wünschenswerter Weise deutlich: „Die Nachkriegsregierungen haben geglaubt, durch einen sich ständig steigernden Sozialismus die materiellen Sorgen dem Arbeitnehmer wie dem Arbeitgeber in weitem Maße abnehmen zu können. Sie haben den Staat zu einer Wohlfahrtsanstalt zu machen versucht und damit die moralischen Kräfte der Nation geschwächt. Sie haben ihm Aufgaben zuerteilt, die er seinem Wesen nach niemals erfüllen kann. Gerade hierdurch ist die Arbeitslosigkeit noch gesteigert worden. Der hierauf zwangsläufig folgenden moralischen Zermürbung des deutschen Volkes, verschärft durch den unseligen gemeinschaftsfeindlichen Klassenkampf und vergrößert durch den Kulturbolschewismus, der wie ein fressendes Gift die besten sittlichen Grundlagen der Nation zu vernichten droht, muß in letzter Stunde Einhalt geboten werden. (...) Die Reinheit des öffentlichen Lebens kann nicht auf dem Wege der Kompromisse um der Parität willen gewahrt oder wiederhergestellt werden. Es muß eine klare Entscheidung darüber fallen, welche Kräfte gewillt sind, auf der unveränderlichen Grundlage der christlichen Weltanschauung aufbauen zu helfen.''[18]

Für diese Aufgabenbestimmung stand die Sozialdemokratie als Tolerierungspartner nicht mehr zur Verfügung. Die bürgerliche Mitte, das Zentrum und die Staatspartei, waren schon durch die Umstände der

---

18   Zit. nach Schultheß‘, Jg. 48, 1932, München 1933, S. 98.

Demission Brünings verärgert und gleichfalls oppositionell eingestellt. Allenfalls die DVP und die DNVP waren bedingt als parlamentarische Basis des Kabinetts anzusehen. Ausgeglichen wurde diese beispiellose plebiszitäre Schwäche durch die zeitweise Tolerierung der Nationalsozialisten, die Schleicher ausgehandelt hatte. Zwei Bedingungen hatte die NSDAP-Führung dafür genannt: die Aufhebung des SA/SS-Verbots und die sofortige Auflösung des Reichstags sowie Ausschreibung von Neuwahlen. Beide Punkte wurden umgehend erledigt. Das SA/SS-Verbot fiel am 16. Juni, die Neuwahlen wurden für den 31. Juli angesetzt.

Für die Nationalsozialisten barg die Tolerierung der Regierung Papen nicht geringe Risiken, konnten sie doch nun für deren unpopuläre Politik haftbar gemacht werden. Deshalb mußten sie darauf achten, daß diese strategisch notwendige Phase nicht zu lange dauerte, wurden die SA-Uniformen doch schon bald als braune ‚Notverordnungsjacken‘ verlästert. Am 14. Juni 1932 nämlich hatte die Regierung in einer Notverordnung die bereits vom Kabinett Brüning eingeleiteten Kürzungen sozialer Leistungen drastisch verschärft. Leistungen aus der Arbeitslosenversicherung wurden nur noch für sechs Wochen gezahlt und um weitere 23% gekürzt. Die Sätze der Krisenfürsorge und der kommunalen Wohlfahrt - ohnehin erst nach strengen Bedürftigkeitsprüfungen bewilligt - wurden ebenfalls nochmals reduziert. Angesichts der sozialreaktionären Politik Papens vermied es denn die NS-Presse auch, offen ihre Tolerierung zu erklären, und Goebbels vertraute (am 5. Juni 1932) seinem Tagebuch an: „Wir müssen uns von dem bürgerlichen Übergangskabinett so schnell wie möglich absentieren."[19]

12. ‚Preußenschlag‘ und Reichstagswahl

Die Wiederzulassung der NS-Banden und der einsetzende Wahlkampf führten im Juni und Juli 1932 zu einer neuen Welle der politischen Gewalt mit Hunderten von Toten und Verletzten. In vielen Städten beherrschten Nationalsozialisten oder Kommunisten ganze Straßenzüge, die als Revier gegen Eindringlinge des politischen Feindes mit allen Mitteln verteidigt wurden. In dieser Situation mußte der Propagandamarsch schleswig-holsteinischer SA-Verbände durch kommunistische Arbeiterviertel im preußischen Altona (seit 1937 zu Hamburg gehörig) am 17.

---

19 Joseph Goebbels, Vom Kaiserhof zur Reichskanzlei, München [11]1934, S. 107.

Juli als Provokation betrachtet werden. Der ‚Altonaer Blutsonntag' - 18 Menschen starben, davon die meisten durch Polizeikugeln getroffene unbeteiligte Anwohner und Passanten - lieferte der Regierung Papen den letzten Anlaß für den sogenannten ‚Preußenschlag'. Am 20. Juli wurde die preußische Regierung, die seit der Landtagswahl vom April über keine parlamentarische Mehrheit mehr verfügte und nur noch geschäftsführend im Amt war, in einer Art Staatsstreich für abgesetzt erklärt. Papen selbst übernahm kommissarisch den Posten des preußischen Ministerpräsidenten, zum Reichskommissar für das preußische Innenministerium wurde der Essener Oberbürgermeister Franz Bracht ernannt. Gerechtfertigt wurde das putschistische Unternehmen mit der Unfähigkeit der preußischen Regierung, für Ruhe und Ordnung zu sorgen und energisch gegen kommunistische Aufrührer einzuschreiten; sogar eine Unterstützung durch die Kommunisten sei in der preußischen Regierung erwogen worden - eine haltlose Anschuldigung. Durch den Schlag gegen Preußen war das letzte Bollwerk gegen die Zerstörung der Weimarer Demokratie beseitigt worden. Daß es Papen vor allem um die Ausschaltung möglicher Widerstände gegen sein autoritäres Regime ging, zeigte sich darin, daß nicht nur die preußischen Regierungsmitglieder ihrer Ämter enthoben wurden. Entlassen wurde auch der Berliner Polizeipräsident, sein Stellvertreter und der Kommandeur der Schutzpolizei. In dem verbleibenden Halbjahr bis zum Beginn der NS-Diktatur wurden umfangreiche politische Säuberungen der preußischen Verwaltung eingeleitet, die die spätere ‚Gleichschaltung' erleichterten.

Die Amtsenthebung der preußischen Regierung war allerdings nicht nur ein aus aktuellem Tagesinteresse entstandener Coup, um die politischen Kräfteverhältnisse endgültig zu ungunsten der Befürworter der Demokratie zu verändern. Schon seit den Verfassungsberatungen der Nationalversammlung war die große Macht Preußens innerhalb des Reiches als problematisch empfunden worden. Nach 1918 umfaßte Preußen fast zwei Drittel der Fläche Deutschlands und stellte etwa 40% der Bevölkerung, so daß dieses Land eine Sonderstellung beanspruchen konnte. Die Debatte um eine prinzipielle Veränderung der verfassungsrechtlichen Struktur des Verhältnisses von Reich und Ländern wurde am Vorabend der Weltwirtschaftskrise neu entfacht. Im ‚Bund zur Erneuerung des Reiches', der 1928 gegründet wurde, fanden sich Politiker der bürgerlichen Parteien - von der DDP bis zur DNVP - und führende Großindustrielle und Bankiers unter Führung des ehemaligen parteilosen Reichs-

kanzlers Luther zusammen, um vor allem gegen die kostspielige Doppel-
regierung von Reich und Preußen in Berlin Stimmung zu machen.
Der ‚Preußenschlag' stellte die Sozialdemokratie vor die schwierige
Frage, ob sie diesen Coup kampflos hinnehmen müsse oder Widerstand
leisten könne. Der sozialdemokratische Innenminister Carl Severing und
Ministerpräsident Otto Braun (SPD) - er hatte sich schon am 6. Juni in
Urlaub begeben - vertraten mit der großen Mehrheit der Parteiführung
die Auffassung, daß die nur noch geschäftsführende Regierung aufgrund
ihrer unzureichenden Legitimation keine Chance in einem Machtkampf
mit der Reichsregierung besitze. Nur wenige sozialdemokratische Funktionäre, darunter der Fraktionsvorsitzende im preußischen Landtag Ernst
Heilmann und der ehemalige preußische Innenminister Albert Grzesinski,
sowie Teile der Führung des Reichsbanners meinten, daß nun der Zeitpunkt für eine aktive Gegenwehr gekommen sei. Allerdings waren die
Voraussetzungen dafür schon nicht mehr gegeben. Angesichts der hohen Arbeitslosigkeit und der nicht voraussehbaren Reaktion der Kommunisten standen die Aussichten für einen Generalstreik von vornherein auf unsicherer Gundlage, und im Falle einer gewaltsamen Auseinandersetzung hätten preußische Polizei und Reichsbanner gegen die von
Stahlhelm und SA unterstützten Truppen der Reichswehr wohl keine
wirksame Gegenwehr leisten können - wenn denn die Polizei überhaupt
dem Befehl dazu Folge geleistet hätte. Aber nicht die realistisch vorge-
nommene Abwägung der Erfolgsaussichten war vom Resultat her ent-
scheidend. Durch den Verzicht auf den Widerstand gegen den Staatsstreich Papens war die letzte Möglichkeit vertan, ein moralisches Zeichen gegen die Zerstörung der Weimarer Republik zu setzen. Die Anru-
fung des Staatsgerichtshofes in Leipzig jedenfall hieß „den Teufel bei
seiner Großmutter (zu) verklagen", wie die Kommunistin Clara Zetkin
ironisch kommentierte[20]. Und der Aufruf der Sozialdemokratie, Papen
nun bei der bevorstehenden Reichstagswahl die Quittung für sein ver-
fassungswidriges Verhalten zu erteilen, wirkte kraftlos - der gelungene
Coup in Preußen hatte auch sein Ziel erreicht, die SPD in den Augen
ihrer Anhängerschaft zu desavouieren.

Das Ergebnis der Wahl vom 31. Juli fiel ähnlich aus wie dasjenige der
Preußenwahl im April. Die NSDAP erhielt 13,7 Millionen Stimmen

---

20 Clara Zetkin, Es gilt, den Faschismus niederzuringen, in: dies., Ausgewählte Reden
  und Schriften, Berlin (Ost) 1960, Bd. 3, S. 413-419 (Zitat: S. 415 f.).

(37,3%), eine Verdoppelung gegenüber der Wahl vom September 1930; an zweiter Stelle lag die SPD mit 21,6% (-2,9%), dann folgten die Kommunisten mit 14,3% (+1,2%). Bis auf das Zentrum und die BVP, die leichte Zugewinne erzielt hatten, mußten sämtliche bürgerlichen Parteien Verluste hinnehmen. DVP, Staatspartei und Wirtschaftspartei waren zu Splittergruppen herabgesunken, die volkskonservativen und agrarischen Listen hatten ebenfalls kaum noch Wähler gefunden, und auch die DNVP mußte nochmals Verluste hinnehmen - sie erhielt 5,9% (-1,1%) der Stimmen.

13. Der Bruch zwischen NS-Bewegung und Papen-Kabinett

Mit der Reichstagswahl waren die gemeinsamen Interessen von NS-Bewegung und Papen-Kabinett aufgezehrt, die Phase der Tolerierung beendet. Eine parlamentarische Mehrheit zeichnete sich nach wie vor nicht ab, weder für eine von der NSDAP geführte Koalition noch als Unterstützung für die amtierende Präsidialregierung. In der Nazipartei und in der SA wuchsen Unzufriedenheit und Ungeduld vieler Funktionäre, denn seit dem Frühjahr stagnierte die NS-Bewegung, hatte es bei Wahlen keinen Zuwachs mehr gegeben. Der Zenit des Wählerzuspruchs war offenbar erreicht. In dieser für die NSDAP gefährlichen Situation verfolgte Hitler einen riskanten Kurs. Er lehnte weiterhin strikt alle Offerten ab, als Vizekanzler in das Kabinett Papen einzutreten oder zumindest andere nationalsozialistische Vertreter zu entsenden. Hitler forderte für sich die Reichskanzlerschaft, das Amt des preußischen Ministerpräsidenten und für die NSDAP zudem mindestens das für eine Machtsicherung wichtige Innenministerium. Nach erfolglosen Verhandlungen traf er, begleitet von Göring, am 13. August zu einem Gespräch mit dem Reichspräsidenten, dessen Staatssekretär Meißner und Papen zusammen. Offenbar hatten aber Papen und Schleicher Hitler in Unkenntnis darüber gelassen, daß Hindenburg von vornherein entschlossen war, die Forderungen der NSDAP abzulehnen und an Papen festhalten wollte. Durch ein von der Regierung veröffentlichtes Kommunique über das Treffen fühlte sich Hitler zusätzlich übergangen - der Übergang zu offener Opposition gegen das Kabinett Papen war die Folge. Dieses stand nun an der gleichen Stelle wie zuvor schon die Regierung Brüning. Die Integration der NS-Bewegung war mißlungen.

Die nationalsozialistische Gewaltwelle steigerte sich in den folgenden Wochen noch. Schon am 9. August hatte das Reichskabinett neue Verordnungen gegen politisch motivierte Gewalttaten erlassen und Sondergerichte eingesetzt, die ohne Berufungs- und Revisionsmöglichkeiten entsprechende Fälle verhandeln sollten. Eine besonders spektakuläre Bluttat der SA im oberschlesischen Potempa, der brutale Mord an einem angeblich kommunistischen Arbeiter, begangen in der Nacht nach dem Erlaß der neuen Verordnung, erregte die Öffentlichkeit besonders stark. Denn nach den Bestimmungen der neuen Verordnung wurden die rasch gefaßten Täter schon zwei Wochen später zum Tode verurteilt. Hitler solidarisierte sich sofort mit den SA-Leuten: „Angesichts dieses ungeheuerlichen Bluturteils fühle ich mich Euch in unbegrenzter Treue verbunden. Eure Freiheit ist von diesem Augenblick an eine Frage der Ehre. Der Kampf gegen eine Regierung, unter der dies möglich war, unsere Pflicht."[21]

Die Regierung Papen schreckte selbst angesichts dieser Attacke davor zurück, alle Brücken zur NS-Bewegung abzubrechen. Die Mörder von Potempa wurden zu lebenslangem Zuchthaus begnadigt - und am 23. März 1933 freigelassen.

Die politische Lage geriet immer unübersichtlicher. So kam es im August zu Kontakten zwischen dem Zentrum, der BVP und der NSDAP, die im Reichstag als einzige Parteien gemeinsam eine Koalition hätten bilden können. Allerdings scheiterten die Gespräche wie schon im Frühjahr in Preußen an der starren Haltung Hitlers, der den Posten des Kanzlers für sich forderte. Zudem war ihm ohnehin wenig an einem Koalitionskabinett auf parlamentarischer Grundlage gelegen. Immerhin wurde Hitlers Vertrauter Göring am 30. August mit den Stimmen von Zentrum und BVP zum Reichstagspräsidenten gewählt. Eine Probe seines politischen Fintenreichtums lieferte Göring zwei Wochen später. Am 12. September, als Papen im Reichstag eine Regierungserklärung verlesen wollte, ließ er noch vor Eintritt in die Tagesordnung einen kommunistischen Mißtrauensantrag gegen die Regierung zu, der mit 512 gegen 42 Stimmen angenommen wurde - lediglich die Fraktionen der DVP und der DNVP unterstützten Papen in dieser Situation. Unmittelbar darauf wurde der gerade (Ende Juli) gewählte Reichstag erneut aufgelöst - die Neuwahl wurde auf den 6. November 1932 anberaumt.

---

21 Völkischer Beobachter, 24.8.1932.

In der Wahlkampagne der NSDAP waren diesmal verstärkt antibürgerliche, sozialistisch klingende Töne vernehmbar. Die Regierung Papen wurde des Lohnabbaus und der sozialen Reaktion bezichtigt, diese wiederum warf der Hitlerpartei parlamentarische und klassenkämpferische Neigungen vor. Vor allem die Beteiligung der NSBO an einem kommunistisch geführten Streik der Berliner Verkehrsarbeiter Anfang November 1932, in den Tagen vor und nach der Reichstagswahl, erregte großes Aufsehen. Die sozialdemagogische Agitation führte allerdings nicht zum Erfolg. In der Bevölkerung begann sich, obwohl die Wahlbeteiligung immer noch hoch war (80,6% gegenüber 84,1% im Juli), eine gewisse Wahlmüdigkeit auszubreiten Die NSDAP mußte erstmals seit dem Beginn ihres Durchbruchs zu einer Massenbewegung einen deutlichen Rückgang registrieren. Sie büßte 2 Millionen Stimmen ein und erreichte nur noch einen Anteil von 33,1% (-4,2%). Damit war die NSDAP zwar immer noch die stärkste parlamentarische Kraft, aber von der Mehrheit weiter denn je entfernt. Selbst die rechnerische Möglichkeit eines Zusammengehens mit Zentrum und BVP gab es nun nicht mehr. Gewinne hatten die Kommunisten mit 16,9% (+2,5%) und die Deutschnationalen mit 8,3% (+2,4%) erzielt, alle anderen Parteien hatten nur geringe Prozentverschiebungen aufzuweisen.

Die Reichstagswahl hatte die politische Konstellation wenig verändert. Nach wie vor ging es um die Frage, ob und wie die NSDAP in das präsidiale Regierungssystem, das als feste Größe nicht aufgegeben werden sollte, zu integrieren war. Drei Wege zur autoritären Lösung der Staatskrise schälten sich in den zahllosen Unterredungen zwischen den politischen Akteuren heraus, die nach dem Rücktritt des Kabinetts Papen am 17. November geführt wurden. Die Rückkehr zu parlamentarischen Methoden hingegen hatte Hindenburg bei dieser Gelegenheit ausdrücklich ausgeschlossen. Und diese Position wurde auch von den Parteiführern der bürgerlichen Mitte geteilt. Prälat Kaas, Vorsitzender des Zentrums, erklärte dem Reichspräsidenten bei einem der nun erfolgenden Sondierungsgespräche einen Tag später: „Wir wollen nicht wieder zurückfallen in den Parlamentarismus, sondern wir wollen dem Reichspräsidenten einen politischen und moralischen Rückhalt schaffen für eine autoritäre Regierung, die vom Reichspräsidenten inspiriert und instruiert wird."[22]

---

22 Zit. nach Ursachen und Folgen, Bd. 8, S. 681 f.

14. Reichskanzlerschaft Hitlers, Papens ‚Neuer Staat' oder Schleichers ‚Querfront'?

Der erste Weg, der nach wie vor mit großer Beharrlichkeit von der Führung der NSDAP verfolgt wurde, war die Propaganda für die Reichskanzlerschaft Hitlers. Paradoxerweise hatten sich diesbezügliche Druckmöglichkeiten durch die Wahlniederlage eher vergrößert als verkleinert. Denn nun schien einigen Interessenten der Zerstörung der Weimarer Demokratie am Horizont die Gefahr aufzutauchen, daß sich die NS-Bewegung wieder verlaufen könne und damit die Massenbasis für die eigenen Ziele. Nur die umgehende Auslieferung der Regierung an Hitler, so wurde gefolgert, würde diese Gefahr bannen können. Für die Unterstützung dieser Lösung wurde in einer Eingabe von Industriellen, Bankiers und Großagrariern am 19. November an den Reichspräsidenten geworben. Nachdem festgestellt worden war, daß die Regierung Papen trotz besten Willens „keine ausreichende Stütze im deutschen Volk gefunden" habe und öfter wiederholte Auflösungen des Reichstags ungünstige Wirkungen auf die politische und wirtschaftliche Situation haben müßten, hieß es in den entscheidenden Passagen:

„Wir bekennen uns frei von jeder engen parteipolitischen Einstellung. Wir erkennen in der nationalen Bewegung, die durch unser Volk geht, den verheißungsvollen Beginn einer Zeit, die durch Überwindung des Klassengegensatzes die unerläßliche Grundlage für einen Wiederaufstieg der deutschen Wirtschaft erst schafft. Wir wissen, daß dieser Aufstieg noch viele Opfer erfordert. Wir glauben, daß diese Opfer nur willig gebracht werden können, wenn die größte Gruppe dieser nationalen Bewegung führend an der Regierung beteiligt wird. Die Übertragung der verantwortlichen Leitung eines mit den besten sachlichen und persönlichen Kräften ausgestatteten Präsidialkabinetts an den Führer der größten nationalen Gruppe wird die Schwächen und Fehler, die jeder Massenbewegung notgedrungen anhaften, ausmerzen und Millionen Menschen, die heute abseits stehen, zu bejahender Kraft mitreißen."[23] Hjalmar Schacht, Fritz Thyssen sowie der Chef des Reichslandbundes Graf Kalckreuth waren die prominentesten Unterzeichner der Eingabe,

---

23 Dok. u. a. in Axel Schildt, Das Kabinett Kurt von Schleicher, in: Everhard Holtmann (Hg.), Die Weimarer Republik. Bd. 3: Das Ende der Demokratie 1929-1933, München 1995, S. 391-444 (hier S. 424 f.)

aber es war deutlich, daß sich die meisten Finanzmagnaten bedeckt gehalten hatten, wobei sie entweder nicht hervortreten wollten oder aber -
und dies war offenbar die große Mehrheit - nicht überzeugt von dieser
Lösung waren. Denn die entscheidende Frage, welche Garantien gegen
eine Verselbständigung der nationalsozialistischen Machthaber im Falle
der Auslieferung der Staatsspitze an Hitler denn noch vorhanden wären,
war nicht berührt worden. Zu persönlichen Verhandlungen zwischen dem
NSDAP-Führer und Hindenburg kam es im November 1932 nicht, sondern lediglich zu einem Briefwechsel, der keine Veränderung der Stand-
punkte zum Ergebnis hatte.

Der zweiten Lösungsmöglichkeit neigte der Reichspräsident zu: nämlich den im August 1932 vollzogenen Bruch mit der NS-Bewegung hinzunehmen und das Kabinett Papen weiter regieren zu lassen. Diese
Möglichkeit hätte die endgültige Ausschaltung des Parlaments und die
Option für eine Regierung bedeutet, die kaum Zuspruch in der Bevölkerung fand. Von Brüning ist ein häufig gebrauchter Leitsatz Papens überliefert, der dessen ganze Verachtung der Massendemokratie offenbart:
„Man muß dem Volke nur den Stiefelabsatz durch die Schnauze ziehen,
dann pariert es schon."[24] Eine staatstheoretische Rechtfertigungsideologie
für das angestrebte elitäre Regime mußte Papen nicht erfinden, es stand
in den Schriften der konservativ-revolutionären Schriftsteller des Her-
renklubs zur Verfügung. Erwähnt seien von den Ghostwritern Papens
vor allem Walther Schotte und Edgar Julius Jung, der mit seinem 1927
veröffentlichten Bestseller ‚Die Herrschaft der Minderwertigen' als
Demokratiekritiker einige Prominenz erlangt hatte. Auf dieser Basis
wurde unter Federführung des Innenministers von Gayl an einem
Verfassungsentwurf für einen ‚Neuen Staat' gearbeitet. In seiner Rede
zum Verfassungstag am 11. August 1932 umriß er sein Vorhaben: „Die
Reform hat auszugehen von einer Änderung des im Artikel 22 der Verfassung vorgeschriebenen Wahlrechts. In diesem Artikel wurzelt die von
weitesten Kreisen unseres Volkes schwer empfundene Herrschaft der
Parteibürokratie. Das Volk will nicht Nummern, sondern Persönlichkeiten wählen, und es versteht nicht, daß die Stimmen noch nicht mündiger
Volksgenossen gleichgewertet werden den Stimmen der Familienernährer
und der Mütter. Zur Reform des Wahlrechts gehört auch die Einschränkung der zahlreichen kleinen Splitterlisten, deren Stimmen in der Regel

---

24 Brüning, S. 620.

ausfallen. Dem Wahlrecht sollte auch die Wahlpflicht entsprechen."[25] Ergänzend schlug Gayl eine stärkere Unabhängigkeit der Regierung vom Reichstag sowie die Schaffung einer vom Reichspräsidenten zu berufenden ständischen Kammer vor, die „sie vor den Folgen der oft durch Stimmungen und Wahlrücksichten beeinflußten Parlamentsbeschlüse zu schützen und die Stabilität und Folgerichtigkeit der Regierungspolitik zu gewährleisten vermag." Angestrebt war auch eine Personalunion zwischen Reichskanzler und preußischem Ministerpräsidenten zur Überwindung des bisherigen Dualismus. Konkretere Einzelheiten der geplanten Wahlrechts- und Parlamentsreform legte von Gayl in einer Rede am 28. Oktober vor. Danach sollten das aktive und das passive Wahlrecht um jeweils etwa fünf Jahre heraufgesetzt „und den selbständigen Familienernährern, gleichviel ob Mann oder Frau, und den Kriegsteilnehmern eine Zusatzstimme (gewährt werden), welche die Bedeutung der Familienernährer für unser Land unterstreicht und den Kriegsteilnehmern den Dank des Vaterlandes zum Ausdruck bringt."[26]

Im Sinne dieses Vorhabens, das in seltsamer Form Verfassungselemente der Vorkriegszeit mit spezifischen Elementen völkisch-nationalistischen Denkens verwob, sollte der demokratisch gewählte Reichstag zunächst ohne Festlegung eines Termins für Neuwahlen entlassen werden. Allerdings hatte Papen im September 1932 noch vor einem solchen Schritt zurückgeschreckt. Der offene Bruch mit der Weimarer Verfassung war riskant. Denn gleichzeitig sollte auf eine Integration der nationalsozialistischen Bewegung als einzig vorhandener Massenbasis für die Zerstörung der Republik verzichtet und diese sogar isoliert werden. Weder Papen noch seine Umgebung verfügten über klare strategische Vorstellungen, wie man den gewünschten Zustand einer elitär-ständestaatlich verbrämten Diktatur denn erreichen und dauerhaft sichern sollte.

Gegner dieses Vorhabens war im Kabinett vor allem der Reichswehrminister Schleicher, der den Sturz Brünings herbeigeführt hatte, um endgültig die Frage der Integration der NSDAP zu lösen. Schon im Juli 1932 hatte er in einer Rundfunkansprache betont: „Wenn man unter Mi-

---

25 Zit. nach Axel Schildt, Militärdiktatur mir Massenbasis? Die Querfrontkonzeption der Reichswehrführung um General von Schleicher am Ende der Weimarer Republik, Frankfurt/M./New York 1981, S. 58.

26 Zit. nach ebd.

litärdiktatur eine Reg(ierung) versteht, die sich nur auf die Bajonette der Reichswehr stützt, so kann ich dazu nur sagen, daß eine solche Reg(ierung) im luftleeren Raum sich schnell abnutzen und letzten Endes zum Mißerfolg führen muß. In Deutschland vielleicht mehr noch als in manchen anderen Ländern muß die Reg(ierung) von einer breiten Volksströmung getragen sein."[27]

Der ‚soziale General', wie er in der Öffentlichkeit bisweilen genannt wurde, hatte sich im Laufe des Herbstes 1932 zunehmend gegen den von ihm selbst ins Amt gebrachten Kanzler und dessen staatsrechtliche Vorstellungen gewandt. Am 18. November, einen Tag nach der schon von ihm gegen den widerstrebenden Papen herbeigeführten Gesamtdemission des Kabinetts, ließ er die Einladung zu einem Planspiel der Reichswehr verschicken. Es fand dann am 25. und 26. November unter der Leitung des Obersten Eugen Ott, eines Vertrauten von Schleicher, statt. Thema des Planspiels war der innenpolitische Ausnahmezustand, wobei die Annahme zugrunde gelegt wurde, daß die im Herbst 1932 einsetzende Streikwelle in einen Generalstreik münden würde. Als Ergebnis wurde festgehalten, daß Reichswehr, Polizei und die mit Nazi-Sympathisanten durchsetzte Technische Nothilfe (Teno) mit einer solchen Lage allein nicht fertig werden würden, mithin unbedingt „Ergänzungsleute" notwendig wären, aber „Menschenmaterial hierzu höchstens aus Stahlhelmkreisen zu bekommen" sei[28]. Als Hindenburg am 1. Dezember in einer Aussprache, bei der neben Papen, Schleicher und Staatssekretär Meißner auch der Sohn des Reichspräsidenten Oskar zugegen war, zu erkennen gab, daß er trotz aller Warnungen des Reichswehrministers Papen mit weitreichenden Vollmachten für die gewaltsame Durchsetzung seiner Verfassungsreform ausstatten würde, handelte Schleicher. In der Kabinettssitzung des folgenden Tages ließ er Oberst Ott über das Planspiel referieren und überzeugte damit die Mehrheit der Minister von der Undurchführbarkeit des Papen-Plans. Daraufhin mußte auch Hindenburg nachgeben und betraute am 2. Dezember 1932 General von Schleicher mit dem Posten des Reichskanzlers, der

---

27 Zit. nach Schutheß' (1932), S. 131.

28 Tagebuchaufzeichnungen des Reichsfinanzministers Schwerin von Krosigk über den Verlauf der Ministerbesprechung vom 2.12.1932, 9 Uhr, in: Das Kabinett von Papen. 1. Juni bis 3. Dezember 1932, Bd. 2, bearb. von Karl-Heinz Minuth, Boppard am Rhein 1989, S. 1036-1038.

als einzig in Frage kommender Kandidat noch über die Möglichkeit einer Integration der NSDAP zu verfügen schien. Diese Schleicher-Lösung ist auch als ‚Querfront‘ in die Geschichtswissenschaft eingegangen. Oberstes Ziel war es, für das Präsidialregime eine tragfähige Basis in der Bevölkerung zu gewinnen. Ohne den erreichten Stand der Entmachtung des Parlaments aufzugeben, sollte das Regime populär werden. Und da sich die Parteien verweigerten bzw. isoliert werden sollten, mußte diese Basis quer zum Parteiensystem aufgebaut werden. Gedacht war in erster Linie an die Gewerkschaften und Wehrverbände verschiedener politischer (von nationalsozialistischen bis zu sozialdemokratischen) Richtungen, die aber aus ihren parteilichen und politisch-kulturellen Bezügen herausgelöst werden sollten. Gegenüber anderen zeitgenössischen Sammlungsplänen zur Unterstützung des Präsidalsystems unterschied sich diese Konzeption durch die angestrebte Breite des politischen Spektrums. In Umrissen zeigte sich das Ziel eines zugleich populären und autoritären Militärregimes, ausgerichtet auf die Wiedergewinnung einer starken deutschen Weltgeltung.

Wichtigste Ideenwerkstatt für die ‚Querfront‘ war die im Diederichs-Verlag erscheinende Zeitschrift ‚Die Tat‘, die Ende der 20er Jahre von einem Kreis junger, ‚konservativ-revolutionär‘ denkender Publizisten übernommen wurde und in der Weltwirtschaftskrise zum auflagenstärksten politisch-kulturellen Monatsblatt aufstieg. Deren Chefredakteur *Hans Zehrer* stand seit 1929 in Verbindung mit Schleicher. Allerdings hielt der General bis in den Herbst 1932 hinein einen gewissen Abstand zu dieser Gruppe, so daß nicht direkt von der Publizistik der ‚Tat‘ auf die Absichten der Reichswehrführung geschlossen werden darf. In der ‚Tat‘ wurde in zahlreichen Artikeln, oftmals in der Kommentierung der laufenden politischen Geschehnisse, folgende grob skizzierte Konzeption entwickelt: Hergestellt werden müsse ein Dreieck von ‚auctoritas‘ (die vom Reichspräsidenten personifizierte Autorität), ‚potestas‘ (die durch die Reichswehr hergestellte Macht) und ‚Volkswille‘. Dieser Volkswille als notwendige Basis des Regimes setze sich zusammen aus den Elementen des Religiösen, des Nationalen und des Sozialen. Nach der Säkularisierung des Religiösen wiederum ruhe das Schwergewicht auf dem Nationalen und Sozialen. Nationale Kräfte, vor allem die NS-Bewegung, und soziale Kräfte, vor allem die Gewerkschaften, müßten deshalb versöhnt werden, um gemeinsam ein von der Reichswehr geführtes Präsidialregime zu stützen. Papens elitäre Vorstellungen hingegen wurden immer wieder scharf kritisiert. Untermauert wurde diese Konstruktion durch ökonomische und soziologische Beweisführungen, denen zufolge die ‚Querfront' Trägerin einer „Revolution von rechts" - so der zeitgenössisch prominente Buchtitel des Soziologen Hans Freyer (1931) - war. Die Weltwirtschaftskrise sei nur der negative Gipfel einer dem deutschen Volk nicht wesensgemäßen kapitalistischen Industrialisierung, des internationalen Freihandels und letztlich des rationalistisch-liberalistischen Fortschrittsglaubens des 19. Jahrhunderts. Das bereits eingeläutete Ende des Kapitalismus sollte den Übergang zu einer geordneten ‚nationalen Planwirtschaft' nach sich ziehen und zielte damit auf eine nach kriegswirtschaftlichem Vorbild durchgesetzte Vergrößerung des Staatseinflusses. Eingriffe des Staates und im Interesse des Staates in die private Verfügungsgewalt des Kapitals (nicht aber dessen Enteignung) sollten aus der Krise führen. In diesem Zusammenhang wurde - als Gegenbegriff zum Welthandel - immer wieder die deutsche ‚Autarkie' propagiert. Abweichend von der Wortbedeutung war damit die Herstellung eines von Deutschland dominierten Wirtschaftsraums in ‚Zwischeneuropa' (von Polen bis zum Balkan reichend) gemeint. Am Horizont erschien damit auch die geplante (traditionelle) Expansionsrichtung des künftigen starken Militärstaates.

Anknüpfungspunkte für die Unterstützung dieser Ziele durch Gewerkschaften, Wehrverbände und die NS-Bewegung sah man zum einen im gemeinsamen Interesse an staatlichen Programmen zur Arbeitsbeschaffung, zum anderen in der Heranziehung der paramilitärischen Verbände durch die Reichswehr zur vormilitärischen Ausbildung. Alle Entwicklungen, die in diesem Sinne eine Verständigung im Dreieck von Reichswehrführung, NSDAP und Gewerkschaften befördern konnten, wurden von den Publizisten der ‚Tat' nicht nur analysiert, sondern nach Kräften auch unterstützt. Sowohl die Gewerkschaften als auch Teile der NSDAP unterstützten den Gedanken staatlicher Konjunkturpolitik. Nach der Lausanner Konferenz Mitte 1932 war auch der reparationspolitische Hinderungsgrund dafür entfallen. Die Auseinandersetzungen im zweiten Halbjahr 1932 gingen im Kern um die Frage, wie rasch die Deflationspolitik Brünings aufgegeben, und ob schwerpunktmäßig die private Initiative belebt oder öffentliche Arbeitsbeschaffungsmaßnahmen aufgelegt werden sollten. Den ersten Weg hatte Papen mit einem in der Form der Notverordnung präsentierten Plan Anfang September versucht. Durch Steuersenkungen (in der Form von Steuergutscheinen) für Unternehmen, niedrigere Löhne im Falle von Neueinstellungen und ein staatliches Investitionsprogramm sollte die Arbeitslosigkeit gemildert werden. Dieser vom RDI beifällig aufgenommene Plan hatte allerdings kaum zu den erhofften Neueinstellungen geführt (bis zum Rücktritt der Regierung Papen wurden lediglich 75.000 Neueinstellungen registriert, und z.t. hatte es dafür Entlassungen der tarifmäßig beschäftigten Arbeitnehmer gegeben) und sich als ökonomisch sogar kontraproduktiv erwiesen, weil er eine Streikwelle provoziert hatte. Den zweiten Weg, der in der ‚Tat' schon länger propagiert worden war, beschritt Schleicher durch die Unterstützung des sogenannten Gereke-Plans, mit dem öffentliche Arbeitsbeschaffungsprogramme durch staatliche Kredite finanziert werden sollten - die Beschäftigung sollte durch tarifliche Löhne erfolgen (s.u.). Damit wiederum war eine zentrale gewerkschaftliche Forderung aufgenommen worden. Als der General am 2. Dezember - durchaus widerstrebend - das Kanzleramt übernehmen mußte, um eine Neuauflage des Papen-Kabinetts zu verhindern, hatten sich die Grundlinien seiner Politik zwar bereits herausgeschält. Aber es sollte sich sehr rasch zeigen, daß er und seine publizistische Umgebung die Chancen für eine ‚Querfront' bei weitem überschätzt hatten.

15. Strasser gegen Hitler? - Die Krise der NSDAP

Entscheidend für die Realisierung der Schleicher-Lösung war die Entwicklung der Kräfteverhältnisse in der NSDAP. Und hier richtete sich die Hoffnung vor allem auf den Reichsorganisationsleiter Gregor Strasser, der als mächtigster Mann der Partei nach Hitler angesehen wurde. Es erregte großes öffentliches Aufsehen, als er am 10. Mai 1932 im Reichstag eine Rede hielt, in der er ein Arbeitsbeschaffungsprogramm forderte, das dem späteren Programm Schleichers genau entsprach und auch die Gewerkschaften für deren entsprechende Überlegungen ausdrücklich lobte. Die Freien Gewerkschaften wurden von Strasser bei dieser Gelegenheit positiv als nationale Kraft von der SPD als ‚jüdisch-internationalistischem' und klassenkämpferischem Faktor abgesetzt. Diese Spaltung zwischen Partei und Gewerkschaften entsprach wohl nicht zufällig den Querfront-Vorstellungen der Tat-Publizisten, denn der Inspirator von Strassers Rede war Hellmuth Elbrechter, ein Angehöriger dieses Kreises (und der Zahnarzt sowohl von Schleicher, Strasser und Brüning). Zwei Wochen später konkretisierte Gregor Strasser in einer

Rede im Münchner Zirkus Krone den seiner Meinung nach bestehenden Wesensunterschied von sozialdemokratischer Partei und Gewerkschaften: „Der jüdisch-intellektualistische Einfluß hat sich in den Gewerkschaften, die mit der Arbeiterschaft in näherer Berührung stehen, nicht so breit machen können wie in der Sozialdemokratie."[29] Daß diese rotbraunen Annäherungsversuche nicht die übereinstimmende Meinung der NSDAP-Führung wiedergaben, zeigte sich in der verkürzten und verfälschenden Berichterstattung der Parteipresse über Strassers Reden. Zum einen mußten die Avancen an die Adresse der Gewerkschaften irritierend auf die gleichfalls umworbenen Unternehmer und auf die mittelständische und kleingewerbliche sowie bäuerliche Klientel wirken, zum anderen hatte die NSDAP selbst noch keine gültige Linie in der Wirtschaftspolitik ausgearbeitet; im Sommer und Herbst 1932 gab es hinter den Kulissen unter den verschiedenen Beraterkreisen eine lebhafte Konkurrenz; und zum dritten widersprach die Annäherung an die Gewerkschaften ihrer von vielen in der NS-Führung bevorzugten gewaltsamen Ausschaltung im Falle der Machtergreifung.

Die Streitigkeiten in der NSDAP-Spitze verschärften sich im Herbst 1932, als deutlich wurde, daß die Forderung nach der sofortigen Kanzlerschaft Hitlers nicht erfolgversprechend war, und erst recht nach der Niederlage bei der Reichstagswahl am 6. November, die eine schwere Depression der Partei verursachte. Eine desolate finanzielle Situation, Mitgliederschwund und am 4. Dezember eine erneute schwere Niederlage bei den Kommunalwahlen in Thüringen festigten die Überzeugung Strassers, der für den Eintritt in die Regierung Schleichers warb. Dabei stellte sich Strasser nicht gegen Hitler, sondern versuchte ihn dafür zu gewinnen, den Eintritt von Nationalsozialisten in das Kabinett zuzulassen. Währenddessen versuchten andere Mitglieder der NS-Führung, am hartnäckigsten wohl der Propagandachef Goebbels, Hitler davon zu überzeugen, daß er den kompromißlosen Kurs der Partei beibehalten müsse.

Auf einer Reichsführertagung der NSDAP in Berlin am 4. und 5. Dezember 1932 kam es zu heftigen Auseinandersetzungen. Strasser, der vor allem viele Abgeordnete der Reichstagsfraktion hinter sich wußte, glaubte zu diesem Zeitpunkt noch an eine Durchsetzung seines Standpunktes und akzeptierte das Angebot Schleichers, als Vizekanzler in das

---

29   Zit. nach Schildt, Militärdiktatur, S. 131.

Kabinett einzutreten. Doch kurz darauf wandte sich das Blatt offenbar wieder zu seinen Ungunsten. Am 8. Dezember resignierte Strasser und erklärte in einem an Hitler persönlich adressierten Brief seinen Rücktritt als Reichsorganisationsleiter und den Verzicht auf sein Reichstagsmandat. Diesen Schritt begründete er zum einen mit der Sabotage seiner organisatorischen Arbeit durch Hitler selbst. Zum anderen dürfe die NSDAP nicht nur als „eine zur Religion werdende Weltanschauungsbewegung" auftreten, sondern auch als „eine Kampfbewegung, die die Macht im Staate in jeder Möglichkeit anstreben muß, um den Staat zur Erfüllung seiner nationalsozialistischen Aufgaben und zur Durchführung des deutschen Sozialismus in allen seinen Konsequenzen fähig zu machen." Während diese Trennung von Ideologie und Realpolitik direkt die Regierungsteilnahme betraf, zielte der dritte Rücktrittsgrund auf die Strategie gegenüber der Arbeiterbewegung: „Die brachiale Auseinandersetzung mit dem Marxismus kann und darf nicht - dem Einzelnen überlassen - in dem Mittelpunkt der innerpolitischen Aufgaben stehen, sondern ich sehe es als das große Problem dieser Zeit an, eine große breite Front der schaffenden Menschen zu bilden und sie an den neugeformten Staat heranzubringen. Die alleinige Hoffnung auf das Chaos als der Schicksalsstunde der Partei halte ich für falsch, gefährlich und nicht im gesamtdeutschen Interesse liegend."[30] Allerdings betonte Strasser, daß er als loyaler Nationalsozialist nicht daran denke, zu einem Zentrum der innerparteilichen Opposition werden zu wollen, keine öffentlichen Erklärungen abgeben werde und Deutschland für einige Zeit zu verlassen gedenke.

Der Rücktrittsbrief verursachte zwar in der NSDAP-Führung kurzfristig einige Panik, wie etwa aus den im nachhinein überarbeiteten Goebbels-Tagebüchern hervorgeht. Aber zumindest Hitler behielt einen klaren Kopf und ließ sich noch am 8. Dezember von seinen in Berlin versammelten Unterführern bedingungslose Treue schwören. In den folgenden Tagen sprach er in verschiedenen Städten auf einer ganzen Reihe von sogenannten Amtswalter(Funktionärs)-Tagungen. Dabei unterblieben direkte Angriffe auf Strasser, weil auch Hitler offenbar nicht wußte, daß das Reichswehrministerium von dessen Rückzug aus der Politik ebenso überrascht worden war wie er selbst. Die NSDAP fiel

---

30 Zit. nach Udo Kissenkoetter, Gregor Strasser und die NSDAP, Stuttgart 1978, S. 202 f.

angesichts ihrer inneren Lage zwar im Dezember 1932 als aktiver Machtfaktor aus, aber die wichtigste Stütze der ‚Querfront‘, auf die Schleicher gehofft hatte, stand nicht mehr zur Verfügung.

16. Das Werben um die Gewerkschaften und das Reichsbanner

Die Gewinnung der Gewerkschaften und des Reichsbanners war von vornherein noch weniger wahrscheinlich gewesen als die Integration der NSDAP durch Gregor Strasser. Denn hier ging es nicht um die Unterstützung eines Flügels der Sozialdemokratie, die ja insgesamt ausgeschaltet werden sollte, sondern um die Herauslösung von mit ihr traditionell verbundenen Organisationen. Ansatzpunkt waren tatsächlich vorhandene Meinungsunterschiede zwischen den Spitzen der SPD und der Freien Gewerkschaften. Im Januar 1932 hatten drei führende Gewerkschaftler, Wladimr Woytinski, Fritz Tarnow und Fritz Baade, einen Plan zur Arbeitsbeschaffung durch staatliche Kreditfinanzierung vorgelegt, der dann von Gregor Strasser im Mai gelobt worden war (s.o.). Dieser nach den Initiatoren als WTB-Plan bezeichnete Vorstoß für eine aktive öffentliche Arbeitsbeschaffung wurde vom Parteivorstand der SPD mit dem Argument abgelehnt, daß solche Maßnahmen von der Forderung nach der 40-Stunden-Woche ablenkten und inflationäre Gefahren heraufbeschwören würden. Dennoch wurde der WTB-Plan auf einem außerordentlichen Kongreß des ADGB im April 1932 zur offiziellen Gewerkschaftsprogrammatik erhoben. Die daraus resultierende Entfremdung zwischen Sozialdemokratie und Gewerkschaften muß zusätzlich vor dem Hintergrund nationalistischer Untertöne gesehen werden, die in der gewerkschaftlichen Publizistik seit Ausbruch der Weltwirtschaftskrise zugenommen hatten.

Eine Reihe jüngerer Funktionäre des Apparats - so Franz Josef Furtwängler, Walther Pahl, Lothar Erdmann und Hermann Seelbach - mit einigem Einfluß auf den Vorsitzenden Theodor Leipart suchten den Meinungsaustausch mit Vertretern des Reichswehrministeriums, der Strasser-Richtung in der NSDAP und Tatkreis-Leuten. Da es sich nicht um offizielle Kontakte handelte, konnten sie auch stets dementiert werden, wenn sie in der Presse Beachtung fanden. Anders als die SPD blieb die ADGB-Spitze der Regierung und vor allem dem Reichswehrministerium gegenüber selbst nach dem ‚Preußenschlag‘ gesprächsbereit, und nach der für die Sozialdemokraten enttäuschend verlaufenen

Reichstagswahl intensivierte die Gewerkschaftsspitze ihre Mitarbeit in der Organisation des vom Reichswehrministerium kontrollierten Freiwilligen Arbeitsdienstes (FAD). Auch zur ‚Gereke-Front', in der u.a. Vertreter der Christlichen Gewerkschaften, der NSDAP, des Stahlhelm und des Reichsbanners das Arbeitsbeschaffungsprogramm des Deutschen Landgemeindetages, einer kleinen kommunalen Spitzenorganisation, diskutierten, wurde im August 1932 der Kontakt hergestellt. Schon in den letzten Augusttagen war in der Presse allenthalben von fertigen Ministerlisten eines Kabinetts Schleicher-Strasser-Leipart zu lesen. Der ADGB-Vorsitzende Theodor Leipart hielt am 14. Oktober 1932 in Bernau eine Rede, die wiederum Gregor Strasser einige Tage später begeistert begrüßte. In dieser Rede wurde, eingebettet in eine Mischung von demonstrativer Staatsbejahung und Bekenntnis zum deutschen Irrationalismus, „der soldatische Geist der Einordnung und der Hingabe für das Ganze" gefeiert[31]. Als Schleicher am 28. November mit Vertretern des ADGB zusammentraf und nach deren Wünschen an ein von ihm geführtes Kabinett fragte, durfte er den Eindruck gewinnen, daß eine Unterstützung der Gewerkschaften im Bereich des Möglichen lag. Auf die Alternative Papen oder Schleicher angesprochen, beschwor der ADGB-Vorsitzende Leipart den General sogar, die Regierung selbst zu übernehmen: „Wenn es wirklich so steht, dann halte ich es für meine Pflicht, Sie zu bitten, daß Sie dann annehmen."[32]

Ein weiterer Ansatzpunkt für die ‚Querfront' war die Einbeziehung des Reichsbanners in das im Herbst 1932 vom Reichswehrministerium initiierte Kuratorium für Jugendertüchtigung, eine zentrale Koordinationsstelle für vormilitärische Ausbildung. Auch im Reichsbanner gab es eine Reihe von Spitzenfunktionären, für die eine enge Zusammenarbeit mit der militärischen Führung eine hohe Priorität besaß, angefangen beim Vorsitzenden Karl Höltermann. Auch hier gab es eine gewisse geistige Nähe zu nationalistisch-soldatischen Ideologien, die seit dem Ersten Weltkrieg in der Sozialdemokratie eine - allerdings nicht dominierende - Traditionslinie bildeten. Über die Beteiligung am Kuratorium für Jugendertüchtigung kam es zum Konflikt zwischen Reichsbanner und SPD-Parteivorstand, denn die Teilnahme am Wehrsport wurde als endgültige öffentliche Anerkennung auch der damit verbundenen Regierungspoli-

---

31 Zit. nach Schildt, Militärdiktatur, S. 356.
32 Dok. in Schildt, Kabinett Schleicher, S. 435-438.

tik insgesamt gewertet. In der Sitzung des Parteiausschusses am 10. November 1932 stießen die gegensätzlichen Auffassungen aufeinander, wobei die Reichsbannerführung immerhin auf die Unterstützung des ADGB verweisen konnte, der insgesamt eine ‚wehrfreundliche‘ Wende anmahnte. Der Streit zwischen Reichsbanner und Partei blieb zunächst ohne Entscheidung.

17. Die Regierung des Generals von Schleicher

Die Kanzlerschaft Schleichers wurde in der politischen Öffentlichkeit großenteils abwartend, bisweilen auch mit vorsichtigem Optimismus aufgenommen. Das Kabinett war in seiner Zusammensetzung kaum verändert worden, Schleicher hatte neben dem Kanzlerposten auch das Reichswehrministerium behalten. Ausgeschieden war neben Papen auch der Innenminister Gayl, dessen Name mit der mißlungenen Verfassungsreform verbunden wurde. Und mit der Berufung von Günther Gereke zum Reichskommissar für Arbeitsbeschaffung wurde auf diesem Feld die künftige Richtung signalisiert.

Eine größere Umbildung des Kabinetts - so sollte für Gregor Strasser der Posten des Vizekanzlers freigehalten werden - wurde noch zurückgestellt, weil es Schleicher zunächst und vor allem um eine innenpolitische Beruhigung und erste Maßnahmen zur Arbeitsbeschaffung zu tun war. Dies ging aus seiner Regierungserklärung deutlich hervor, die er am 15. Dezember - wie schon sein Vorgänger - im Rundfunk verlas: „Ich habe es schon verschiedentlich zum Ausdruck gebracht und wiederhole es heute: Es sitzt sich schlecht auf der Spitze der Bajonette. Das heißt, man kann auf die Dauer nicht ohne breite Volksstimmung hinter sich regieren. Diese Stimmung in den breiten Schichten der Bevölkerung wird sich aber gerade eine Regierung wie die von mir geführte erst durch Taten erwerben müssen. Ich gebe mich über die Schwere dieser Aufgabe keiner Illusion hin. Zunächst werde ich schon zufrieden sein, wenn die Volksvertretung, der ich für diese Zeit gern eine starke Dosis gesunden Mißtrauens zubillige, der Regierung ohne Hineinreden und ohne die hinlänglich bekannten parlamentarischen Methoden Gelegenheit gibt, ihr Programm durchzuführen. Dieses Programm besteht aus einem einzigen Punkt: Arbeit schaffen! Alle Maßnahmen, die die Reichsregierung in den nächsten Monaten durchführen wird, werden mehr oder weniger diesem Ziel dienen. Denn ich habe mich in den letzten Wochen auf Fahrten durch die deutschen Lande davon überzeugen können. daß die Deutschen aller Stände ausschließlich der eine Gedanke beherrscht: Gebt uns Arbeit und damit die Hoffnung zum wirtschaftlichen Wiederaufstieg! Alles andere interessiert uns nicht, am wenigsten Verfassungsänderungen und sonstige schöne Dinge, von denen wir nicht satt werden."[33]

Mit dieser Erklärung hatte sich Schleicher in pragmatischer Hinsicht von seinem Vorgänger abgesetzt, ohne allerdings die prinzipielle Ausschaltung der parlamentarischen Demokratie, deren treibende Kraft er selbst in den Jahren der Weltwirtschaftskrise gewesen war - zuletzt beim ‚Preußenschlag' - zu hinterfragen. Die von ihm gewünschte Ruhepause erhielt er zwar, allerdings dauerte sie nur bis zum Jahreswechsel. Im Dezember 1932 stimmte der Reichstag gegen einen Mißtrauensantrag der SPD-Fraktion, der nicht einmal dort unumstritten gewesen war, und - am 11. Dezember - wurde durch eine grundsätzliche Erklärung der USA, Deutschlands, Frankreichs, Großbritanniens, Italiens dem Deutschen Reich die militärische Gleichberechtigung prinzipiell zugestanden. Dieser Erfolg langjähriger diplomatischer Bemühungen, womit nach dem endgültigen Wegfall der Reparationen ein halbes Jahr zuvor auch das zweite machtpolitisch wichtige Element des Versailler Vertrags beseitigt worden war, fand allerdings in diesen Tagen kaum öffentliche Beachtung.

Hinter den Kulissen zeigte sich schon bald nach dem Antritt der neuen Regierung, daß die in der Regierungserklärung angekündigte Initiative zur Arbeitsbeschaffung zu versanden drohte. Nachdem die ‚Querfront'-Hoffnungen mit dem Strasser-Rücktritt am 8. Dezember zur Illusion geworden waren, wagten sich auch die Skeptiker aller Lager wieder hervor. Der Deutsche Industrie- und Handelstag (DIHT) hatte den Kanzler schon am gleichen Tag aufgefordert, am Wirtschaftsprogramm der Papen-Regierung „im wesentlichen festzuhalten"[34], und auf der Hauptausschußsitzung des RDI forderte dessen Vorsitzender Krupp, auf jegliche „kredit- und wirtschaftspolitschen Experimente" zu verzichten[35]. Diesem Drän-

---

33 Dok. ebd., S. 425-432 (Zitat: S. 426).

34 Zit. nach Das Kabinett von Schleicher. 3. Dezember 1932 bis 30. Januar 1933, bearb. von Anton Golecki, Boppard am Rhein 1986, S. 42.

35 Zit. nach Schildt, Militärdiktatur, S. 176.

gen auf eine Kontinuität der Wirtschaftpolitik kam es entgegen, daß das Kabinett und noch mehr die nachgeordnete Ministerialbürokratie fast ausnahmslos mit dem gleichen Personal weiterarbeiteten. So wurde dann im Zusammenwirken von Wirtschafts- und Finanzminister das Volumen des Sofortprogramms für Arbeitsbeschaffung, das Gereke kurz vor Weihnachten verkündete, beträchtlich gekürzt und dieser Initiative ein großer Teil ihrer beabsichtigten Wirkung genommen. Bedeutung erhielt das Konzept der öffentlichen Arbeitsbeschaffung durch staatliche Kreditschöpfung dann erst nach 1933, als das NS-Regime von den Vorarbeiten bis in die finanztechnischen Einzelheiten („Mefo-Wechsel') hinein zu profitieren vermochte.

Dennoch überwog am Jahreswechsel der politische Optimismus. Die innere Beruhigung wurde allgemein dem neuen Kabinett zugeschrieben, und die saisonbedingte winterliche Zunahme der Arbeitslosigkeit erreichte nicht ganz das Ausmaß des Vorjahres, selbst wenn sie weiterhin über 6 Millionen Menschen umfaßte und die Industrieproduktion weiter zurückging. Immerhin keimte allenthalben die Hoffnung, nun den tiefsten Punkt der Krise durchschritten zu haben. In einem Brief an seinen „lieben, jungen Freund" versicherte Hindenburg dem Reichskanzler „seine größte Zufriedenheit mit der Regierungsführung". Die Bedrohung durch die NSDAP schien vorüber zu sein. In der Frankfurter Zeitung hieß es deshalb zum Neujahrstag 1933: „Der gewaltige nationalsozialistische Angriff auf den Staat ist abgeschlagen."

18. Januar 1933: Das Ende der Schleicher-Regierung und die Durchsetzung Hitlers

Völlig überrascht wurde Schleicher am 5. Januar 1933 von einer Meldung der ihm nahestehenden ‚Täglichen Rundschau', deren Reporter Papen und Hitler tags zuvor an einem geheimen Konferenzort in Köln aufgespürt hatten. Dieses Treffen war bereits am 16. Dezember am Rande eines Vortrags von Papen im Berliner Herrenklub durch den Bankier Kurt von Schroeder, der wiederum über gute Kontakte zu Hitlers Wirschaftsberater Wilhelm Keppler verfügte, angebahnt worden. Papen hatte gegenüber Schroeder angedeutet, daß Schleicher dafür verantwortlich gewesen sei, daß die Gespräche zwischen Hitler und dem Reichspräsidenten im August 1932 mit einer Abfuhr der NSDAP geendet hatten; er, Papen, habe sich für die Interessen der NS-Bewegung hingegen ehrlich eingesetzt. Das Gespräch am 4. Januar galt zunächst der Beilegung früherer Differenzen mit dem Ergebnis, weiter über eine Präsidialregierung zu beraten, in der sowohl Nationalsozialisten als auch Deutschnationale vertreten sein sollten. Am 9. Januar berichtete Papen zunnächst Schleicher und dann auch dem Reichspräsidenten über das nicht geheim gebliebene Treffen, und schon am nächsten Tag traf er in Berlin erneut mit Hitler zusammen, diesmal in der Dahlemer Villa von Joachim von Ribbentrop, Hitlers späterem Außenminister. Am 12. Januar traf man sich am gleichen Ort zum Mittagessen, Auftakt für eine ganze Serie weiterer Treffen, in die immer mehr Interessenten einer Ablösung Schleichers, auch aus dem Unternehmerlager, einbezogen wurden. Von seiten Papens waren schon nach dem ersten Treffen mit Hitler am 7. Januar Fritz Springorum, Albert Vögler und andere Vertreter der westdeutschen Schwerindustrie in Dortmund informiert worden. Die NSDAP war wieder ,im Spiel', und Papen diente nun als Beauftragter des Reispräsidenten zur Sondierung eines neuen Kabinetts unter Einschluß der NS-Bewegung.

Zum Angriffsfeld der breiten Rechtsfront gegen Schleicher wurde die Agrarpolitik. Die internen Widersprüche der Regierung auf diesem Feld waren nur allzu bekannt. Am 11. Januar 1933 erschien das Präsidium des Reichslandbundes (RLB) bei Hindenburg und führte bittere Beschwerde über die angebliche Untätigkeit der Regierung in der Schutzzollpolitik. In einer dramatischen Aussprache mit Schleicher soll Hindenburg daraufhin klar seine Parteinahme für die Beschwerdeführer ausgedrückt haben: „Ich ersuche Sie, Herr Reichskanzler von Schleicher, und als alter Soldat wissen Sie ja, daß das Ersuchen nur die höfliche Form eines Befehls ist, daß noch heute nacht das Kabinett zusammentritt, Gesetze in dem dargelegten Sinne beschließt und mir morgen vormittag zur Unterschrift vorlegt. Und nun wollen wir uns noch einmal die Hand geben.“[36] Noch während dieses Gesprächs, an dem auch der Wirtschafts- und der Landwirtschaftsminister teilnahmen, veröffentlichte der RLB eine Presseerklärung, in der dem Kabinett die Verantwortung für die „Verelendung der Landwirtschaft zugunsten der international eingestellten Exportinteressen und ihrer Trabanten“ zugewiesen wurde[37].

---

36 Kolportiert von Walter Görlitz. Hindenburg. Ein Lebensbild, Bonn 1953, S. 399.

37 Zit. nach Schildt, Militärdiktatur, S. 180.

Während die Regierung daraufhin alle Kontakte zum RLB abbrach, stellte sich Hindenburg, der sich junkerlichen Kreisen stets solidarisch verbunden gefühlt hatte, selbst hinter diesen rüden Angriff. Eben dies war bezweckt gewesen, und angesichts der starken Präsenz der NSDAP in der Führung des RLB wird man davon ausgehen können, daß der Vorstoß nicht selbständig geplant gewesen war. Er gab der Naziführung die Gelegenheit, die Regierung zu attackieren, ohne im Falle eines Mißerfolgs dafür in Haftung genommen zu werden. Entsprechend solidarisierte sich die NSDAP öffentlich mit dem RLB, während sich gleichzeitig der einflußreiche Keppler-Kreis in der Partei mit Hitler in der Ablehnung einer protektionistischen Landwirtschaftspolitik einig wußte. Auch der RDI kam Schleicher nicht zu Hilfe. Er verwahrte sich zwar gegen die antiindustriellen Ausfälle der agrarischen Lobby, folgte aber nur wenige Tage später mit einer eigenen regierungskritischen Stellungnahme.

In diesem Punkt glich die Lage des Schleicher-Kabinetts im Januar 1933 der Schlußphase der Regierung Brüning: Das Kampffeld der Agrarpolitik wurde von den Regierungsgegnern auf der Rechten bewußt gewählt, um vor allem die Hindenburg-Kamarilla zu einer Auswechslung des Kanzlers zu bewegen. Neben dem RLB-Konflikt war Hindenburg besonders verärgert über die Behandlung der ‚Osthilfe‘ (für die verschuldeten Güter) im Haushaltsausschuß am 13. Januar 1933, bei der die Aufdeckung zahlreicher Fälle unberechtigter Subventionierung bankrotten Großgrundbesitzes drohte, die auch Hindenburgs Ruf gefährdeten. Wieder wurde der absurde Vorwurf des ‚Agrarbolschewismus‘ gegen die Regierung erhoben. Am gleichen Tag scheiterten auch Verhandlungen, die von Schleicher mit Hugenberg, von diesem wohl hauptsächlich aus taktischen Gründen, über den Eintritt in das Kabinett als Wirtschaftsminister geführt worden waren.

Für den 15. Januar waren in dem Kleinstaat Lippe Landtagswahlen anberaumt worden. Lediglich etwa 100.000 Wähler waren zum Urnengang aufgerufen, aber die NSDAP warf alle propagandistischen Kräfte in diesen Wahlkampf, sah sie doch die Chance, das gesunkene Selbstvertrauen aufzurichten, den erneuten Aufschwung der Partei zu beweisen und damit ihren Kurswert in den laufenden Verhandlungen mit Papen und anderen Gegnern Schleichers zu steigern. Das Ergebnis war ein Zugewinn von 4,8% gegenüber der Reichstagswahl vom November 1932, hauptsächlich auf Kosten der DNVP, während der Stimmenanteil immer noch unter dem Resultat vom Juli 1932 lag. Dennoch wurde der Sieg in der NS-Presse groß aufgemacht. Am 16. Januar gelang es Hitler zudem auf einer Gauleiter-Tagung in Weimar, die ‚Strasser-Krise' weitgehend zu bereinigen. Die NSDAP hatte sich damit zusehends erholt, und Goebbels triumphierte: „Das Kabinett Schleicher ist von allen Vernünftigen bereits aufgegeben."[38]

Alle Hoffnungen auf eine gesellschaftliche Verankerung der von der Reichswehr geführten Präsidialregierung waren Mitte Januar 1933 zerstoben. Eine Integration der NS-Bewegung war gescheitert, die Lösung der Freien Gewerkschaften und des Reichsbanners von der Sozialdemokratie nicht gelungen. Der ADGB betonte im Januar wieder die enge Verbindung zur SPD, das Reichsbanner hatte im Streit um die Beteiligung am Reichskuratorium für Jugendertüchtigung schon auf der Parteiausschußsitzung am 16. Dezember 1932 nachgegeben. Das Angebot des ehemaligen (rechtmäßigen) preußischen Ministerpräsidenten Otto Braun in einem Gespräch mit dem Reichskanzler am 6. Januar 1933, gemeinsam gegen die NSDAP vorzugehen, wenn er wieder in sein Amt eingesetzt würde, mußte von Schleicher ausweichend beantwortet werden, da er weder den vorherigen Dualismus in Preußen noch ein Bündnis mit der Sozialdemokratie wieder herzustellen beabsichtigte. Am 21. Januar gingen auch die Deutschnationalen wieder zur offenen Opposition über. In einer Entschließung warf ihre Reichstagsfraktion der Regierung in der Wirtschaftspoltik „ein neues Abgleiten in sozialistisch-internationale Gedankengänge" vor, befürchtete insgesamt eine „Liquidation des autoritären Gedankens" und forderte schließlich „eine vollständige Neubildung des Kabinetts"[39]. Am 22. Januar wurde ein wiederum konspiratives Treffen zwischen Hitler und Oskar von Hindenburg, dem einflußreichen Sohn des Reichspräsidenten, arrangiert. Mit diesem Gespräch sollten noch vorhandene Vorbehalte gegen eine Betrauung Hitlers mit der Kanzlerschaft einer Präsidialregierung ausgeräumt werden. Auch Papen versprach, sich dafür bei Hindenburg zu verwenden.

Schleicher, der von diesem Treffen im Hause Ribbentrops wiederum erfahren hatte, sprach am nächsten Tag beim Reichspräsidenten vor. Er verlangte die Vollmacht zur Auflösung des Reichstags und zur Erklä-

---

38 Goebbels, S. 243.

39 Das Kabinett Schleicher, S. 282 ff.

rung des Staatsnotstands, um NSDAP und KPD zu verbieten. Hindenburg erinnerte den General an dessen eigene Argumentation gegen entsprechende Pläne Papens Anfang Dezember 1932, die zur Demission seines Vorgängers geführt hatten. Schleicher führte demgegenüber an, daß durch den günstigen Stand der Abrüstungsverhandlungen (s.o.) beim Eingreifen der durch Freiwillige verstärkten Reichswehr kein Widerspruch der Alliierten zu befürchten sei. Innenpolitisch sei zumindest von einer Duldung durch SPD, Reichsbanner und Gewerkschaften auszugehen, auch ein Generalstreik drohe nicht. Aber der greise Reichspräsident ließ sich durch diese Argumente nicht mehr umstimmen. Selbst die Auflösung des Reichstags verweigerte er.

Ohne Massenbasis, ohne das Vertrauen der großen Wirtschaftsverbände und von Hindenburg im Stich gelassen, zerbrach nun auch der letzte Pfeiler der Politik Schleichers, die geschlossene Unterstützung der Reichswehr. Bereits seit Mitte Januar war hinter seinem Rücken mit General Werner von Blomberg verhandelt worden, um ihn als neuen Wehrminister zu verpflichten. Als Schleicher am 26. Januar erneut bei Hindenburg vorsprach und an die erbetenen Vollmachten erinnerte, wußte er nicht, daß Blomberg Hindenburg kurz zuvor erklärt hatte, eine nationale Konzentration unter Führung Hitlers würde von der Reichswehr begrüßt, während Schleichers Pläne schon wegen der Sympathien vieler jüngerer Offiziere für die NS-Bewegung aussichtslos seien.

Wenn eine Konstante der Politik Schleichers während der letzten Januartage hervorgehoben werden kann, dann die ernste und wiederholte Warnung vor einer Rückkehr zu Papen, der Hindenburg immer noch zuneigte, während sich der Vorgänger Schleichers tatsächlich immer dezidierter für eine Kanzlerschaft Hitlers einsetzte. Am 26. Januar konnte Papen den Stahlhelm-Führer Franz Seldte für ein NSDAP-geführtes Kabinett verpflichten, gegen den Widerstand eines Teils der Stahlhelm-Funktionäre, die sich mit dem Stellvertreter Theodor Duesterberg einer solchen Lösung verweigerten. Einen Tag später sprach Papen bei Hindenburg vor und erklärte ihm, daß ein neues Kabinett unter seiner Führung unmöglich geworden sei.

Am 28. Januar trat Schleicher seinen letzten Gang zu Hindenburg an. Als dieser erneut eine Auflösung des Reichstags ablehnte, äußerte Schleicher als letzten Wunsch für die neu zu bildende Regierung, das Reichswehrministerium keinesfalls einem Parteigänger Hitlers zu übertragen. Hindenburg erwiderte, daß er einen solchen Gedanken auch von sich aus absolut ablehne.

Der nächste Tag war angefüllt von Beratungen der Konstrukteure des neuen Kabinetts. Papen eilte zu Hindenburg und erreichte von diesem das Einverständnis für die - Schleicher gerade verweigerte - Auflösung des Reichstags, mit der Versicherung, daß es sich um die letzten Wahlen handeln würde. In Berlin liefen gleichzeitig Putschgerüchte um, die von den Nazis absichtsvoll kolportiert wurden, um letzte Widerstände Hindenburgs zu beseitigen und die Ernennung des neuen Kabinetts zu beschleunigen. Den Gerüchten zufolge sollte gegen eine bevorstehende Ernennung Hitlers mit Gewalt vorgegangen werden. Dies konnte schon deshalb nicht den tatsächlichen Planungen entsprechen, weil für Schleicher immer noch die Gefahr einer Wiederkehr Papens als Reichskanzler im Vordergrund stand. Als sich in Papens Arbeitszimmer am Morgen des 30. Januar die ersten Ministerkandidaten, eilig herbeitelefoniert, einfanden, erklärte der designierte Vizekanzler, nur durch die sofortige Vereidigung der Regierung könne eine bevorstehende Militärdiktatur Schleichers verhindert werden. In buchstäblich letzter Minute wurde das Unternehmen noch vom Parteiführer der Deutschnationalen infrage gestellt, als ihm überraschend die Aussicht auf Neuwahlen eröffnet wurde. Aber ein Ehrenwort Hitlers, er werde unabhängig von deren Ausgang an der neuen Verbindung festhalten, machte endgültig die Bahn frei für die neue Regierung der ‚nationalen Erhebung‘, das Kabinett Hitler-Papen-Hugenberg. Die Hoffnung, wenn man schon Hitler die Kanzlerschaft übertragen müsse, ihn ‚einrahmen‘ zu können, trog allerdings. Nach nur wenigen Monaten war aus dem vierten Kanzler einer Präsidialregierung der Diktator des ‚Dritten Reiches‘ geworden. Daß er sich so rasch durchsetzen konnte, verdankte er den Vorarbeiten zum Abbau der Demokratie in den letzten Jahren der Weimarer Republik.

Zeittafel politischer Ereignisse 1918-1933

1918

3. 3.	Friedensvertrag mit Sowjetrußland in Brest-Litowsk
21. 3.	Beginn der Frühjahrsoffensive an der Westfront
29. 9.	OHL erklärt Aussichtslosigkeit der militärischen Situation und verlangt sofortigen Waffenstillstand sowie die Parlamentarisierung des Reiches
3. 10.	Prinz Max von Baden wird Reichskanzler; Regierungsbeteiligung von Zentrum, Liberalen und erstmals der (M)SPD
4. 10.	Deutsche Waffenstillstandsnote an den US-Präsidenten Wilson
28. 10.	Parlamentarisierung des Reiches durch Verfassungsänderung; Meuterei der Matrosen der Kriegsflotte in Wilhelmshaven
3. 11.	Beginn des Aufstandes der Matrosen in Kiel; in den folgenden Tagen Ausbreitung des Aufstandes und Bildung von Arbeiter- und Soldatenräten in ganz Deutschland
8. 11.	Proklamation des Freistaats Bayern durch Kurt Eisner (USPD) in München
9. 11.	Veröffentlichung der Abdankung des Kaisers; Prinz Max von Baden übergibt die Reichskanzlerschaft an Friedrich Ebert (SPD); Philipp Scheidemann (SPD) ruft in Berlin vom Reichstag aus die Republik aus, kurze Zeit später Karl Liebknecht (USPD/Spartakusbund) vom Schloß aus die Freie Sozialistische Republik
10. 11.	‚Rat der Volksbeauftragten' aus SPD (Ebert, Landsberg, Scheidemann) und USPD (Barth, Dittmann, Haase) übernimmt Regierungsgewalt; telefonische Abmachung über Zusammenarbeit zwischen Regierung und OHL (‚Ebert-Groener-Pakt')
11. 11.	Unterzeichnung des Waffenstillstands in Compiègne durch Matthias Erzberger

12. 11.	Gründung der Bayerischen Volkspartei (BVP)
15. 11.	‚Zentralarbeitsgemeinschafts‘ (ZAG)-Abkommen zwischen Unternehmerverbänden und Gewerkschaften
20. 11.	Gründung der Deutschen Demokratischen Partei (DDP)
24. 11.	Gründung der Deutschnationalen Volkspartei (DNVP)
15. 12.	Gründung der Deutschen Volkspartei (DVP)
16.-20. 12.	Reichsrätekongreß in Berlin; Entscheidung für Wahlen zur Nationalversammlung mit großer Mehrheit getroffen
23. 12.	Meuterei der Volksmarinedivision
28./29. 12.	Austritt der USPD-Vertreter aus dem Rat der Volksbeauftragten
30. 12.-1. 1. 1919	Gründungsparteitag der Kommunistischen Partei Deutschlands (KPD)

1919

5.-11. 1.	Straßenkämpfe im Berliner Zeitungsviertel (‚Spartakusaufstand‘)
15.1.	Gefangennahme und Ermordung von Rosa Luxemburg und Karl Liebknecht durch Soldaten
18. 1.	Eröffnung der Friedenskonferenz in Paris (zunächst im Kreis der alliierten Sieger)
19. 1.	Wahlen zur Nationalversammlung (nach reinem Verhältniswahlrecht - erstmals Frauenwahlrecht); SPD und USPD erhalten auch gemeinsam keine absolute Mehrheit; aber Dreiviertelmehrheit der drei Weimarer Parteien SPD, DDP und Zentrum
6. 2.	Eröffnung der wegen anhaltender politischer Unruhen nach Weimar verlegten Nationalversammlung
10. 2.	Gesetz über die vorläufige Ordnung der Reichsgewalt
11. 2.	Wahl Friedrich Eberts zum Reichspräsidenten
13. 2.	Kabinett Scheidemann; ‚Weimarer Koalition‘ (SPD, DDP, Zentrum)
21. 2.	Ermordung des bayerischen Ministerpräsidenten Kurt Eisner (USPD)
7. 4.-2. 5.	Räterepublik in München

7. 5.	Übergabe der Friedensbedingungen an die deutsche Delegation
16. 6.	Alliiertes Ultimatum zur Annahme der Friedensbedingungen
20. 6.	Rücktritt des Kabinetts Scheidemann; Kabinett Bauer (SPD), bestehend zunächst aus SPD und Zentrum, ab Oktober auch wieder der DDP
28. 6.	Unterzeichnung des Friedensvertrags in Versailles
30. 6.-5. 7.	Gewerkschaftskongreß in Nürnberg; Gründung des Allgemeinen Deutschen Gewerkschaftsbundes (ADGB)
11. 8.	Inkrafttreten der Weimarer Reichsverfassung
16. 11.	Aussage Hindenburgs vor dem Untersuchungsausschuß der Nationalversammlung (‚Dolchstoß'-Legende)

1920

10. 1.	Inkrafttreten des Versailler Vertrags
24. 2.	Umbenennung (eigentliche Gründung) der Deutschen Arbeiterpartei (DAP) in Nationalsozialistische Deutsche Arbeiterpartei (NSDAP) auf einer Massenversammlung mit ca. 2000 Teilnehmern im Münchner Hofbräuhaus; Veröffentlichung des 25-Punkte Parteiprogramms
13.-17. 3.	Kapp-Putsch; Flucht der Reichsregierung nach Stuttgart; Zusammenbruch des Putsches durch Generalstreik
15. 3.-15. 5.	Kämpfe in Mitteldeutschland und im Ruhrgebiet zwischen ‚Roter Ruhrarmee' und durch Freikorps verstärkte Reichswehrtruppen
27. 3.	Kabinett Müller: Weimarer Koalition (SPD, Zentrum, DDP)
3./4. 4.	Gründung der Kommunistischen Arbeiterpartei Deutschlands (KAPD)
6. 4.	Französische und belgische Truppen besetzen Frankfurt, Darmstadt und Hanau wegen der Verletzung der entmilitarisierten Zone durch Reichswehr im Kampf gegen die revolutionären Arbeiter im Ruhrgebiet
6. 6.	Reichstagswahl: schwere Verluste der Parteien der Weimarer Koalition, vor allem der SPD, Stärkung der Deutschnationalen und der DVP sowie der USPD

25. 6.	Kabinett Fehrenbach: bürgerliches Minderheitskabinett (Zentrum, DDP, DVP)
16. 10.	Spaltung der USPD
4.-7. 12.	Vereinigung des linken Flügels der USPD mit der KPD zur VKPD

1921

24.-29. 1.	Alliierte Reparationskonferenz in Paris; Festlegung der Reparationssumme auf 226 Mrd. Goldmark und 12% der Exporteinnahmen
21. 2.-14. 3.	Reparationskonferenz in London. Drohung mit Sanktionen bei Nichtannahme der Reparationsregelungen
8. 3.	Alliierte Besetzung der Rheinhäfen Düsseldorf, Duisburg und Ruhrort
20. 3.	Volksabstimmung in Oberschlesien über die Zugehörigkeit zu Deutschland oder Polen
März	Kommunistische Aufstände in Mitteldeutschland und im Ruhrgebiet
27. 4.	Festsetzung der Reparationen auf 132 Mrd. Goldmark
2. 5.	Beginn der bewaffneten Auseinandersetzungen in Oberschlesien
5. 5.	Ultimatum zur Annahme des Zahlungsplans der Londoner Konferenz (Deutschland akzeptiert am 11.5.)
6. 5.	Deutsch-sowjetisches Handelsabkommen
10. 5.	Kabinett Wirth (Zentrum), bestehend aus Zentrum, SPD, DDP
3. 8.	Gründung des Saalschutzes (SA) der NSDAP
26. 8.	Ermordung Erzbergers durch Rechtsextremisten
29. 8.	Verhängung des Ausnahmezustandes für das gesamte Reichsgebiet
12. 10.	Völkerbundsbeschluß über Teilung Oberschlesiens zwischen Deutschland und Polen
5. 11.	Bildung einer ‚Großen Koalition' (SPD, Zentrum, DDP, DVP) in Preußen; Ministerpräsident Otto Braun (SPD)

1922

10. 4.-19. 5.	Konferenz in Genua
16. 4.	Vertrag zwischen Deutschland und Sowjetrußland in Rapallo
24. 6.	Ermordung des deutschen Außenministers Walther Rathenau (DDP) durch Rechtsextremisten
18. 7.	Reichstag beschließt Gesetz zum Schutz der Republik
August	Übergang zur Hyperinflation
24. 9.	Vereinigung der Rest-USPD mit der SPD
24. 10.	Amtszeit des Reichspräsidenten Ebert durch verfassungsändernden Beschluß des Reichstages bis 1. 7. 1925 verlängert
14. 11.	Rücktritt des Kabinetts Wirth
22. 11.	Bürgerliches Minderheitskabinett unter Cuno (parteilos; Generaldirektor der Hamburg-Amerika-Linie), unterstützt von DDP, Zentrum, BVP und DVP

1923

11. 1.	Besetzung des Ruhrgebiets durch französische und belgische Truppen
13. 1.	Verkündigung des ‚passiven Widerstands‘
12. 8.	Sturz des Kabinetts Cuno
13. 8.	Stresemann (DVP) wird Reichskanzler und Außenminister einer Großen Koalition, unterstützt von DVP, Zentrum, BVP, DDP und SPD
26. 9.	Abbruch des ‚Ruhrkampfes‘; Verhängung des Ausnahmezustandes im Reich
Oktober/November	Separatistische Bestrebungen in der Pfalz und im Rheinland
13. 10.	Ermächtigungsgesetz zur finanziellen und wirtschaftlichen Konsolidierung
19. 10.	Konflikt zwischen rechtskonservativer Regierung in Bayern und dem Reich um Reichswehr-Oberbefehl
21. 10.	Reichsexekution gegen das von SPD und KPD regierte Sachsen

23.-25. 10.   ‚Hamburger Aufstand' der KPD

28. 10.-1. 11.   Amtsenthebung der sächsischen Regierung durch den
Reichspräsidenten auf Grundlage des Artikels 48

3. 11.   Austritt der sozialdemokratischen Minister aus der
Reichsregierung wegen der ungleichen Behandlung von
Sachsen und Bayern

8./9. 11.   Scheitern des Hitler-Ludendorff-Putsches in München;
Ebert überträgt General von Seeckt die vollziehende
Gewalt im Reich

15. 11.   Einführung der Rentenmark

23. 11.   Sturz des Kabinetts Stresemann; bürgerliches
Minderheitskabinett Marx (Zentrum), unterstützt von
Zentrum, BVP, DVP und DDP; Stresemann behält sein
Amt als Außenminister; Verbot von KPD und NSDAP
(bis Frühjahr 1924)

30. 11   Alliierte Reparationskommission beschließt Einberufung
eines Internationalen Sachverständigenausschusses zur
Frage der deutschen Zahlungsfähigkeit

22. 12.   Ernennung von Hjalmar Schacht zum
Reichsbankpräsidenten

1924

14. 1.-9. 4.   Erarbeitung des sogenannten ‚Dawes-Plans' zur
Regelung der Reparationszahlungen durch
Sachverständigenkonferenz

13. 2.   Ende des Ausnahmezustandes; Seeckt gibt die
vollziehende Gewalt zurück

22. 2.   Gründung des Reichsbanners Schwarz-Rot-Gold in
Magdeburg

26. 2.-1. 4.   Hitler-Prozeß in München; Urteil: fünf Jahre
Festungshaft wegen Hochverrats; auf Bewährung schon
am 17.12.1924 aus Landsberg entlassen

9. 4.   Dawes-Plan zur vorläufigen Regelung der
Reparationsleistungen veröffentlicht

4. 5.	Reichstagswahl: Verluste der bürgerlichen Parteien der Mitte und der SPD; Gewinne der Deutschnationalen und Nationalsozialisten/Völkischen sowie der Kommunisten
29. 8.	Annahme des Dawes-Plans durch den Reichstag
7. 12.	Erneute Reichstagswahl: Rückgang der extremen Linken und Rechten; starke Gewinne der Sozialdemokraten, leichte Gewinne der bürgerlichen Parteien (einschließlich der Deutschnationalen)

1925

5. 1.	Erklärung der Alliierten, die für den 10.10. vorgesehene Räumung der ersten Rheinlandzone (Köln) wegen deutscher Verstöße gegen die Entwaffnungsbestimmungen des Versailler Vertrags zu verschieben
15. 1.	Erstes Bürgerblock-Kabinett unter Luther (parteilos), unterstützt von Zentrum, BVP, DVP und DNVP; Reichswehrminister Geßler (DDP) bleibt im Amt
20. 1./9. 2.	Memorandum Stresemanns zur Sicherheitsfrage an die britische und französische Regierung überreicht
27. 2.	Neugründung der NSDAP
28. 2.	Tod des Reichspräsidenten Ebert
1. 4.	Schließung des ‚Bauhauses‘ in Weimar; anschließend Übersiedlung nach Dessau
26. 4.	Paul von Hindenburg im zweiten Wahlgang mit knapper Mehrheit zum Reichspräsidenten gewählt
14. 7.-1. 8.	Räumung des Ruhrgebiets von alliierten Truppen
18.7.	Hitlers ‚Mein Kampf‘ (verfaßt in der Festungshaft) erscheint (1. Band; 2. Band am 11. 12. 1926)
17. 8.	Räumung der Rheinhäfen Düsseldorf, Duisburg und Ruhrort durch die Alliierten
5. 10.-16. 10.	Konferenz in Locarno (deutsche Anerkennung der Westgrenzen)
25. 10.	Austritt der DNVP-Minister aus der Regierung
27. 11.	Annahme der Locarno-Verträge im Reichstag
1. 12.	Unterzeichnung der Locarno-Verträge in London

1926

6. 1.   Ausschuß zur Durchführung eines Volksentscheides für
              die entschädigungslose Enteignung der Fürsten gegründet

19. 1.   Zweites Kabinett Luther: bürgerliches
              Minderheitskabinett ohne Beteiligung der DNVP

31. 1.   Räumung der Kölner Zone durch die Alliierten beendet

4. 3.-17. 3. 12,5 Millionen (von ca. 40 Millionen) Wahlberechtigten
              stimmen in einem Volksbegehren für die Durchführung
              eines Volksentscheides über die Enteignung der Fürsten

24. 4.   Deutsch-sowjetischer Vertrag über Freundschaft und
              Neutralität (‚Berliner Vertrag')

12. 5.   Rücktritt des Kabinetts wegen Streit um
              Flaggenverordnung Hindenburgs

16. 5.   Drittes Kabinett Marx (Zentrum): bürgerliches
              Minderheitskabinett, unterstützt von Zentrum, BVP, DVP
              und DDP

20. 6.   Volksentscheid über Fürstenenteignung scheitert (14,4
              Millionen Wahlberechtigte bzw. 36,8% stimmen dafür)

8. 9.   Aufnahme Deutschlands in den Völkerbund

17. 9.   Gespräch Stresemann-Briand in Thoiry

6. 10.   Entlassung von Seeckt als Chef der Heeresleitung

9. 11.   Goebbels wird Gauleiter der NSDAP in Berlin

17. 12.   Sturz des Kabinetts Marx

1927

29. 1.   Viertes Kabinett Marx: erneut Bürgerblockregierung,
              unterstützt von Zentrum, BVP, DVP und DNVP

31. 1.   Interalliierte Militärkommission aus Deutschland
              zurückgezogen

16. 7.   Annahme des Gesetzes über Arbeitslosenversicherung
              und Arbeitsvermittlung im Reichstag

17. 8.   Deutsch-französischer Handelsvertrag

1928

15.2.   Auflösung der Bürgerblockregierung wegen Streit um
              Schulgesetzgebung

20. 5.	Reichstagswahl: erneut Gewinne der SPD, Verluste der DNVP und der Parteien der bürgerlichen Mitte
28. 6.	Kabinett der Großen Koalition unter Müller (SPD), unterstützt von SPD, Zentrum, BVP, DVP, DDP
Oktober-Dezember	Ruhreisenstreit mit Massenaussperrungen
20. 10.	Hugenberg wird Vorsitzender der DNVP
16. 11.	Erste Rede Hitlers nach Aufhebung des Redeverbots in Preußen im Berliner Sportpalast

1929

11. 2.-7. 6.	Pariser Konferenz zur Revision der Reparationsregelungen unter Vorsitz des amerikanischen Finanzsachverständigen Owen D.Young
1. 5.	,Berliner Blutmai': 31 Tote nach Durchführung einer verbotenen kommunistischen Maidemonstration
9. 7.	Bildung des Reichsausschusses für das Volksbegehren gegen den Young-Plan mit Hugenberg (DNVP), Seldte (Stahlhelm), Claß (Alldeutscher Verband), Hitler (NSDAP)
21. 8.	Unterzeichnung des Young-Plans (Festlegung der Zahlungsraten und erstmals auch der Laufzeit der Reparationen)
3. 10.	Tod des Außenministers Stresemann
24. 10.	,Schwarzer Freitag' an der New Yorker Börse
22. 12.	Scheitern des Volksbegehrens gegen den Young-Plan

1930

20. 1.	Die Reichsregierung unterzeichnet den Young-Plan
23. 1.	Erste Beteiligung der NSDAP an einer Landesregierung (in Thüringen); der Fraktionsvorsitzende der NSDAP im Reichstag Frick erhält als Innen- und Volksbildungs- minister eine Schlüsselposition in einem Koalitions- kabinett von Landvolkpartei, Wirtschaftspartei, DVP und NSDAP
März	Arbeitslosenzahl steigt auf 3,5 Millionen

7. 3.	Rücktritt von Schacht als Reichsbankpräsident; Nachfolger wird der frühere parteilose Reichskanzler Luther
12. 3.	Ratifizierung der Young-Verträge durch den Reichstag
27. 3.	Rücktritt des Kabinetts Müller wegen Streit um Beitragshöhe zur Arbeitslosenversicherung
29. 3.	Ernennung Brünings (Zentrum) zum Reichskanzler; erstes Präsidialkabinett
22. 6.	Landtagswahl in Sachsen: 14,4% für die NSDAP
30. 6.	Vorzeitige alliierte Räumung des Rheinlands beendet
16. 7.	Auflösung des Reichstags wegen dessen Aufhebung der Notverordnung zur ‚Sicherung von Wirtschaft und Finanzen‘
14. 9.	Reichstagswahl: NSDAP steigert ihren Stimmenanteil von 2,6 auf 18,3% und wird zweitstärkste Fraktion; das Ergebnis löst im In- und Ausland einen politischen Schock aus
25. 9.	Hitler legt im Reichswehrprozeß den sogenannten Legalitätseid ab
1. 10.	Regierungsbeteiligung der NSDAP in Braunschweig in einer Koalition mit bürgerlichen Parteien
5. 10.	Erste Unterredung Brüning-Hitler
19. 10.	Ablehnung eines Mißtrauensantrags gegen die Regierung Brüning im Reichstag mit den Stimmen der SPD (Beginn der ‚Tolerierungspolitik‘)
6.12.	Ablehnung von Anträgen auf Aufhebung von Notverordnungen im Reichstag mit den Stimmen der SPD

1931

Februar	Fast fünf Millionen Arbeitslose
7. 2.	Ablehnung eines von der NSDAP eingebrachten und von DNVP und KPD unterstützten Mißtrauensvotums gegen die Regierung Brüning im Reichstag
20. 3.	Veröffentlichung des Plans einer deutsch-österreichischen Zollunion

Dezember	Gründung der ‚Eisernen Front', bestehend aus SPD, Gewerkschaften, Reichsbanner und anderen sozialdemokratisch orientierten Organisationen

1932

27. 1.	Vortrag Hitlers vor dem Düsseldorfer Industrieklub
29. 1.	Erlaß des Reichswehrministers gestattet Nationalsozialisten Eintritt in die Reichswehr
Februar	Höhepunkt der Arbeitslosigkeit: 6,13 Millionen
22. 2.	Goebbels verkündet im Berliner Sportpalast Hitlers Kandidatur zur Reichspräsidentenwahl
25. 2.	Hitler erwirbt die deutsche Staatsangehörigkeit (Voraussetzung für Wählbarkeit) durch Ernennung zum Regierungsrat der Braunschweigischen Staatsregierung
10. 4.	Wiederwahl Hindenburgs zum Reichspräsidenten im zweiten Wahlgang mit 53%: Hitler erhält 37%, Thälmann (KPD) 10%
13. 4.	Verbot von SA und SS aufgrund der Notverordnung ‚Zur Sicherung der Staatsautorität'; Außerordentlicher ADGB-Kongreß beschließt Programm zur aktiven Konjunkturpolitik und Arbeitsbeschaffung (WTB-Plan)
24. 4.	Landtagswahlen in Preußen, Bayern, Württemberg, Anhalt und Hamburg: überall Stimmengewinne der NSDAP im Maßstab ihres Ergebnisses bei der Reichspräsidentenwahl; die Koalition von SPD/Zentrum/ DDP verliert in Preußen die Mehrheit; das Kabinett unter Otto Braun (SPD) bleibt nur noch geschäftsführend im Amt; ergebnislose Koalitionsverhandlungen von NSDAP und Zentrum (bis 16. 6.); auch Ministerpräsident Held (BVP) in Bayern nur noch geschäftsführend im Amt; in Anhalt wird Freyberg (NSDAP) Ministerpräsident
10. 5.	Bekanntgabe des Wirtschaftlichen Sofortprogramms der NSDAP durch Gregor Strasser im Reichstag
12. 5.	Rücktritt von Reichswehrminister Groener (Anlaß: Proteste gegen SA/SS-Verbot)

30. 5.	Entlassung Brünings (Anlaß: Hindenburg schließt sich den großagrarischen Protesten gegen Notverordnungsentwurf zur bäuerlichen Siedlung in den Ostgebieten an)
1. 6.	von Papen (parteilos, bis zur Kanzlerschaft auf dem rechten Flügel des Zentrums) zum Kanzler eines weit rechts stehenden Präsidialkabinetts der ‚nationalen Konzentration' ernannt; die Minister im ‚Kabinett der Barone' fast ausschließlich adelige Verwaltungsfachleute mit deutschnational-konservativem Hintergrund; als ‚starker Mann' des Kabinetts gilt der neue Reichswehrminister von Schleicher, der auch die Tolerierung durch die NSDAP ausgehandelt hat
4. 6.	Auflösung des Reichstags und Ausschreibung von Neuwahlen (erste Bedingung für die Tolerierung durch die NSDAP)
16. 6.	Aufhebung des SA/SS-Verbots (zweite Bedingung für die Tolerierung)
16. 6.-9. 7.	Lausanner Konferenz: endgültige Streichung der Reparationsverpflichtungen
17. 7.	‚Altonaer Blutsonntag' nach SA-Marsch durch kommunistische Arbeiterterviertel
20. 7.	Absetzung der preußischen Regierung durch die Reichsregierung (‚Preußenschlag'); Papen wird Reichskommissar für Preußen; Klage der abgesetzten Regierung vor dem Staatsgerichtshof
31. 7.	Reichstagswahl: die NSDAP verdoppelt ihr Ergebnis (37,3%) gegenüber der Reichstagswahl von 1930, gewinnt aber gegenüber den Wahlen des Frühjahrs 1932 nicht mehr weiter hinzu; Stimmengewinne auch der KPD, während aller bürgerlichen Parteien und auch die SPD Verluste erleiden
10. 8.	Mord von Potempa; Hitler solidarisiert sich mit den fünf deshalb zum Tode verurteilten SA-Leuten
13. 8.	Unterredung Hitler-Hindenburg; der Reichspräsident weigert sich, den Führer der NSDAP zum Reichskanzler zu ernennen; Hitler wiederum lehnt den Posten des

	Vizekanzlers in einer Präsidialregierung ab; daraufhin beendet die NSDAP ihre Tolerierung der Regierung Papen
26. 8.	Sauckel (Gauleiter der NSDAP) wird Ministerpräsident in Thüringen
4. 9.	Notverordnung ‚zur Belebung der Wirtschaft'
12. 9.	Kommunistischer Mißtrauensantrag gegen die Regierung Papen im Reichstag mit 512 gegen 42 Stimmen angenommen; daraufhin Auflösung des Reichstags
6. 11.	Neuwahl des Reichstags: Erstmals seit dem Durchbruch zur Massenbewegung 1930 erhebliche Verluste der NSDAP (33%); leichte Gewinne der DNVP und der KPD, weitere Verluste der SPD
17. 11.	Rücktritt des Kabinetts Papen und Beginn von intensiven Sondierungsgesprächen für ein neues Kabinett
22. 11.	Eingabe von Großindustriellen und Großagrariern an Hindenburg zugunsten einer Kanzlerschaft Hitlers
2. 12.	Ernennung von Schleicher zu Reichskanzler (mit personell kaum verändertem Kabinett)
8. 12.	Rücktritt von Gregor Strasser, der als Vizekanzler vorgesehen war, von allen Parteiämtern in der NSDAP
11. 12.	Fünf-Mächte-Erklärung (Italien, USA, England, Frankreich, Deutschland) über Anerkennung der deutschen Gleichberechtigung in der Rüstungsfrage
15.12.	Schleichers Regierungsprogramm über Rundfunk; zentraler Punkt: öffentliche Arbeitsbeschaffung
23. 12.	Notverordnung über Wirtschaft und Finanzen

1933

4. 1.	Besprechung Hitlers mit Papen im Haus des Bankiers Kurt von Schroeder in Köln (das geheime Treffen wird von Journalisten enttarnt); Beginn der einmonatigen Verhandlungen zwischen Hitler, Göring, Papen, Seldte, Hugenberg u.a. um ein neues Präsidialkabinett unter Einschluß der DNVP und der NSDAP
15. 1.	Wahlerfolg der NSDAP bei den Landtagswahlen in Lippe

28. 1.	Hindenburg entzieht Schleicher sein Vertrauen
30. 1.	Hitler wird Reichskanzler in einem Präsidialkabinett, Papen Viezkanzler und Hugenberg - er gilt als ‚starker Mann' der Regierung - zugleich Wirtschafts- und Landwirtschaftsminister
1. 2.	Reichstagsauflösung

Hinweise zur Literatur

Die Geschichte der Weimarer Republik ist einer der am besten erforschten Abschnitte der deutschen Geschichte und die Spezialliteratur zu einzelnen Themen nahezu unüberschaubar. Genannt und knapp annotiert werden deshalb im folgenden nur einige wichtige neuere Handbücher, Sammelbände, Gesamtdarstellungen und andere einführende Werke, aus deren bibliographischen Hinweisen sich die edierten Quellen und die Forschungsliteratur unschwer erschließen lassen:

Wolfgang Benz/Hermann Graml (Hg.): Biographisches Lexikon zur Weimarer Republik, München 1988

(Fast 500 knappe Lebensbeschreibungen von Persönlichkeiten aus Politik, Wirtschaft und Kultur; jeweils Angaben zu wichtigen Werken, Quellen und Sekundärliteratur)

Karl Dietrich Bracher u.a.: Die Weimarer Republik 1918-1933. Politik, Wirtschaft, Gesellschaft, Düsseldorf 1987

(wichtiger Sammelband mit über zwei Dutzend Beiträgen zu verschiedenen Themen)

Jens Flemming u.a. (Hg.): Die Republik von Weimar, 2 Bde. (Bd. 1: Das politische System; Bd. 2: Das sozialökonomische System), Königstein/Ts./Düsseldorf 1979

(fundiert kommentierte Sammlung wichtiger und z.T. schwer zugänglicher Quellen)

Eberhard Kolb: Die Weimarer Republik, München [2]1988

(unverzichtbares Handbuch, das aus drei Teilen besteht: 1. knappe Darstellung der Geschichte der Weimarer Republik; 2. Grundprobleme und Tendenzen der Forschung; 3. Bibliographie mit über 600 Titeln)

Peter Longerich: Deutschland 1918-1933. Die Weimarer Republik. Handbuch zur Geschichte, Hannover 1996

(ausgezeichnetes Handbuch auf dem neuesten Forschungsstand, bezieht im Mittelteil auch sozialhistorische Dimensionen - Generationen, Geschlechter, Milieus - ein)

Horst Möller: Weimar. Die unvollendete Demokratie, München [3]1990

(behandelt schwerpunktmäßig die Anfangsphase und stellt idealtypisch die Reichspräsidenten Ebert und Hindenburg einander gegenüber)

Hans Mommsen: Die verspielte Freiheit. Der Weg der Republik von Weimar in den Untergang 1918 bis 1933, Berlin 1989

(Souveräne ausführliche Gesamtdarstellung mit besonders gelungener Darlegung der Dialektik von Innen- und Außenpolitik)

Ders. u.a. (Hg.): Industrielles System und politische Entwicklung in der Weimarer Republik, 2 Bde., Königstein/Ts./Düsseldorf 1977

(Dokumentation einer großen Tagung, mit der die gesellschafts-geschichtliche Erforschung der Weimarer Republik entscheidende Impulse erhielt)

Gottfried Niedhart: Deutsche Geschichte 1918-1933. Politik in der Weimarer Republik und der Sieg der Rechten, Stuttgart 1994

(solide und konzise Darstellung mit ausführlichem Anhang: Tabellen, Literatur etc.)

Detlev J.K. Peukert: Die Weimarer Republik. Krisenjahre der klassischen Moderne, Frankfurt/M. 1987

(ein sehr anregender Essay, der die Weimarer Republik besonders - wie der Untertitel aussagt - als Höhepunkt und Abbruch einer gesellschaftlich-kulturellen Krisenepoche konturiert)

Die Weimarer Republik. Hg. von der Bayerischen Landeszentrale für politische Bildungsarbeit. 3 Bde. (Bd. 1: Das schwere Erbe. 1918-1923; Bd. 2: Der brüchige Friede. 1924-1928; Bd. 3: Das Ende der Demokratie. 1929-1933), München 1986-1995

(eine detaillierte Darstellung - ca. 1200 Seiten - verschiedener Phasen und thematischer Felder von insgesamt 24 ausgewiesenen Zeithistorikern mit ausführlichem Dokumentationsteil, davon z.T. als Audio-Cassetten)

Heinrich August Winkler: Weimar 1918-1933: Die Geschichte der ersten deutschen Demokratie, München 1993

(ein äußerst kenntnisreicher Überblick)

Kurzbiographien

Braun, Otto: (1872-1955)

Der ostpreußische Sozialdemokrat hatte seit den 1890er Jahren Funktionen in seiner Partei und im Landarbeiter-Verband inne. An theoretischen Fragen wenig interessiert, wurde er nach der Novemberrevolution Mitglied des Berliner Arbeiter- und Soldatenrats und von 1920-1932 preußischer Ministerpräsident. Nach der Landtagswahl vom April 1932 nur noch geschäftsführend im Amt, wurde er durch einen Staatsstreich (,Preußenschlag') im Juli 1932 abgesetzt. Dies galt als Zerstörung der letzten Bastion der Weimarer Republik. 1933 begab sich B. ins Exil.

Brüning, Heinrich: (1885-1970)

Der promovierte Volkswirt (1915) wurde vom Fronterlebnis als Infanterieoffizier nachhaltig geprägt. Als katholischer Monarchist und begeisterter Nationalist begann er seine politische Laufbahn im Zentrum als Sozialpolitiker. Seit 1924 im Reichstag, übernahm er 1929 den Vorsitz der Fraktion und erwarb sich einen Namen als Finanzexperte. 1930 wurde er von Hindenburg zum ersten Kanzler einer Präsidialregierung bestellt. B. verfolgte drei grundsätzliche Ziele: die endgültige Revision des Systems von Versailles, die Restauration der Monarchie und die Herstellung eines Regimes, in dem die Rolle der Parteien und des Parlaments deutlich geringer sein sollten als nach der Weimarer Verfassung. B. wurde 1932 als Kanzler entlassen, als seine Rolle in der ersten Etappe der Entdemokratisierung erschöpft war. Die Integration der NSDAP wurde ihm nicht mehr zugetraut. Nach 1933 emigrierte B. in die USA.

Ebert, Friedrich: (1871-1925)

Der gelernte Sattler, um die Jahrhundertwende SPD-Vorsitzender von Bremen, wurde 1905 mit der Kassenführung der Gesamtpartei beauftragt und nach Bebels Tod 1913 (gemeinsam mit Hugo Haase) einer der beiden Vorsitzenden der SPD sowie 1916 Fraktionsvorsitzender im Reichstag. Ebert wandte sich gegen deutsche Annexionen und verfocht einen sogenannten ‚Verständigungsfrieden' ohne Gebietsverluste. Am

9. November 1918 wurde er (wiederum mit Haase) Vorsitzender des als Regierung fungierenden Rats der Volksbeauftragten. Gegen die revolutionäre Linke traf er eine Absprache mit der OHL (Ebert-Groener-Pakt). Als Reichspräsident (1919-1925) unterstützte er Stresemanns Verständigungspolitik mit Frankreich und wurde das Objekt nationalistischer Haßtiraden.

Eisner, Kurt: (1867-1919)

Der Journalist hatte im Kaiserreich an zahlreichen Parteizeitungen mitgearbeitet und wurde 1907 Chefredakteur der ‚Fränkischen Tagespost'. Im Ersten Weltkrieg wurde er bald ein Gegner der parteioffiziellen These vom ‚Verteidigungskrieg' und Mitbegründer der USPD. Vom Arbeiter- und Soldatenrat wurde E. 1918 zum Ministerpräsidenten des Freistaats Bayern gewählt. Bevor er nach der Niederlage der USPD bei den Landtagswahlen seinen Rücktritt bekanntgeben konnte, wurde er von dem rechtsextremen Grafen Arco am 21.2.1919 erschossen.

Erzberger, Matthias: (1875-1921)

Der führende Zentrumspolitiker wandelte sich im Ersten Weltkrieg vom Annexionisten zum Verfechter eines Verständigungsfriedens. Er unterzeichnete als Leiter der deutschen Delegation am 11. November 1918 den Waffenstillstand. Einen Namen machte er sich auch als Finanzminister 1919/20 durch die von ihm durchgeführte Reichsfinanzreform. Der extremen Rechten diente er als immer wieder verleumdetes Feindbild. Er fiel schließlich einem sorgfältig vorbereiteten Attentat zum Opfer.

Goebbels, Joseph: (1897-1945)

Der streng katholisch erzogene Sohn eines Buchhalters, wegen einer Verkrüppelung am Fuß nicht zum Kriegsdienst eingezogen, schloß 1922 ein Germanistikstudium mit der Promotion ab und engagierte sich anschließend in völkisch-antisemitischen Kreisen. Mitte der 20er Jahre gehörte er zur antikapitalistischen Strasser-Richtung in der NSDAP, ging dann aber zu dem von ihm grenzenlos bewunderten Hitler über. 1926 wurder er Gauleiter von Berlin und hatte durch sein demagogisches Talent großen Anteil am Wachstum der NSDAP in der Hauptstadt. Im März 1933 wurde er Reichspropagandaminister.

Groener, Wilhelm: (1867-1939)

Im Ersten Weltkrieg stieg G. zum Ersten Generalquartiermeister der OHL auf, hatte maßgeblichen Anteil an der Abdankung des Kaisers und schloß nach Ausbruch der Novemberrevolution (am 10. November) einen Pakt mit Ebert. 1928 wurde der parteilose G. auf Wunsch von Hindenburg als Reichswehrminister berufen, von diesem aber vier Jahre später auch wieder zum Rücktritt veranlaßt, als er den Versuch unternahm, Staat und Militär durch ein Verbot der SA und SS zu schützen.

Haase, Hugo: (1863-1919)

Der Sohn eines Schuhmachers stieß als Gerichtsreferendar in Ostpreußen 1887 zur SPD. Als prominenter Strafverteidiger gehörte er zur Parteilinken. Als einer der beiden Parteivorsitzenden mußte er bei Kriegsausbruch gegen seine Überzeugung die Zustimmung der SPD zu den Kriegskrediten begründen. Als humanistisch gesinnter Pazifist wandte er sich allerdings bald von der Mehrheit ab und gehörte zu den Mitbegründern der USPD. Im Rat der Volksbeauftragten wurde er von Ebert in den Hintergrund gedrängt, geriet aber als Anhänger einer Kombination von parlamentarischer und Räteherrschaft auch in seiner eigenen Partei in die Defensive. Er starb an den Folgen eines Revolverattentats.

Hergt, Oscar: (1869-1967)

Der bis dahin parteilose Finanzexperte wurde erster Parteivorsitzender der Deutschnationalen Volkspartei, die er zu einer christlich-konservativen Volkspartei formen wollte. Kritiker des Kapp-Putsches und des rechtsextrem-völkischen Flügels seiner Partei, geriet H. 1928 gegenüber dem neuen radikalen Kurs Hugenbergs in die Minderheit, blieb aber in der DNVP. 1933 zog er sich aus der Politik zurück.

Hilferding, Rudolf: (1877-1941)

Der Kinderarzt galt vor dem Ersten Weltkrieg als anerkannter Imperialismus-Experte der SPD. Nach der Novemberrevolution engagierte er sich zunächst als Chefredakteur ihres Zentralorgans in der USPD und prägte seit 1922 wieder als führender Wirtschaftstheoretiker und zeitweise als Reichsfinanzminister die Linie der SPD und der Freien Gewerkschaften. H. mußte 1933 aus Deutschland fliehen.

Hindenburg, Paul von: (1847-1934)

Der bereits 1911 pensionierte General war im Ersten Weltkrieg reaktiviert worden und wurde als ‚Sieger von Tannenberg' gegen die in Ostpreußen eingedrungene russische Armee sofort zum Volkshelden. Gemeinsam mit Ludendorff bestimmte er die Oberste Heeresleitung. Dieser Ruhm verhalf ihm 1925 zur Reichspräsidentschaft als Kandidat aller rechten Parteien. 1932 wurde er bei der erneuten Reichspräsidentenwahl gegen Hitler von allen Parteien der Mitte und von den Sozialdemokraten unterstützt. Aber dies hinderte ihn nicht daran, eine immer stärkere Entwicklung nach rechts zu fördern und schließlich Hitler zum Kanzler zu berufen.

Hitler, Adolf: (1889-1945)

Der gescheiterte Kunstmaler und Gelegenheitsarbeiter hatte den Ersten Weltkrieg freudig begrüßt und sich als Kriegsfreiwilliger ausgezeichnet. Seine politische Karriere begann 1919 als V-Mann der Reichswehr. Mit Erlaubnis seiner Vorgesetzten trat er in die unbedeutende DAP (seit 1920: NSDAP) ein, die unter seiner Führung und durch seine Rednergabe zu einem Zentrum der extremen Rechten in Bayern wurde. Nach dem Putsch im November 1923 wurde seine Karriere durch eine halbjährige Festungshaft nur kurz unterbrochen - in dieser Zeit entstand ‚Mein Kampf'. Die 1925 wiedergegründete NSDAP wurde auf ihn als ‚Führer' eingeschworen und verfolgte vordergründig einen Kurs der Legalität und der Vertrauenswerbung bei den konservativen Eliten. Nach dem Durchbruch zur Massenbewegung in der Septemberwahl 1930 erreichte die NSDAP 2 1/2 Jahre später durch eine Kombination von dynamischem Wachstum der Partei und geschickter Bündnistaktik die Führung in einem Präsidialkabinett. Nur wenige Monate später war die unumschränkte Diktatur des ‚Dritten Reiches' errichtet.

Hugenberg, Alfred: (1865-1951)

Der studierte Jurist und Nationalökonom war 1890 einer der Mitbegründer des extrem nationalistischen Alldeutschen Verbandes. Nach seinem Abschied aus dem preußischen Staatsdienst wurde H. 1909 Vorsitzender des Krupp-Unternehmens und in den folgenden Jahren einer der einflußreichsten Wirtschaftsmagnaten Deutschlands, der zudem mit dem

Aufbau eines eigenen Pressekonzerns beträchtliche publizistische Machtmittel in seiner Hand vereinigte. Seit 1919 Abgeordneter der DNVP, errang er 1928 den Vorsitz der Partei und führte sie mit einem radikalen Kurs an die Seite der NSDAP. Allerdings konnte H. mit der Massenpopularität Hitlers nicht konkurrieren. 1933 wurde H. im Kabinett Hitler Wirtschafts- und Landwirtschaftsminister und galt als ‚starker Mann‘ der Regierung. Seine Entmachtung erfolgte dann schon einige Monate später. H. blieb bis 1945 Mitglied des Reichstags.

Legien, Carl: (1861-1920)

L. übernahm bereits mit 30 Jahren den Vorsitz der Generalkommission der Gewerkschaften Deutschlands, des Dachverbandes der sozialdemokratischen Gewerkschaften. Von 1893 bis 1898 und von 1903 bis 1918 gehörte er für die SPD dem Reichstag an. Im Weltkrieg gehörte er zu den energischen Vertretern einer ‚Burgfriedens‘-Politik, die im ZAG-Abkommen ihre konsequente Fortsetzung fand. Unter seiner Führung wuchsen die Gewerkschaften mitgliedermäßig enorm an.

Liebknecht, Karl: (1871-1919)

Der Sohn des legendären Parteigründers Wilhelm Liebknecht, ein engagierter politischer Strafverteidiger, machte sich im Kaiserreich als antimilitaristischer Publizist einen Namen. Im Dezember 1914 stimmte er im Reichstag als einziger SPD-Abgeordneter gegen die Bewilligung der Kriegskredite. 1916 wegen Hochverrats zu vier Jahren Zuchthaus verurteilt, wurde er erst durch die Novemberrevolution befreit. Er rief am 9. November 1918 in Berlin die ‚Freie sozialistische Republik Deutschland‘ aus und wurde am Ende des Jahres Mitbegründer der KPD. Nach bewaffneten Kämpfen in Berlin verhaftet, wurde er nach Mißhandlungen durch Soldaten am 15. Januar 1919 ‚auf der Flucht erschossen‘.

Ludendorff, Erich: (1865-1937)

Der für moderne Strategien der Kriegsführung - einschließlich der Propaganda - aufgeschlossene General, der im Ersten Weltkrieg mit Hindenburg gemeinsam die Oberste Heeresleitung führte, wandte sich in der Weimarer Republik rechtsextrem-völkischen Gruppierungen zu und beteiligte sich an Putsch-Planungen, zuletzt in München 1923 gemeinsam mit Hitler. Nach seinem Scheitern als Präsidentschaftskandidat 1925 war er nur noch eine Randfigur des rechtsextremen Spektrums.

Luxemburg, Rosa: (1870-1919)

Schon um die Jahrhundertwende wurde L. zu einer führenden Vertreterin des linken Flügels der SPD. Den Ersten Weltkrieg erlebte sie hauptsächlich im Gefängnis. Als Mitbegründerin des Spartakusbundes und der KPD lehnte sie das bolschewistische Konzept einer Kaderpartei ab. Nach den Januarunruhen 1919 in Berlin wurde sie von Soldaten verhaftet, mißhandelt und (zusammen mit Karl Liebknecht) ermordet.

Marx, Wilhelm: (1863-1946)

Der Jurist war bereits seit der Jahrhundertwende führend im Zentrum und im Volksverein für das katholische Deutschland tätig, wurde 1922 (bis 1928) Vorsitzender der Partei und war von 1923 - mit Unterbrechungen - bis 1928 der am längsten amtierende Reichskanzler der Weimarer Republik. Bei der Wahl zum Reichspräsidenten unterlag er 1925 als Kandidat der demokratischen Parteien Hindenburg.

Moeller van den Bruck, Arthur: (1876-1925)

Vor dem Ersten Weltkrieg führte M., der sich dem Kriegsdienst durch Übersiedlung nach Paris entzog, ein Bohème-Leben in der Literaten-Szene. Fasziniert war er besonders von Dostojewski, dessen erste deutschsprachige Gesamtausgabe er edierte. Im Ersten Weltkrieg stellte er sich den preußischen Behörden als nationalistischer Propagandist zur Verfügung. 1919 wurde er der führende Kopf des rechtsintellektuellen Berliner Juni-Klubs. Hitler war in dieser Zeit von ihm theoretisch fasziniert. Im Herbst 1924 erlitt M. einen Nervenzusammenbruch und beging ein Jahr darauf Selbstmord.

Müller, Hermann: (1876-1931)

Der seit 1893 zur Sozialdemokratie gehörende M. hatte als Reichsaußenminister den Versailler Vertrag unterzeichnet und wurde 1920 für drei Monate der Nachfolger von Gustav Bauer als Kanzler einer ‚Weimarer Koalition‘ (SPD, DDP, Zentrum). Seine zweite Kanzlerschaft in einer ‚Großen Koalition‘ (SPD, DDP, Zentrum, BVP, DVP) von 1928 bis 1930 zerbrach an der Frage der Beitragshöhe zur Arbeitslosenversicherung.

Münzenberg, Willi: (1889-1940)

Schon im Ersten Weltkrieg in der Schweiz mit Lenin bekannt geworden, wurde M. der Gründer der Kommunistischen Jugendinternationale. 1920 wurde er von der Komintern mit der Organisation von Hilfsaktionen für die russischen Hungergebiete beauftragt. Er gründete daraufhin die Internationale Arbeiterhilfe und schuf zugleich die Basis für einen erfolgreichen kommunistischen Pressekonzern. 1933 ging M. ins französische Exil und organisierte vielfältige ‚Volksfront‘-Aktivitäten gegen Hitler-Deutschland. Nach dem Hitler-Stalin-Pakt 1939 wandte er sich von der KPD ab und starb ein Jahr später unter ungeklärten Umständen auf der Flucht vor den deutschen Truppen in Südfrankreich.

Noske, Gustav: (1868-1946)

Als angelernter Korbmacher schloß er sich schon unter dem ‚Sozialistengesetz‘ 1885 der Sozialdemokratie an und wurde Funktionär der Partei. Als Spezialist für Militär- und Kolonialfragen gehörte er dem rechten Flügel der SPD an und wurde im Ersten Weltkrieg Kriegsberichterstatter. In der Novemberrevolution wurde er wegen seiner engen Verbindung zur Generalität und rücksichtslosen Gewaltpolitik gegenüber revolutionären Arbeitern zur negativen Symbolfigur; 1920 wurde er in der SPD völlig entmachtet und auf den Posten des Oberpräsidenten von Hannover abgeschoben.

Papen, Franz von: (1879-1969)

Der ultrakonservative monarchistische Exponent des Zentrums gehörte von 1921 bis 1932 dem preußischen Abgeordnetenhaus an und war durch Aktienbesitz Aufsichtsratsvorsitzender des Parteiorgans ‚Germania‘. Gestützt auf das Vertrauen des Reichspräsidenten, wurde P. im Juni 1932 Kanzler eines weit rechts stehenden ‚Kabinetts der nationalen Konzentration', das die Integration der NSDAP vorbereiten sollte. Nachdem dies trotz einiger Vorleistungen nicht gelang, weil Hitler auf der Kanzlerschaft beharrte, war P. am Ende. Seine vage Idee einer ständisch verbrämten elitären Diktatur schien der Umgebung des Reichspräsidenten zu riskant, so daß im Dezember 1932 zunächst Schleicher mit dem Kanzlerposten betraut wurde. P. verband sich daraufhin mit Hitler und sorgte in langwierigen Verhandlungen dafür, daß dieser als Kanzler eines Präsidialkabinetts durchgesetzt wurde. Als Vizekanzler wurde P. 1934 entmachtet, diente aber dem NS-Regime in diplomatischen Diensten bis zum Schluß.

Rathenau, Walther: (1867-1922)

Der Sohn des AEG-Gründers Emil R. beeindruckte schon zur Jahrhundertwende als technisch und kaufmännisch begabter und zugleich humanistisch gebildeter Unternehmer. Nach dem Ersten Weltkrieg schloß er sich der DDP an und engagierte sich für eine Außenpolitik des Friedens und der Verständigung sowohl mit den Westmächten als auch mit Sowjetrußland. Er fiel am 24. Juni 1922 einem Attentat von Mitgliedern der rechtsradikalen ‚Organisation Consul' zum Opfer.

Röhm, Ernst: (1887-1934)

R. kam aus einer monarchistisch eingestellten Beamtenfamilie und wurde Berufsoffizier. Im Ersten Weltkrieg empfahl er sich in Stabsstellungen und im Bayerischen Kriegsministerium als militärisches Organisationstalent. Dies nutzte er in den Anfangsjahren der Republik zu eifriger Tätigkeit im Rahmen von Freikorps und rechtsextremen Verbänden und unterstützte dabei auch die NSDAP und SA. Als deren Führer trat er 1925 zurück und ging 1928 bis 1930 als militärischer Berater nach Bolivien. Anfang 1931 wurde er von Hitler zurückgeholt und erneut als Führer der SA eingesetzt. Er baute sie zur Massenorganisation aus, die im ersten Jahr der NS-Diktatur über 4 Millionen Mitglieder zählte. Im Rahmen der politischen Säuberung (‚Röhm-Putsch') wurde er am 30. Juni 1934 von einem SS-Kommando ermordet.

Schacht, Hjalmar: (1877-1970)

Der Bankier wurde 1923 Reichsbankpräsident war seither führend an den Reparationsverhandlungen mit den Westmächten beteiligt. Es wirkte völlig überraschend, als er 1930 sein Amt niederlegte und sich immer hemmungsloser für eine Reichskanzlerschaft Hitlers einsetzte (nachdem er noch 1918 Mitglied der DDP geworden war). Er wurde nach 1933 als Reichsbankchef (bis 1939) und als Wirtschaftsminister (1934-1937) maßgeblicher Architekt der Aufrüstungspolitik, überwarf sich dann aber mit dem NS-Regime.

Scheidemann, Philipp (1865-1939)

Schon seit der Jahrhundertwende gehörte er zu den führenden Sozialdemokraten. Er war im Ersten Weltkrieg ein besonders engagierter Verfechter eines Verständigungsfriedens. Berühmt wurde er durch die Ausrufung der Republik am 9. November. Als erster Kanzler der Weimarer Republik trat er allerdings schon im Juni 1919 zurück, weil er die Unterzeichnung des Versailler Vertrags ablehnte. Von 1919-1925 Oberbürgermeister von Kassel, betätigte er sich danach vor allem publizistisch. Er mußte 1933 emigrieren und starb in Kopenhagen.

Schleicher, Kurt von: (1882-1934)

Der Berufsoffizier stieg in den 20er Jahren zu einem einflußreichen, aber wenig bekannten Gestalter der Politik auf. Als Leiter des Ministeramtes seines Gönners Groener bereitete er 1929 maßgeblich den Übergang zur präsidialen Regierungsform vor. 1932 verhandelte er mit der NSDAP-Führung über die Tolerierung eines rechten Kabinetts mit dem Reichskanzler von Papen. Allerdings rückte er als Reichswehrminister bald von dessen unrealistischen Ideen eines elitären ‚Neuen Staates' ab. Ihm war es um die Integration zumindest der verständigungsbereiten Teile der NS-Bewegung und von Gewerkschaften und Wehrverbänden aller politischen Richtungen zu tun, um eine Massenbasis für einen auf die Reichswehr gestützten Kurs der Arbeitsbeschaffung und Wehrhaftmachung zu erhalten. Schleicher wurde zusammen mit seiner Frau im Zuge der politischen Säuberungen vom 30. Juni 1934 von Angehörigen der Gestapo ermordet.

Seeckt, Hans von: (1866-1936)

Sohn eines Kommandierenden Generals und seit 1885 in der kaiserlichen Armee, lehnte es der Chef der Heeresleitung 1920 ab, Reichswehr gegen die Kapp-Putschisten einzusetzen. In der Notstandssituation 1923/24 hatte er vom Reichspräsidenten die vollziehende Gewalt übertragen bekommen. Die Maxime des überzeugten Monarchisten war es, das Militär als ‚Staat im Staate' von demokratischer Kontrolle freizuhalten. 1926 wurde er abgelöst, weil er einem Hohenzollernprinzen die Teilnahme an einem Manöver erlaubt hatte.

Seldte, Franz: (1882-1947)

Der kriegsverwundete Chemieunternehmer gründete 1918 den Stahlhelm als Frontkämpferbund deutschnationaler Prägung. 1931 beteiligte er sich mit Hitler und Hugenberg führend an der ‚Harzburger Front' und wurde 1933 Arbeitsminister; dieses Amt behielt er bis zum Zusammenbruch des ‚Dritten Reiches'. In Nürnberg angeklagt, starb S., bevor ihm der Prozeß gemacht werden konnte.

Stinnes, Hugo: (1870-1924)

Der Schwerindustrielle gehörte im Ersten Weltkrieg zu den führenden Vertretern der annexionistischen Kriegszielbewegung und bekämpfte den Versailler Vertrag durch die Propagierung von ‚passivem Widerstand'. Als flexibler Taktiker suchte er in der Novemberrevolution den Ausgleich mit den Gewerkschaften, um die Gefahr der Sozialisierung abzuwehren. S. galt als Symbol des Kriegs- und Inflationsgewinnlertums, der 1923/24 kurzzeitig das mächtigste deutsche Industrieimperium beherrschte.

Strasser, Georg: (1892-1934)

Der Beamtensohn, der im Ersten Weltkrieg Oberleutnant geworden war, übernahm nach Abschluß eines Pharmaziestudiums eine Drogerie in Landshut und engagierte sich seit 1919 in Freikorps und seit 1921 in der NSDAP am Kampf gegen die Weimarer Republik. Wegen der Teilnahme am Hitler-Putsch zu 1 1/2 Jahren Gefängnis verurteilt, wurde er noch während der Haftzeit in den Bayerischen Landtag gewählt. Mitte der 20er Jahre versuchte er gemeinsam mit seinem jüngeren Bruder Otto, der NSDAP ein antikapitalistisches Programm zu geben. Nach dem Mißerfolg dieser Bemühungen blieb Gregor S. im Gegensatz zu seinem

Bruder in der Partei und machte dort eine steile Karriere, die ihn als Reichsorganisationsleiter 1932 zur Nr. 2 hinter Hitler werden ließ. Zum endgültigen Zerwürfnis kam es im Dezember 1932, als S. für die Beteiligung der NSDAP am Kabinett des Generals von Schleicher warb. Am 30. Juni 1934 wurde er im Zusammenhang mit den politischen Säuberungen von einem SS-Kommando ermordet.

Stresemann, Gustav: (1878-1929)

Als Verbandsfunktionär der Unternehmer und Reichstagsabgeordneter der Nationalliberalen gehörte S. im Ersten Weltkrieg zu den eifrigsten Verfechtern eines annexionistischen ‚Siegfriedens'. Von den Linksliberalen deshalb 1918 abgelehnt, gründete er die DVP. 1923 Reichskanzler und 1923-1929 Außenminister, trat er zur Beförderung einer behutsamen Revision des Versailler Vertrags für eine Verständigung mit Frankreich auf Grundlage gemeinsamer wirtschaftlicher Interessen ein.

Thälmann, Ernst: (1886-1944)

Sohn eines Gemischtwarenhändlers, schloß er sich nach der Jahrhundertwende der SPD an. Im Herbst 1918 desertierte er als einfacher Soldat und schloß sich in Hamburg der USPD an. 1920 wechselte er mit deren linkem Flügel zur KPD und wurde Hamburger Ortsgruppenleiter. Als Vertreter der KPD-Linken wurde er 1925 zum Vorsitzenden der Partei gewählt und vertrat sie im gleichen Jahr und 1932 als Kandidat für das Amt des Reichspräsidenten. T. war das proletarische Aushängeschild der Partei in der ultralinken Periode seit 1928; am 3. März 1933 verhaftet, wurde er nach 11 1/2 Jahren Haft im KZ Buchenwald ermordet.

Wolff, Theodor: (1868-1943)

Der Sohn eines jüdischen Textilgroßhändlers gehörte als Chefredakteur des ‚Berliner Tageblatts' (seit 1906) zu den profiliertesten demokratischen Journalisten und Politikern der Weimarer Republik. Die von ihm mitbegründete DDP verließ er 1926 wegen der Zustimmung einiger ihrer Reichstagsabgeordneten zu einem Schmutz- und Schundgesetz, durch das er die geistige Freiheit gefährdet sah. Nach 1933 ging er ins Exil und wurde von Italien 1943 an Deutschland ausgeliefert.

Zehrer, Hans: (1899-1966)

Z., ursprünglich Mitarbeiter der liberalen Vossischen Zeitung, wurde in der Weltwirtschaftskrise als Chefredakteur der rechtsintellektuellen Zeitschrift ‚Die Tat' einer der einflußreichsten Vertreter der ‚konservativen Revolution'. Er propagierte eine volkstümliche, von der NSDAP, den Gewerkschaften und paramilitärischen Wehrverbänden unterstützte autoritäre Regierung, als deren führende Persönlichkeit er General von Schleicher ansah. Im ‚Dritten Reich' für einige Jahre zurückgezogen lebend, machte Z. eine beachtliche Karriere als christlich-konservativer Journalist in der Bundesrepublik.